本书由集美大学学科建设经费资助出版

福建"海丝"文化产业发展研究

——以"地方感"的建构为视角

Research on "Haisi"Culture Industry in Fujian Province
——By the view on the construction of"the sense of place"

王惠蓉 著

厦门大学出版社 国家一级出版社
XIAMEN UNIVERSITY PRESS 全国百佳图书出版单位

图书在版编目(CIP)数据

福建"海丝"文化产业发展研究/王惠蓉著.—厦门:厦门大学出版社,2020.12

ISBN 978-7-5615-8032-5

Ⅰ.①福… Ⅱ.①王… Ⅲ.①地方文化－文化产业－产业发展－研究－福建 Ⅳ.①G127.57

中国版本图书馆 CIP 数据核字(2020)第 252358 号

出 版 人	郑文礼
责任编辑	王鹭鹏
美术编辑	李嘉彬
技术编辑	朱 楷

出版发行 厦门大学出版社

社　　址 厦门市软件园二期望海路 39 号

邮政编码 361008

总　　机 0592-2181111　0592-2181406(传真)

营销中心 0592-2184458　0592-2181365

网　　址 http://www.xmupress.com

邮　　箱 xmup@xmupress.com

印　　刷 厦门集大印刷厂

开本 720 mm×1 000 mm　1/16

印张 16

插页 2

字数 263 千字

版次 2020 年 12 月第 1 版

印次 2020 年 12 月第 1 次印刷

定价 50.00 元

本书如有印装质量问题请直接寄承印厂调换

厦门大学出版社
微信二维码

厦门大学出版社
微博二维码

序 一

看到王惠蓉的博士论文《福建"海丝"文化产业发展研究》几经修订后付梓出版,很是高兴。记得她当时向我报告选题进展与前期研究成果时,我被她所描述的在泉州调研时的情形所感动。王惠蓉在跟我讲述"地方感"的概念及学术研究进路时,不断地描述着福建"海丝"文化产业中的生产者群体对古"海丝"文化的尊崇、保护与发展的决心,这部分群体对家乡文化遗产的热爱与情怀深深地感动着王惠蓉本人,我由此也十分认可选题的价值与重要意义。

对待不同的文明,不能只满足于欣赏其精美物件,更应该去领略其中包含的人文精神,我们要通过全球化经济的大舞台使中华文明扬名海内外并得到世界各国人民的深入理解与高度认同。"海上丝绸之路"文化的传播与地方性商贸活动及其文化产业紧密相联,置身其中的"人"的创造力是最重要的文化精神力量和文明的推动力,因此,对文化产业中的"人"的创业精神的研究尤其重要!

本书提出的三个重要问题值得认真思考与实践:

第一,"一带一路"背景下,"海丝"文化产业应努力赢得国际化市场。文化产业应该使情感经验、文化传播与地方认同感形成有效互动的内在机理,地方性文化产业不是不能标准化和全球化,但地方性文化产业发展应从单一的资源利用转向资源保护、文化生产和文化传播相合,做好"在地全球化",做好文化产业发展示范,建构优质的"地方感"。因此,地方性文化产业的国际化市场与国际性文化传播取决于文化产业中生产者群体的"国际眼光"与"国际经验"。福建"海丝"文化产业具有深厚的历史经验与进一步发展的重要潜力,理应有进一步的理论探索与积极的产业实践。

第二,文化政策应深度有效地指导并服务于地方性文化产业实践。本书通过梳理世界各国及地区在发展地方性文化产业过程中形成的文化政策的有益经验,在大量实证调研的基础上,结合福建"海丝"文化产业发展实际,提出有创见的理论路径,具有"中国特色"。

第三,政府、地方与资本三方应共同作用于文化产业,以充分调动文化产业生产者群体的主体性。本书对福建"海丝"文化产业三个典型性类型的剖析从不同理论角度进行了解答。这部分是本书的主体也是重要内容。作者在完成深度的经验性研究的基础上提出相应的理论架构及发展对策,主张以文化传播观发展地方性文化产业以及以文化治理观创新地方性文化产业政策的根本动力机制,将未来地方性文化产业发展与国家治理和国家形象建构等宏大问题联系起来进行进一步研究。这是作者投身学术研究的态度与决心,也体现其所具有的较为宽广的学术视野以及作为学者应具备的热情与志向。

福建"海丝"文化产业发展研究是对我国"一带一路"倡议的重要理论回应,也是作者在前期完成的省社科规划项目"福建'海丝'文化传播战略研究"基础上全面和深入的进一步研究。本书对福建以"海丝"文化资源为核心的文化产业发展具有重要的智库价值,也对其他省市发展地方性文化产业提供了有价值的参考,拓深了传播学和文化产业研究的学科融合发展。

衷心希望王惠蓉在该研究领域及学术道路上持之以恒,取得更丰硕的成果,为地方文化产业发展做出更多学术贡献!

二○二○年十一月二十日

(序者为厦门大学特聘教授、博导,中国广告协会学术委员会原主任,中国广告教育研究会会长,中国新闻史学会副会长)

序　二

　　欣闻王惠蓉的博士论文即将出版，为之祝贺！我曾经是王惠蓉博士论文的答辩委员。犹记得她论文的致谢语，对学术研究充满着激情与憧憬，真挚诚恳，充满感恩，表现出为人与为学的优秀品质，印象深刻。王惠蓉以她孜孜以求的学术态度以及逻辑清晰的论文答辩，取得了优秀的答辩成绩，这是对其辛苦付出以及学术潜力的肯定和认可。

　　这本书以福建"海丝"文化产业为研究对象，提出"地方感建构"这样一个吸引人的理论视角。从选题的来源与依据、问题的提出、研究框架和内容的设计直到主要观点的形成，脉络清晰，结构完整，第一手资料的获取扎实而又完整，既有一定的学理性，又与当前社会发展的实际需求紧紧相扣。从一开篇，我已经看到研究的价值所在！

　　这本书阐发的几个重要观点和内容令人印象深刻：

　　第一个是引入"地方感"。"地方感"概念到底是一个经验性的词汇，还是一个成熟的理论概念？王惠蓉博士通过对相似概念"地方性"的辨析，精要地论述"地方感"。简单地说，"地方性"是建立在"地格、文脉"特征上的"视觉经验"与"社会建构"；"地方感"则是"情感经验"和"知识积累"所形成的较为稳固的分辨力，具有人的身份认同与文化认同的稳定的知识结构。她对这一核心问题的认识与阐述使得该书的总体性问题意识更加清晰：地方性文化产业如何联结情感经验、地方认同和文化传播三者关系，从而带动其他经济性或社会性效益？在这一根本性的问题导向下，该书的论述做得扎实又接地气。

　　第二个是地方性文化产业的发展趋势逐步走向以"创意创业"为核心特质的产业类型,强调文化产业中生产者群体的主体性与开创性。其根本特征体现在三个方面,简要概括就是:文化产业要秉承在地性、独特性、强化地方意象的新文化理念;强调权力下放的文化政策,以此保证文化生产的自主性,完成地方意象的自我建构过程;以文化象征的符号,塑造感性的地方意象,开创新的经济领域空间。是书的立论很明确:地方性文化产业的最终价值力将从经济层面扭转为文化层面。对此我深感认同!

　　第三个是福建"海丝"文化资本的价值塑造不能再是单一的文化资源转向数理性的文化资产,而应与当前的知识化、信息化、科技化、媒介化、数字化、非物质化等城市或区域创新发展的多元结构相结合的资源共享与创生。这个观点非常契合当前城市、社会与媒介高度融合的大趋势。对这个观点的理解与生发我充满期待,建议其可再独立进行更深入的跟踪式社会考察以及系统性的理论研究。

　　全球范围内的文化产业发展语境下,地方意识逐步增强,地方文化遗产的保护、传承与创新成为主旋律。在以上谈到的这些根本性、立足性问题之上,本书将特性各异、发展条件迥然不同的福建"海丝"文化产业所共有的决定性因素通过整体研究框架的设计进行了较好地理论阐述,也突出以"地方感"效度作为地方性文化产业发展目标的理论假设,我认为这是很值得广泛探讨并深入研究的议题。

　　值王惠蓉专著付梓之际,特致祝贺!并祝福她在学术道路上永立潮头,不懈追求,取得更多更有价值的成果。

　　是为序!

程　明

二〇二〇年十一月

（序者为武汉大学新闻与传播学院教授、博士生导师）

目　录

绪　论

　　"海丝"文化产业特指与古代"海上丝绸之路"文化历史资源相联系的地方性文化产业,该类型文化产业以丰富的"海丝"文化遗产和鲜明的文化特质为基础资源,以地方的特殊性作为地方再生资产,更重视商业价值及精神生活价值的统一。福建"海丝"文化产业的创业实践,致力于使情感经验、文化传播与地方认同感形成有效互动的内在机理,以此建构优质的"地方感",这与当今文化产业与文化创意产业认识观的变化紧密相关。福建"海丝"文化产业研究应具有文化产业与文化传播相融合的理论视角,这是对当前国家提出的"一带一路"倡议的重要理论回应,也为地方性文化产业发展提供了新的理论观照角度,具有重要的理论价值和应用价值。

一、文化产业与文化创意产业认识观的转变

　　二十一世纪开始,全球化经济蔓延,随着网络信息科技的发达、全球资本的流动、传播流的快速发展、观光旅游产业的膨胀以及文化消费的兴起,欧美国家的文化产业兴起。文化产业成为西方国家推行文化经济和进行都市再生的主要策略,并于2008年进入中国的香港与台湾地区。在产业实践中,文化产业又常常被称为"文化与创意产业"或"文化创意产业",这两个概念往往被混用。但是,随着产业实践的日渐成熟,文化产业观和文化创意产业观发生嬗变,对文化产业内涵、外延与核心命题的规定渐强,其性质与特性也有了更精确的界定。

1.研究的学科背景与研究数量的分布

针对文化产业或文化创意产业的研究已成为显学交织而起,几乎在同一时期成为我国学者的研究热点,从 2006 年起,关于二者的研究迅速增长(图 0-1)。

在 ProQuest 文献检索平台上以"文化创意产业"为关键词进行搜索,结果显示,外国文献中并没有完全等义的主题词(表 0-1)。可见,文化创意产业只是中国地区通用的概念。2006 年文化产业兴起时,我国学者对此已进行了相应的研究,2007 年 1 月,刘轶提出文化创意产业命名混乱与学科分歧的问题。刘轶认为,从最早提出文化创意产业概念的港台的现实基础和实践需求看,这个概念是"调和"出来的,因为"新经济时代有着自身无法盖全的局限性,只有结合两者所长,才能得以厘清这个概念的真实意义"。[①]

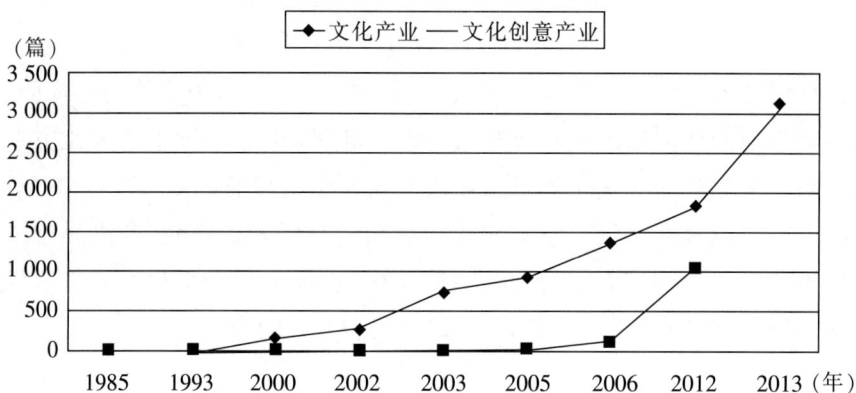

图 0-1　文化创意产业的研究现状

表 0-1　与"文化产业"相关的关键词组合在 ProQuest 上的文献检索结果

主题词	数量(条)
the culture and creative industry	0
culture creative industry	49(2005—2006 年为 22 条)
the creative industry	5(2005—2009 年为 2 条,2013—2014 年为 3 条)
cultureindusty	1 130(2005—2009 年为 475 条)
the content industry	4(2005—2009 年为 3 条,2012 年 1 条)

---

① 刘轶:《我国文化创意产业研究范式的分野及反思》,《现代传播》2007 年第 1 期。

　　本书对文化创意产业研究的学科背景分布的统计主要以博士论文为样本。在中国知网中输入主题词"文化创意产业",在检索出的 33 篇博士论文中,以人文学科为背景的数量占三分之一(图 0-2)。这 33 篇博士论文的论述形成文化产业与文化创意产业认识观转变的完整思想脉络。

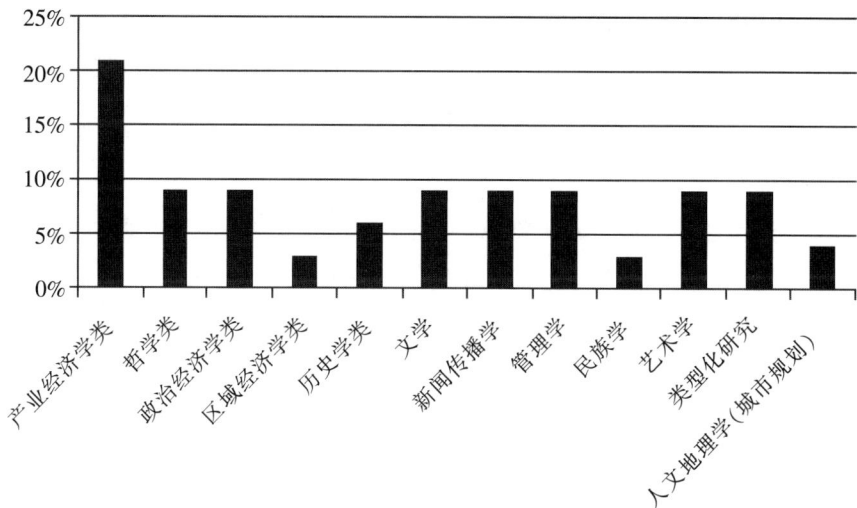

图 0-2　博士论文有关文化创意产业研究的学科背景分布

2.文化创意产业概念的形成历史

　　文化创意产业概念来源于"文化产业"和"创意产业"这两个概念,但其定义,迄今为止,各国都不同[①],基本有两大类倾向:一是以文化取向为主,不严格界定概念与产业类型的对应性,而是鼓励因地制宜,代表性国家是美国、中国、芬兰;二是以创意取向为主,主要侧重于文化产业的经济效益与就业市场的提供等社会性效益,代表国家是英国、美国、新西兰、澳大利亚。[②]

　　所有研究皆认同文化产业概念起源于法兰克福派的阿多诺与霍克海莫于 1947 年出版的《启蒙的辩证法》,他们用它来批判文化与工业的结合方式。

　　1997 年,英国提出建设"创意英国",创意产业应势而出。即便如此,使用"文化产业"还是"创意产业",各国及组织仍然不同:芬兰文化产业委员会、加拿大政府、联合国等依然强调文化才是文化产业的核心,但也承认创意的存在及重要性。

---

　　①　王思齐:《国家软实力的模式构建》,浙江大学博士学位论文 2011 年,第 23～30 页。
　　②　郑智伟:《文化产品品牌管理模式应用研究初探——以中国台湾表演艺术产业为例》,政治大学硕士论文 2003 年,第 22～35 页。

英国提出的创意概念,着重强调创意的重要性并认为创意可以从文化中吸取养分,但不必受文化的限制,甚至可以催生新的文化来取代既有文化。这个观点得到许多国家的认同。对创意产业概念的界定,总体来说,西方学者们的倾向性观点的主要依据是对"创意"的核心内涵的认可与接受。目前国际间对文化产业与创意产业的定义并无共识,皆因各国均视实际情况和需求进行产业类别划分。总体上说,我国对文化产业的认识与实践主要以英国提出的"创意产业"概念为依据。

3.文化创意产业概念的争议焦点

2006年是我国研究文化创意产业的起始年份。这一年,国内已有学者注意到概念名称的规范问题。中国香港地区提出的"文化创意产业"概念的英文表述是"culture and creative industry"。从语义上看,它是并列结构,把文化产业和创意产业统合在一个门类中。但一进入中国内地的学术语境,"文化创意产业"概念立刻产生不同语义:(1)在经济学领域,更突出地强调产业属性,"创意"的内涵主要突出经济效益。(2)在人文艺术学领域,既有人倾向于对以"创意"为核心的文化产业的认同,也有人强调"一切相关创意产业中对文化资源的应用和生产"的观点。(3)还有人强调"意义生产"的重要性,认为"文化创意产业生产独特文化与传播符号系统"的观点。创意产业实际上强调社会网络在消费或创新生产过程中的角色。创意产业不是关于资源的定位,而是关于新资源的开发、创造①;创意产业并无完全符合一般产业定义的框架;经济特征是其本质属性,但它有其他产业不可代替的特殊属性——服务经济,其产品并非都是物质化的,而是同时提供看待或者呈现世界的个性化的图景,重在符号、价值思想的传播,它比一般产业更加生动、有趣且更注重个性和人文。② 它能提供新的传播符号系统,能够创造新的社会文化资源等。这些观点在文献梳理进程中交错出现,逐渐形成焦点问题。

4.目前我国文化创意产业认识观的进程

最早探讨文化创意产业概念的期刊论文出现在 2007 年,是刘轶对概念

---

① 温雅彬:《基于社会网络视角的中国台湾文化创意产业研究——以十鼓文化村为例》,福建师范大学硕士学位论文 2011 年,第 1~20 页。

② 温雅彬:《基于社会网络视角的中国台湾文化创意产业研究——以十鼓文化村为例》,福建师范大学硕士学位论文 2011 年,第 5~20 页。

进行的第一次辨析。刘轶认为,无需对概念进行过分严密的界定,他建议采用"文化创意产业"这个统一称谓来涵盖各取所需的所有相关产业类别。

上海的胡惠林教授著《对"创意产业"和"文化产业"作为政策性概念的一些思考》一文专门讨论这一问题①。胡惠林认为,文化创意具有同义反复的欠缺,文化产业和文化创意产业概念在学术上可以探讨和争鸣,但是在实践中、政策上不能混淆,否则有损文化产业的发展。他认为,应当坚持把文化产业作为我国现阶段统一的政策概念。从表面上看,这是对政策性概念的探寻,但这个问题形成的内在原因还是"文化创意产业"概念难以在理论上界定清楚。

博士论文研究成果中,关于"文化创意产业"的概念界定则出现螺旋上升的认识推进,其阶段性认识观如下:

第一阶段,文化产业、创意产业和文化创意产业有基本定义,但论述还不很清晰和深入,仍有学者提出不予区分对待。2006年,第一部关于文化创意产业研究的博士论文提出文化产业与文化创意产业不是一回事。文化创意产业是由文化催生的产业,是文化产业中重视创新的部分,是文化产业的高级模式。该定义与中国台湾地区的通行定义有很大的区别:强调物质技术手段的基础性地位,强调组织模式的意义,强调创意、复制和传播的系统性。②

第二阶段:明确提出区别对待文化产业和文化创意产业,并逐步进行深入的论述。

2008年,郑洪涛第一个明确提出这个问题,其对文化创意产业的定义保留争议,并没有明确的倾向性意见。他提出:实际上,几乎所有的产业都需要有创造性,为什么还要提出文化创意产业?同时,也作了一定解释:"按照后标准化时代的创意理念,创意或创造性成了特指的产业方式的核心。它成了当代产业组构中的一种特殊的设置,并决定了产业的性质,由此决定了产业的管理与操作。"③从这个意义上说文化产业(文化创意产业)是文化

---

① 胡惠林:《对"创意产业"和"文化产业"作为政策性概念的一些思考》,《学术探索》2009年第5期。

② 邓晓辉:《新工艺经济时代的文化创意产业研究——基于技术、组织与消费的三维视角》,复旦大学博士学位论文2006年,第8页。

③ 郑洪涛:《基于区域视角的文化创意产业发展研究》,河南大学博士学位论文2008年,第31~34页。

与资本的合谋,是软实力的基础。

2009 年,关于文化创意产业概念的论述中出现新的重要观点:文化创意产业是新型的资源产业,它形成的资源是动态资源。这个观点没有在概念本身突破,而是在理解上有新角度。它的概念基础仍然是:文化创意产业高于传统的文化产业,是越界行为。创意是产业的特质和核心,决定了产业的操作和管理。在这个概念基础上,本文作者认为文化创意产业应该把静态资源发展为可以作为"资本"的动态资源,即"创造新的历史文化形态"[①]。

2009 年,复旦大学胡毋意博士对文化创意产业特征的归纳第一次比较简明清晰地提出文化创意产业的"意义生产"价值:在生产活动中加入创意,活动中要传达象征意义,产品含有智能财产(文化内涵)[②]。

第三阶段,对二者的认识观形成共识,在此基础上,逐步尝试对文化创意产业的论说进行更为清晰的边界描摹。

在前两个阶段,关于文化创意产业的范畴基本是一锅煮,相关的行业类别统统被划分为文化产业或文化创意产业。经过概念推进之后,共识达成,产业类别首先在本质特征基础上进行宏观划分。

2010 年,汝安博士将文化创意产业划分为两种类型。一个是典型性创意产业,强调创意的超越性和核心性。二是一般性创意产业,即通过对传统产业产业链的各个环节附加文化创意来增加产业效益。传统的文化产业都可以通过一般环节的创意元素而成为一般性创意产业。[③]

2010 年 5 月,方忠博士对文化创意产业和创意产业以及文化产业进行了深入的辨析,其博士论文第一次把文化价值和社会意义的内涵融合进文化创意产业概念:文化创意产业可以界定为以文化元素的创意为基础,经过高科技的加工或者人的智力加工,渗透进传统产业中,创造出具有文化象征价值、社会意义的产品或服务的产业。在行业范畴上,他明确提出应考虑两个问题:一是此行业是否以文化创意为核心要素;二是这种文化创意元素是否进入该产业生产系统产生价值,通过消费创造财富或创造更多的就业机会。从文化创意产业与创意产业以及文化产业的关系看,文化创意产业位于创意产业和文化产业的交集,因此可分为消费型文化创意和生产型文化

---

① 王惠蓉:《以旅游业为标杆的海洋文化创意产业研究——以福建东山岛为例》,《集美大学学报》2013 年第 16 期。

② 胡毋意:《文化创意产业的原创力研究》,复旦大学博士学位论文 2009 年,第 17 页。

③ 汝安:《武术创意产业的发展》,上海体育学院博士学位论文 2010 年,第 20 页。

创意,相应地文化创意产业产品也可分为消费型文化创意产品和生产型文化创意产品。[①]

2010 年 10 月,潘维刚提出,"创意产业"应指向那些只有简单的创意形式而无文化内涵的产业;反之则界定为"文化产业";如果文化与创意皆具,但未形成产业形态,这种形态还不能称为文化产业[②]。因此,"文化创意产业"指文化内涵与创意表现兼具,形成特定的产业类型,其具有产值的持续递增效应。同时,"意义生产"也是其重要内涵:"文化创意产业是'文化'和'生活风格'的共构,强调美学资本、生活内涵与深度体验。"

第四个阶段,是第三个阶段的发展。此时,文化产业与文化创意产业的基本认识没有疑义,行业范畴有所扩展。例如:2012 年孙洁提出文化创意产业的三分图法,把文化创意产业分为手工制作、创意服务和内容生产三大类[③]。创意服务渗透于各行各业,有明显的辐射效应,即无边界;内容生产则由于互联网革命、新媒体诞生,其内涵与外延更具动态性。

文化产业与文化创意产业在我国研究学者中的学术共识可通过彭艳的基本概括来明确:文化创意产业在创意产业和文化产业的基础上应运而生。文化创意产业强调通过人的开创性劳动,使人类生活所积累的知识、文化和艺术等参与进经济生产活动,文化的抽象性在产业发展中获得更具体和物质化的价值实现,是"精致产业"的表现,创造与创新是文化创意产业的内涵与驱动力,文化创意产业是文化产业的特殊形态,是文化产业的前沿和高端[④]。

从我国的理论研究与实践过程看,无论称"文化产业"或"文化创意产业",二者都自觉接受"文化创意产业"认识观。事实上,研究至此,称谓如何似乎不是重要问题,文化产业中的价值建构、意义生产乃至文化传播问题应当成为核心命题。综观近年我国的研究现状,对文化产业的研究以产业经济、管理效益问题居多,文化领域和文化传播领域的研究数量不多,研究角度也多为宏观性的策略建议。本书期望抓住文化产业这一中心问题,对文

① 方忠:《中韩文化创意产业经济效应比较研究》,福建师范大学博士学位论文 2010 年,第 30 页。

② 潘维刚:《文化创意产业迎应全球化的创新策略——以中国台湾艺术表演团为例》,吉林大学博士学位论文 2010 年,第 28 页。

③ 孙洁:《文化创意产业集聚动力机制研究》,上海社会科学院博士学位论文 2012 年,第 24 页。

④ 彭艳:《文化创意产业中的创新扩散模式研究——以动漫产业为例》,武汉理工大学博士学位论文 2010 年,第 18 页。

化产业的意义生产与文化传播研究进行延伸,选取更具类型化和整体性的文化产业代表进行深入调研,再进一步进行文化产业中主体人群的意义生产与文化传播的理论探索。这是本书的出发点。

(二)"一带一路"构想下区域经济创新驱动的大背景

当前,国家"一带一路"倡议的提出,使得地区的市场空间十分巨大,据中金公司的研究报告,"一带一路"覆盖总人口约 46 亿,国民生产总量达 20 万亿美元,约占全球的三分之一。未来十年,中国对"一带一路"地区的出口占比有望提升至三分之一左右,中国在"一带一路"上的总投资有望达 1.6 万亿美元。①

同时,新兴贸易市场已经进入"创新驱动"的时代,衡量国家生产技术水平要看全要素生产率水平,其中包含"技术进步、组织创新、专业化和生产创新"等要素。相比靠科技创新保持世界生产技术水平领先地位的美国、德国、日本、韩国、新加坡等国家和地区,中国大陆的全要素生产率水平还处于较低水平。② 据调查,现阶段中国大陆的传统产业或传统文化产业空间相对饱和,模仿式发展的效应迅速递减,资源环境压力加大,劳动力成本提高,经济增长速度降低。就福建省而言,前期调研发现,还有不少传统产业主要依靠下单代工、资源消耗、量大价廉的粗放型生产维系"海上丝绸之路"的沿线贸易(以下全文与"海上丝绸之路"贸易相关的文化产业以及与此相关的文化,皆使用简称"海丝"传统产业、"海丝"文化产业或古"海丝"文化),虽然这些产业依靠原有的市场体系仍然维持着缓慢发展,但其生产方式应对新兴市场越来越吃力,诸多"海丝"传统产业不再拥有海上贸易的优势地位,有些企业甚至由原来的"巨鳄"型外贸企业逐步陷入勉强维持生计的窘境。

在文化创意产业大发展的时代背景下,这些传统产业找到创新驱动的道路和核心,逐步进行产业转型,从传统产业转向以创意为核心的文化产业。这个过程中,创新驱动就不仅仅是科技创新,也应当包含文化创新。事实上,对传统产业而言,文化创新与科技创新不是截然不同的两个领域,而是组合在一起的共同驱动体。在创新驱动的新市场经济下,"生产者"的文化创造力应当被作为核心的"生产要素"看待。

---

① 王嘉琪:《"一带一路"战略产业结构模式》,《文化地产》2005 年第 6 期。
② 才国伟、曹昱菀、吴华强:《中国经济改革与发展视角下的"一带一路"》,《广东社会科学》2015 年第 5 期。

(三)地方性文化产业发展的国际化趋势

"文化产业"传统概念源于法兰克福学派对"文化工业"的定义。按照其定义,文化产业泛指文化工业生产体系下的大众化商品通过批量生产和销售扩张的方式,使得"文化"成为可以交易的"物品"。在这个过程中,很自然地,文化的主体性和创造力被大大削弱。法兰克福学派最早提出"工业化"文化产业,到 20 世纪末期英国提出另一个划分标准,将文化产业的划分类别拓展为较宽泛的范畴,涵括所有形式的文化活动。我们所熟知的各类高级艺术文化,如歌剧、艺术表演、艺术品消费,被认为是一向度的文化产业形态;经由电视、广播等传播媒介带动的流行服饰、音乐、影视作品、书籍报刊等流行文化产品被认为是二向度文化产业形态。这两类文化消费形态跨越文化的界限和社会阶层,是后现代形式的文化产业形态。[①]

与此同时,承载地方历史文化或地方生活记忆的文化产品越来越受重视,被纳入文化产业类型,这些文化产业形态更重视文化商业市场价值及精神生活价值,以地方的特殊性作为地方再生的资产。源于中国台湾地区的地方性文化产业倡导的就是这种具地方性特征的产业文化"创造力",这种创造力是产生一切文化的动力来源,此一动力能再由已有的结果出发,开发新的潜能,得到新的结果,这是文化创意产业生产"文化"的内在机制。在二十一世纪推动"全球化"和"在地化"的进程中,中国台湾地区的现代文化创意产业得到长足发展,"文化产业化"和"产业文化化"催生"全球在地化"和"在地全球化"。因此,在文化创意产业研究领域中,根据世界各国及联合国教科文组织对文化产业整体架构的界定,地方性文化产业成为一股鲜明的产业源流。

本书认为,地方性文化产业并非不能标准化和全球化,而是应该将地方性文化产业发展的视角从单一的资源利用和产品结构的角度转向资源保护、文化生产和文化传播的合理机制,做好"在地全球化"的文化产业发展示范。近几年,中国台湾交通大学的郭良文教授提出"在地全球化"新观点,"全球化"与"在地化"两个概念,在全球文化传播日趋一体化的形势下,仿佛在进行一场"拉锯战",宛若曾经的"保守主义"与"开放主义","民族主义"与

---

①　Bassett,K. Parterships,Business Elites and Urban Politics:News of Forms of Governance in an English City? *Urban Studies*,1993,(33):539—555.

"国际主义"之争。郭良文提出,在全球化的脚步下应当保护和追求在地的异质性。这个观点与关注地方性文化及地方性文化产业与国际化传播和国际化市场联结的趋势不无关系。

因此,文化产业的发展趋势使得关注地方、关注文化产业的"在地性"特征变得尤为重要,这是本书的主要认识来源。

(四)传承、传播及发展福建古"海丝"文化现实需求

福建是古"海上丝绸之路"的起点,拥有丰富的古"海丝"文化资源,有发展"海丝"文化产业的基础。福建以古"海丝"文化为核心资源的文化产业,即那些拥有丰厚古"海丝"文化资源的传统产业,也正在进行大力推进和发展文化创意产业的道路上,研究价值凸显。

"海丝"文化产业形态有很大一部分尚未经历文化产业发展初期大一统模式的快速开发,保留了质朴的原生态文化产业雏形。正因为它们在文化产业发展大潮中无意间被"遗漏",所以保留着宝贵的对传统文化的坚守与开创,保持文化生产与意义生产的质朴内涵,那些致力于通过文化创意来维护和发展家乡古"海丝"文化传统的生产者群体,令人感动。

目前福建"海丝"文化产业集中面临三个问题:"海丝"传统产业转型文化创意产业的发展模式创新问题;古"海丝"文化历史遗迹的保护与活化问题;"海丝"文化古城古镇的经济复苏与文化传承双重需求的协同发展问题。总之,从情感因素和现实需求两方面出发,对福建"海丝"文化产业的系统研究有重要意义。

二、问题的提出

地方性文化产业并不遵循工业化生产的消费模式,工业文化产品的消费图景中"游走"的是产品,即通过广泛的销售渠道,将批量生产的文化产品贩卖给四面八方的消费者,而地方性文化产品消费中,消费者是"移动"的,人们为了文化长途跋涉,来到当地,因为只有在地化的消费体验才能形成产品本身。因此,地域化、个性化是地域经济或文化产业重要的发展动力。

从广义上来说,地方性文化产业包含那些具有地方特色的可以批量生

产与全球销售的文化产品,但本书所指地方性文化产业不是广义上的地方性文化产业,更试图去除泛地方性文化产业色彩。地方性文化产业特指具有特定历史记忆及内在文化特质的产品记忆结构,既包含感受也包含价值与经历等特殊的文化记忆,它们可以有效地建构起特别明显的有界定性的产业空间和消费结构。地方性文化产业既是对原生空间意义的延续,也是生产和形塑新的空间形式的主要载体。这种文化空间经过具体实践、事件、文化形式及社会经验形成"感情的连接",这些文化特征与地方的"赋权网络"紧密连接,能引发地方居民的地方认同感、归属感与荣耀感。因此,地方性文化产业的特性是地域原生性,具有"特质性""稀少性""个性化"等特质。地方性文化产业有高度的地理依存性,经由地域空间环境的塑造或者自发衍生。地方性文化产业的主要价值核心是"地方意象"和"特色"。

从这个意义上说,地方性文化产业强调发展应实现情感经验、地方认同与文化传播三者的有机联结,由这个联结带动其他的经济或社会效益,例如:以历史史迹为资源的文化产业运营,不仅带动旅游观光、周边咖啡厅、艺术品店、出租车行业等的发展,且使得这些周边的居住人群要依赖这个文化历史遗迹来谋生,而且对它形成深厚的文化依赖,能够主动了解并传播相关文化,这才形成文化产业化的最终价值,这样的联结称之为"地方感"的建构。

在传统研究中,"地方感"的形成与互动更多地聚焦于外部权力,即消费者群体和市场结构中的相关利益人,涉及内部权力因素的研究仅限于政府,很少有人关注与地方性文化产业息息相关的生产者群体和在地居民的认同感与创造力。依据上文的分析,未来地方性文化产业的发展方向将绝对性地依赖这些人,他们通过文化产业的实践决定"地方感"的形成与互动景观。因此,本书以"地方感"建构为中心,主要以浸润在文化产业中的主体人群的文化生产与实践为主要研究范畴。

福建,特别是泉州地区的企业家们认为:"海上丝绸之路"的重塑,在地文化的挖掘,实际上也是品牌意识的重焕,是看不见的文化力量的重拾。这里的看不见的文化力量指的就是产业文化和商贸文化。现代"海丝"文化产业的发展目标是要使"海丝"产业文化和商贸文化焕发生机,形成新时代"海丝"文化内涵。"海丝"文化产业的经济活动和产业发展与文化生成和传播紧密相连,地方性动力结构起到核心作用,如政治动力、经济产业动力、社区动力、文化动力和媒体传播动力等。海内外研究成果显示,有效统合这些地方性动力结构,建构高度的地方认同感是主要动力机制。

由上,本书遵循以下研究思路:

本书主要内容是:福建"海丝"文化产业发展过程中如何建构独特的"地方感",塑造地方品牌,使古"海丝"文化能够得到在地化发展、民族性保护和多样化繁荣,丰富"海丝"文化的现代内涵,形成独特的区域优势。

本研究对象"海丝"文化产业的研究范畴是:以福建古"海丝"文化历史遗产为基础的,以此为核心资源的独特的地方性产业。

本研究的主要目标是:探寻福建"海丝"文化产业中,生产者主体如何通过创业实践,使地方性文化产业所生的情感经验、文化传播与地方认同感形成有效互动的内在机理和效果,并提出理论架构及对策建议。

具体问题如下:

问题一:福建"海丝"文化产业发展的外部驱动力:文化产业与国家、福建省、地区的文化政策的互动性。

问题二:福建"海丝"文化产业发展的内部驱动力:文化产业与文化资源的联结;文化产业与地方性的互动。

问题三:福建"海丝"文化产业建构"地方感"的主要理论架构是什么? 即文化产业价值链条上的核心环节——文化产业中的生产者主体如何促使"地方感"的形成与互动,并有效地带动外部权力因素认同其所属的"地方感"?

以上三个问题相互联系和相互作用于地方性文化产业的实践中,这三个问题也是对研究地方性文化产业的发展结果达到经济效益和社会效益相统一的深层机制的探寻。

三、基本概念与研究范畴

"海丝"文化产业内容丰富,门类宽广,将广义上的"海丝"文化产业都囊括入研究范畴,将给研究带来困难,也难以依托。因此,本书研究对象主要限定在以福建"海丝"文化遗产、遗迹或资源为基础的地方性文化产业,文化资源的"地方性"属性、"海丝"文化产业的范畴界定以及所涉及的研究视角"地方感"的概念辨析都具有特殊的规定性,也有研究的具体指向和重要的现实意义。

（一）地方性文化产业

"文化"一词具有不同的定义，文化具有历史性，是特定族群成员的共同生活与表现方式，具有主体间性。"文化"也是生活团体表现其创造力的历程和结果，创造力指团体和个人在生活之中的实践，是由潜能走向现实状态的能力。

基于对文化概念中的核心内涵"创造力"的吸收，结合辛晚教与傅茹璋等学者的定义，相对于"文化工业"时代的文化产业概念，"地方性文化产业"指的是在拥有地方共同生活和历史记忆的场所中，以所蕴含的固有历史记忆和传统文化特质为基础而发展起来的产业。不同类别的地方性文化产业有不同的地方文化特质、产业空间结构及消费结构，能引发共有的感受、价值与记忆，能建构独特的地方空间意义。地方性文化产业凝聚了地方生活文化与先人的智慧宝藏，例如手工的、少量生产的、地域性归属很强的文化产品，这种类型的文化产品不仅是产品，而且有重大的附加价值，如地域居民的共同意识等。

总而言之，地方性文化产业强调产品的生活性和精神价值内涵。文化与产业是一体的两面，产业发展的目的是提高人们的生活品质，文化是丰富地方产业内涵及提高生活品质的根源。

（二）"海丝"文化产业

"海上丝绸之路"概念属于历史学的研究范畴，不在本书深入探讨的范畴之内，但对这个概念的明确定义，是界定本文"海丝文化"产业概念的基础。因此，本书在总览了"海上丝绸之路"的概念后，认为冯进雄的概念界定建立在对各路研究成果的深入辨析基础之上，不仅比较全面，也较有说服力。冯进雄认为，海上丝绸之路是以丝绸贸易为象征的、在中国古代曾长期存在的、中外之间的海上交通线及与之相伴随的经济贸易关系。海上丝绸之路至少包含四个方面：一是"海上"；二是贸易商品，即丝绸；三是贸易者，海上丝绸的贸易者只能与中国相关；四是贸易的性质，不仅指中外之间海上航行和贸易往来，还指古代长期存在的特定性质的中外间的贸易和交往关系。

"海丝"文化产业概念，表述往往比较笼统，只要是"海上丝绸之路"贸易带上带有文化性的产业，都可以冠称"海丝"文化产业，它至少包含两种类型的产业形态，一种是"海上丝绸之路"贸易带上的所有文化产业，例如"海上丝绸之路"上的影视文化贸易、艺术表演产业、带有艺术设计性的现代商贸（服务）；另一种是与"海上丝绸之路"的历史文化资源或遗迹相联系的文化产业类别。

鉴于本书研究对象"海丝"文化产业的范畴规定性，本书认为，"海丝"文化产业特指与古"海丝"文化历史遗迹或资源相联系的地方性文化产业。"地方性"强调文化的"个性化""独特性"与"在地性"。这种根植于"海上丝绸之路"历史底蕴或以"海丝"文化为核心资源的地方性文化产业，具有特色鲜明的地方文化特质，并非所有地方都能复制生产此类文化产品。

(三)"地方感"

"地方感"指人在特定的情境中产生的地方意识（或称情感经验）[1]。本书中，"地方感"的界定主要包含地方性文化产业链条的内外部相关人群——包含生产者（含管理者）、供销者（含文化再创者）、消费者（包含社区内部及外部消费者）或活动体验者——通过投身当地文化产业的创业过程，或参与文化产品或活动进行经验性地消费、参与和互动而产生的认同感、评价意愿，甚至以此界定自我的特殊情感经验。

"地方感"是意义、信仰、符号、价值观以及个人或群体与某个特定地方相联系的各种感受的集合[2]，也被认为是个人或群体对空间环境的情感的集合，这种情感由符号性意义、依附感以及满意度构成。[3] "地方感"不仅仅代表地方的气候条件或环境品质，还包含特殊意义，这种特殊意义与仪式感紧密联系，其特殊意义是由人们停留在这些地方的经验形成的，而不仅仅由地方自身的与众不同的特征构成。[4]

"地方感"与"地方性"相互联结，"地方性"是地理空间中的地方文化特质，"地方感"是凝结在"地方性"上的特有的情感经验。两者常被联系在一

① Tuan, Y. Space and place: *The Perspective of Experience of Minneapolis*, University of Minnesota Press, 1977: 8—41.

② Williams, D.R. & Steward, S. I: Sense of place: An Elusive Concept That is Finding a Home in Ecosystem Management. *Journal of Forestry*, 1996, (5): 18—23.

③ Stedman, R. C: Toward a Social Psychology of Place: Predicting Behavior from Place—Based Cognitions, Attitude, and Identity. *Environment and Behavior*, 1999, 34, (5): 561—581.

④ Louis Tze Ngai Vong: An Investigation of The Influence of Heritage Tourism on Local People's Sense of Place: the Macau youth's Experience. *Journal of Heritage Tourism*, 2013, 8, (4): 292—302.

起。在某些研究中,一些目的地或特定地理空间会被称为"区域性"或"在地性"或"社区的"。本书将概念相似的有关文献进行集合分析,凡是涉及具体地理空间的范围或地域特征的表述,统一以"地方性"称谓之,如"地方性文化产业"或"地方性活动"。

四、文献综述

国内外关于"文化产业""文化创意产业""地方性文化产业"的研究脉络逐步建构出以"创意""媒介""意义生产""地方感"等核心理念为中心的概念群,使得地方性文化产业的发展同时具有全球化与地方性双重特征。在这一过程中,文化产业思潮中的相关重要理念与思想互为涌动,在现代文化产业发展趋势下融合生发,形成新的潮流。

(一)国外文化产业的理论思潮

"文化产业"的研究起源于 1947 年,20 世纪 40 年代德国法兰克福学派批判大众文化探索出文化工业理论,法兰克福学派对大众文化的批判源于对精英文化的保守与推崇。精英文化暨传统的文化艺术形态保证了人可因独立精神获得体验,它也是人身份认同和象征的主要艺术形式,但大众文化产品的出现打破精英的"身份"和"高贵"等一系列情感认识,使得人的主体性得不到彰显,个人的文化独创性不仅有被湮没及被大众文化产品退逼的危险,也使得人的个性创造力越来越受制于市场统一化或标准化的藩篱。法兰克福学派还认为,"文化产业"对消费者没有好处,消费者会跟风消费,丧失独立审美的能力。该学派的拥护者是典型的"精英文化论"者,他们认为,在垄断式资本主义社会与文化网络之内,艺术的对抗性被剥夺,成为商品交换和市场经济的副产品。法兰克福学派支持批判大众文化,提出结合心理学与心理分析来取代对经济的追寻。

英国伯明翰大学文化研究中心的"文化研究"被称为伯明翰学派。伯明翰学派倾向于支持发展文化产业,他们关注文化的第二重属性"产业化",深入研究文化的消费价值及其相关的产业特征带来的经济驱动力。偏向多元文化论的学者认为,"技术复制艺术"可以使技术从殿堂走向普通大众,藉由此创造更加多元的文化形态。^① 也有些人提倡"现代沟通媒介的民主化"，认为大众文化形式可以进入日常生活，大众文化消费成为生活符号和交流沟通新的基础，虽然失去高级文化的场域和特征，但有助于提高大众文化品位，这是人类文化民主的进步。总之，该学派支持"文化工业"的发展。

梳理"文化产业"文献后发现，其理论发展的脉络与各学派思想基本一致，但其中也出现一小股非学派性的论述，这股非学派性论述虽然较少占据主流，但从文化产业的全球化推进及地方化发展的潮流看，对其进行深入考察和精细化研究非常重要。这些非派别论述是从 1991 年"新的文化媒介"观念开始，虽然不构成理论思潮，但其核心观点的意义不同寻常（如表 0-2）。

表 0-2 文化产业研究中"新文化媒介"观点的发展^②

作者（年份）	核心观点	主要内容
哈维 （1989）	提出后现代时期生产、销售和消费的系统，在这个系统中显示出特殊的劳工生产机制，在这个新的生产和消费系统中，需要考察文化生产和美学判断的形构机制。	后现代的文化生产与消费是在"时空压缩"的语境下展开的，全球化尺度之文化生产和营销形式已经形塑完成。
费瑟斯通 （1991）	艺术家、知识分子、媒体专家和学者是城市经济复苏和文化变迁的重要媒介角色，他们是后现代艺术和文化消费者及生产者。	他们促使城市变成富有的文化都市，推翻了传统中高级文化和大众文化的区分。
德里克·温哈维 （1992）	文化产业是地方经济再生和市民荣耀感提升的主要媒介。	其定义的文化类别包含所有形式的文化活动，无论是高雅，还是平俗。
麦根圭根 （1996）	新的生产方式和消费形式改变了传统的薪酬劳工生产方法，传播力量成为新的资本流动。	这个新的资本流动形式需要运用文化创造力和美学创造力，不仅在文化艺术品的生产过程，在其强化、包装和转型成为比较成功的吸引眼球的景致的过程中，同样需要这种创造力。

---

① 陈学明：《班杰明》，生智出版 1998 年版，第 23～24 页。

② 傅茹璋：《传统产业转型地方性文化产业创新发展研究》，文化大学博士学位论文 2009 年，第 23～50 页。

"文化产业"之后兴起"创意产业"研究热潮。创意产业源于英国工部党提出的"创意英国"计划。在英国,"创意产业"概念的缘起与振兴英国经济计划有关,为了增加英国经济在世界上的竞争力,1988 年,英国学者迈耶斯考夫出版《英国艺术的经济重要性》①一书,首先提出该理念。1997 年,英国工党赢得竞选,随即设立"文化媒体体育部",1998 年,文化媒体体育部设立"创意产业工作组",把文化产业称为"创意产业"。哈佛大学政治经济学者理查德·凯夫斯出版的《创意产业》一书是第一本系统性讨论文化艺术产业的经济学著作②。当前,对"创意产业"的研究多从文化、经济和区域三个视角出发,目前的研究主要集中在概念界定、产业特征、组织结构、地理区位、城市发展环境以及创意人群等六大主题③。目前引进中国的比较有影响力的关于创意产业的著作主要有三本:④

约翰·霍金斯的《创意经济:如何点石成金》一书界定了创意产业的概念、特征和范畴,探讨创意如何成为商业利益的主要驱动力,如何扶植商业行为,企业如何通过创意及创新上的竞争来实现真正的增长。

理查德·凯夫斯的《创意产业经济学:艺术的商业之道》,从经济和组织结构的角度探讨艺术和文化产业如何进行商业化管理,研究包括视觉艺术、表演艺术、电影、声像制品和图书出版业在内的艺术创作产业的组织形式。

理查德·弗罗里达的《创意经济》追寻创意经济兴起的足迹,明确创意经济发展中的推动因素和限制因素,论述人才的全球化如何成为创意经济的根本推动力。弗罗里达还探讨了创意人才在创意经济时代应对挑战的问题。总结了创意经济发展的 3T 原则——技术(technology)、人才(talent)、宽容(tolerance)是推动创意经济发展的三大因素。

与本书研究相关的创意产业与文化产业二者之间的联系在研究缘起的第一部分已经交代,此不再赘述。

(二)国内文化产业研究的理论发展

关于文化产业与文化产业认识观研究的转变,上文已经有较为清晰的

① Myerscough. J:*The Economic Importance of the Arts in Great Britain*,London:Policy Studies Institute,1988:22—25.
② 王美雅:《文化创意产业研究的回顾与前瞻》,《艺术设计研究》2010 年第 3 期。
③ 朱华晟:《国外创意产业研究动态及对我国的启示》,《商业研究》2008 年第 10 期。
④ 余霖:《闽台文化产业合作研究》,厦门大学博士学位论文 2011 年,第 27～30 页。

描摹。此外,中国内地关于文化产业研究的基本脉络如下。

2000 年,国家"十五"规划首次提出"要推动文化产业的发展",文化产业作为国民经济的支柱产业进入理论研究和产业实践的视野。研究领域集中在宏观政策研究、区域产业发展研究、具体文化产业发展研究以及文化产业发展与社会经济之间的关系研究。中国内地关于文化产业理论研究有三个特点:一是以定性研究为主,定量研究与实证研究缺乏;二是引入经济学和管理学研究方法,研究者们从产业链、产业组织等角度研究文化产业经济学和管理学;三是中观和微观特别是微观的研究稀少,缺少对推动产业发展的具体对策研究和文化企业的运作管理的对策研究。研究成果对产业实践的指导作用尚未体现。

中国内地对"创意产业"研究较早的相关论文为 2002 年发表于《文汇报》上的《创意产业:新经济腾飞的翅膀,都市型产业的灵魂》。到 2004 年,关于创意产业的研究受到关注,研究学科背景集中在产业经济学、经济地理学、区域经济学、城市规划学等,[①]研究领域包含产业环境、产业政策、产业组织、产业效益、文化创意园区的设计与功能等方面。

总体而言,从时代发展的脉络看,不管称为文化产业、创意产业,还是文化创意产业,关于这一领域的研究,经过福特主义时期、后福特主义时期、后现代时期及全球化时代四个阶段[②]。对当今最重要的理论影响是后两个时期:后现代时期及全球化时期。

(1)后现代时期。全面提出"艺术生产已被整合于普遍的产品生产中,经济发展以快速掀起新而又新的商品浪潮的疯狂迫切性,赋予艺术创新实验一个基本结构功能和位置",各种机构对新艺术的支持,就是对这种经济必要性的认识。这一时期,北美及欧洲城市兴起以文化政策主导的都市再生策略,文化政策包含常设性质的和临时设置的艺术、休闲和博物馆等复合形态的设施开发、文化庆典活动及规模壮观的活动事件,这些开发和活动事件形塑了现代都市空间[③]。

总而言之,后现代性文化产业发展的观念具有两面性特征:一方面是全

① 余霖:《闽台文化产业合作研究》,厦门大学博士学位论文 2011 年,第 35~40 页。

② 杨敏芝:《地方性文化产业与地域活化互动模式研究》,台北大学博士学位论文 2002 年,第 52~53 页。

③ McGuigan Jim:*Culture and the Pubic Sphere Routledge:New York Culture Populism*,London:Routledge,1996:15−18.

球化过程及相关的相互依赖性,另一方面是区域形式与认同的特殊性。

(2)全球化时期。全球化经济时代的到来,使得高科技产业、文化产业及生产服务业并同发展。文化产业的发展已经跨越国界、疆域及时空,正以全球性的链接和融合进行沟通、竞争,且互为观照。这一时期(始于90年代末),英国的文化政策分为两个向度:一个向度是以"都市再生"为主导的文化旗舰开发区和文化专区等,主要用以增强经济竞争力;另一个向度是以"地方性"为主导的"地方性文化产业"的开发,以地方特殊性的建构及保存来对抗全球性的同质化过程。这一文化产业政策的实施依赖地方政府、地方行业组织及居民的参与,需要共同完成。

总而言之,21世纪全球化经济发展潮流下,文化产业已经成为深有潜力的重要产业,其发展趋势无法阻挡。在全球化经济时代,"全球化"与"地方化"已非互相对立,而是相互依赖发展,越是"在地性""本土性"特质的文化产业,越能凸显地方的象征性,以其"地域特殊性"吸引全球的观光热潮,带动经济发展。在这种认识中,我们可以看到,文化创意产业可以凸显的并非技术提高问题,而是观念深化的问题,以什么样的观念发展文化创意产业,就是总体的产业观、总体的经济观、总体的价值观,特别是文化对经济的影响性,要重新纳入文化生活体验这一领域去统筹思考。

部分学者指出,当前文化创意产业实践有缺陷——最大限度地突出文化工业与文化产业的优势,掩盖了文化工业和文化产业的缺陷,使得文化创意产业经常陷入个别经济的利益交换,重新走入完全"商品化"的思维模式,同时提出重回文化创意产业的本质:文化创意产业应有在社会大系统下的整体性产业思维,而不单纯靠产业本身的产品生产、技术研发或营销手段。那些隐藏在社会结构网络之中的产业本身以外的联结体系所衍生的价值,是文化产业的重要路径。[①]

(三)地方性文化产业的意涵与发展模式

在海内外研究中,理解地方性文化产业主要基于两点:一是溯源到"文化工业"与"文化产业"这两个概念产生分别后的阶段;二是自2000年中国台湾地区提出"文化创意产业"发展策略后,将研究视角集中在地方性文化

[①]　陈碧琳:《博物馆商品化的迷思——台湾文化创意产业政策对博物馆思维的冲击》,《台湾博物季刊Ⅲ》2011年第30期。

资源产业化以及地方性产业通过文化与设计创意活化经济发展模式,逐步形成"地方性文化产业"的研究视域。

"文化工业"和"文化产业",主要区别在"industry"这个词汇的单复数。"文化工业(culture industry)"中的"industries"是复数,主要指批量化生产和量贩式销售的文化产品。"文化产业(culture industries)"中的"industry"是单数形式,许多文献都提到联合国教科文组织对"文化产业"的定义:是结合了创作、生产与商业的内容,这种内容的本质,具有文化资产与文化概念的特性,享有知识产权的保护,最终以产品或服务的形式呈现。这个定义扩展了文化产业的内涵和外延,其形式更有包容性,"创意产业"包含的内容更多,例如,媒体创意、音乐、电影、旅游观光,其他依靠创意生产的产业。中国台湾的诸多学者一致认同,文化产业其实可以被视为与创意产业结合的"文化创意产业",由此中国台湾地区学者提出"文化创意产业"的构想,基本内涵即是目前广为引述的"文化产业化,产业文化化"。

攀顺着这个历史发展脉络,中国台湾地区对文化创意产业的研究在范畴上更为宽广,几乎所有有关文化创意产业的研究文献都提及"文化产业化"与"产业文化化",技术上也更精细具体,涉及经济效益、管理模式和消费态度等效果研究,逐步形成地方性文化产业的问题意识,如林佩芬、蔡淑梨、洪启峰、王俞雅、蔡长清、陈长雄、钟镇伟、曾宗德等[1]。近现代的文化产业研究中,文化产业与"地方性"之关联的研究基本与都市空间、城市化发展联系在一起。都市化空间是现代社会发展的重要景观,但由于"同质化"和"标识化"的普及,地方文化景观慢慢失去地域文化的独特色彩,弥合地方性文化与全球化的文化产业成为当今文化产业的主要趋势,在地性特征逐步成为产业的核心因素。目前,地方性文化产业研究有两个主要面向,一个面向文化产业中的"地方性"意涵;另一个面向"地方性"结构。

1.文化产业研究下"地方性"的意涵

"地方性"意涵主要是应对泛滥的物质享乐和无差异化的全球性消费趋势,研究成果集中出现在 20 世纪 90 年代。这个过程中,逐一完成并转化出四种观念。

(1)地方性文化产业是以财富为中心的城市营销或地方营销观念。这个

---

① 钟镇伟、曾宗德:《观光工厂游客环境知觉、游客加值游后行为意图关系之研究:兼论品牌认同之中介效果》,《岛屿观光研究》2014 年第 7 期。

时期的代表性观点为：文化是都市财富创造的主要策略，文化政策是解决都市普遍问题的主要工具。当前的都市制度已具有"企业经营"性质，城市或地方都将运用市场营销的方法来强化都市生产、消费和管理竞争。文化本身就是经济力量，是财富资源，这将超越经济策略。文化产业对都市再生的重要性和实质性效益，是将郊区中的中产阶级带回市中心，强化城市的经济实力[①]。

（2）地方性文化产业是都市"象征性意象"的塑造方式。主要的代表性观点为：当代都市发展策略是"意象再塑"的过程，通过实行文化政策强化城市的象征意象。在"文化旗舰店"大肆发展的进程中加入"都市意象"，树立"地方市场"观念，让有价值的地方遗产导入市场化再造，引导新的后福特主义和以消费为导向的都市景观。

（3）地方性文化产业是"地方感"价值内涵的重要实践。主要的观点为：地方性文化产业是地方意象形成的文化资产，它包含复杂的社会价值，既有历史与文化的物化性资产价值，也包含由心理意识产生的品质感价值，如地方历史记忆、地方特色、历史意义、年代感、视觉艺术价值[②]。

都市空间应重新评估：在实际环境和文化、休闲空间上，应该强化都市景观的品质；借助意象感的城市营销策略，应着重建构地方特质的象征美学意义；塑造"无形的品质感"，重视地方的独特特质[③]。

文化产业创造的多样性文化是社会经济发展的基础，文化产业是西欧各国都市再生的重要基础，各国发展产业经济时不仅考虑国际化的可能道路，也着手建构地方文化，形成文化多样性。这是"创意产业"兴起的重要认识[④]。

地方性文化产业既是极具开发潜力的经济及文化资源，是地方发展的不可取代的文化旅游资源，也是人们生活中的共同记忆、历史文化传承的场所，具有延续地方传统文化与凝聚社群共识、领域感、认同感等作用。

---

① David Harvey：*The Condition of Postmodernity—the Urban Experience*，Oxford：Basil Blackwell，1998：24—30.

② Corrossis.H.and Nijkamp.P.（eds）：*Planning for our Heritage Avebury*，London，1995：20—24.

③ Kevin Meethan：*Marketing Places—Attaching Investment*，Industry and Tourist to Cites，States，and Nations，NewYork：Routledge，1997：67—89.

④ Frank Gaffikin & Mike Morrissey.*City Visions：Imagining Place，Enfranchising people*. London：Pluto Press，1999：31—34.

地方性产业糅合地方文化要素,形成独特的地方性景观和内涵,这不仅是对文化多样性的补充,也有助于区域差异化,这是地方性产业重要的和内在的特质,也是其核心利益点所在。[①]

总之,文化产业已经在 21 世纪成为地方经济再生的主要资产,有地方独特特质、传统文化和历史记忆的文化产业,是各地方联盟或竞争体制下的主要卖点,也是地域活化的象征经济。

2.文化产业研究下"地方性"的结构

地方性结构有二项度,一是心理意识层面的"地方认同感",二是制度层面的"地方性制度"。总体来说,地方性结构的研究成果形成如下框架(表 0-3):

表 0-3　地方性结构研究成果框架表[②]

向　　度	二级指标	主　要　理　论　观　点
心理意识层面（地方认同感）	环境认同	——对生活的地方环境具有集体记忆,有地方忠诚度; ——对传统社区生活环境的依赖。
	感情认同	——在文化与历史上获得一致性的态度和感情。 ——对传统社区人情关系的依赖,如家族、宗教信仰、社区关系等。
	行为认同	——经由参加商业联盟机构,强化社区与地方的认同。 ——加强传统文化庆典的活动仪式,建构地方认同感的功能。 ——建构团体或组织的社会系统元素以获得地方认同感:规范、角色、凝聚力、结构和目标是五大元素。

① 郭曜棻:《全球化与地方性文化产业之垄断逻辑》,台湾师范大学 2007 年版,第 30～52 页。

② 杨敏芝:《地方性文化产业与地域活化互动模式研究》,台北大学博士学位论文 2002 年,第 66 页。

续表

向　度	二级指标	主　要　理　论　观　点
制度层面 （地方性制度）	政府职能 转变	——地方自主决策 政策可以唤起地方政府间的竞争，主要发生在知识体系、认同感建构、土地和文化财产主权等议题上，也需要进一步的赋权制度保障。 ——提出"企业型政府"模式 在服务方面引入竞争机制；由特定的目标或使命引导，而不由行政命令引导；分权，参与式管理；注重市场运作，而不是官僚运作；重视协调社会部分解决企业问题等。 ——建立"城市社区"管理制度 政府的角色从服务功能转变为充分授权给当地居民；政府赋权给居民，与人民共同承担环境发展决策者的角色，并强调政府供给和投资的角色渐渐减弱。
	地　方　驱 动　力	——发展地方经济创新策略 运用居民内在的潜力和技术创新，保持某种程度的自动社会生产控制能力，开创地方经济的文化多样性，以减低对区域经济的依赖关系，减低外部控制力量的效力。 ——提倡地方共同合作机制 采用公私合作联盟，强的政治领导权和以地方为基础的商业团体的结合形式。 ——地方机构的厚实制度 建立强的制度实体，例如公司、财政机构、地方商业联盟、发展顾问公司、教会团体、顾问咨询公司等；地方各部分间高度互动；根据不同的策略建立相应的联盟机制；各个参与部分建立共同体的共识等。 ——城市企业化经营模式 具有以下特征：具有多元的经济体；具有丰富的技术人力资本的供给，发展知识及资讯基础的产业；具有较好的机构网络，具有适意的工作和生活环境，高品质的文化、社会及经济环境可强化社会凝聚力及经济竞争力；具有较好的沟通体制，包括基础交通网络和电子网络，具有国际性策略；具有健全的制度结构。

续表

向　　度	二级指标	主　要　理　论　观　点
	居民参与制度	——市民振兴主义观点提出社群活动对文化活动发展的重要性,社群组织要给予其"合议制度",赋予这些社群组织合理的制度位置和协调不同的策略组织行为,可以带动更好的消费形式。 ——"地方性"是地方居民的政治参与、市民权力、社会权利的具体表征,在社会议题上,可运用有效的个人或集体的介入模式,构建地方发展的前动力。 ——"赋权参与"制度 通过赋权制度,让居民了解个体性、住户单元、商业团体、社区和自发性团体都是必须的,是多元的纽合的都市发展的共同体。

3.地方性文化产业的类型划分

根据特质,地方性文化产业可分为历史文化资产、乡土文化特产、民俗文化活动、地方自然休闲景观、地方创新文化活动、地方文化设施六种形式。[①]

有的学者认为,地方性文化产业是与日常生活联系紧密的混合性产业类型。它不是单一的经济类型产业,包含通常理解的艺术、文物、旅游目的地及各种地方性民俗庆典活动,还包含生活文化智慧和文化习得。[②]

也有学者认为,应把以地方为基础的综合性文化产业的发展作为分类基础,把农林渔牧及传统产业结合文化与观光转型的地方性文化产业列入分类项目。为此,地方性文化产业可分为四大类。

(1)资产文化。特指人类历史发展过程中留下来的具体遗迹,包括古建筑类、遗址、古文物、器具、考古遗迹及其他文化遗迹和古迹(如寺庙、宗祠、传统部落、历史街区、特色建筑、古代纪念物、雕塑)。

(2)民俗文化。包括民间色彩之雕塑、编译、绘画艺术、塑艺、戏曲等传统技艺,属于文化艺术经营类。

(3)生活文化。包括地方土特产、地方小吃、地方节庆与信仰活动,是从

---

① 傅茹璋:《传统产业转型地方性文化产业创新发展研究》,文化大学博士学位论文2009年,第8～10页。

② 叶智魁:《发展的迷思——文化产业与契机》,《哲学杂志业书》2002年第28期。

地方人文生活特质、先民生活习惯及信仰衍生。

（4）产业文化。包括地方自然景观、休闲类的农业、渔业、牧业、地方特色产业等，是农、林、渔、牧、矿等传统产业转型后的创新产业。

学者杨敏芝把地方性文化产业的类别划分置于整个文化产业类别划分的整体架构上（如图 0-3；0-4），这使得地方性文化产业的类别与文化产业的类别的从属关系和界限更加清晰。本书即借鉴杨敏芝的基本框架，根据先期的实地调研做进一步的具体分析、调整和应用。

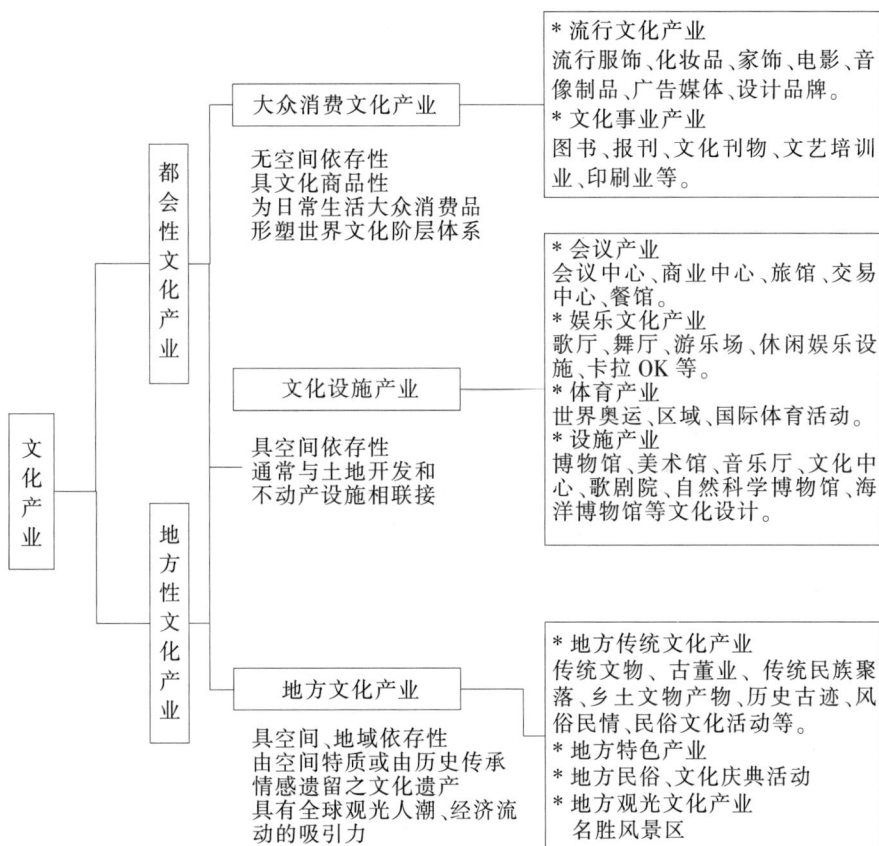

图 0-3　文化产业整体架构与界分

资料来源：杨敏芝，《地方性文化产业与地域活化互动模式研究》，台北大学博士学位论文 2002 年，第 66 页。

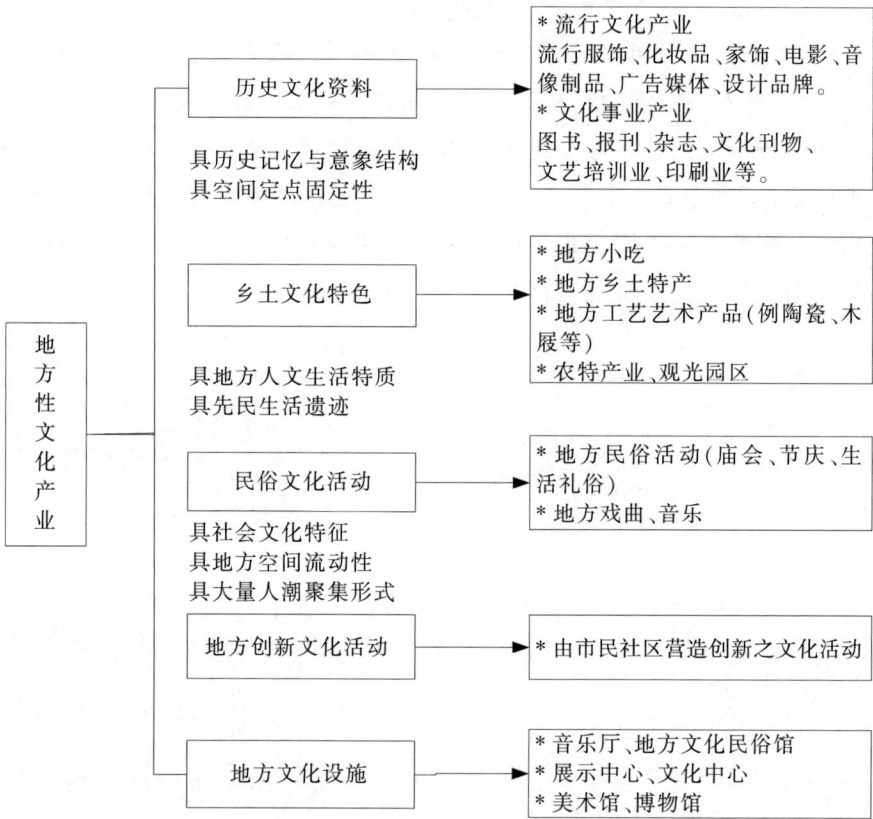

图 0-4　地方性文化产业分类架构

资料来源:杨敏芝:《地方性文化产业与地域活化互动模式研究》,台北大学博士学位论文 2002 年,第 66 页。

4.地方性文化产业发展模式研究

(1)地方性文化产业与地域活化的互动模式。在地方性文化产业中,"文化不再是文化,它经由深厚的文化孕育及创造新的动力,产业也不再是产业,它经由文化润饰及地方自主动力而活化地域,文化产业发展不仅在于有形的经济价值,也包括无形的意识价值"。杨敏芝从文化性、地方性和经济性三个维度考察地方性文化产业与地域活化的互动模式(图 0-5)。

该互动模式涵括经济性、地方性和文化性的互动关系,它所形构的互动链结构是交互整合作用,主要解释地域活化策略的进展,拟定文化策略机制、地方性制度及产业活化策略等,整个互动链含有三种互动架构。

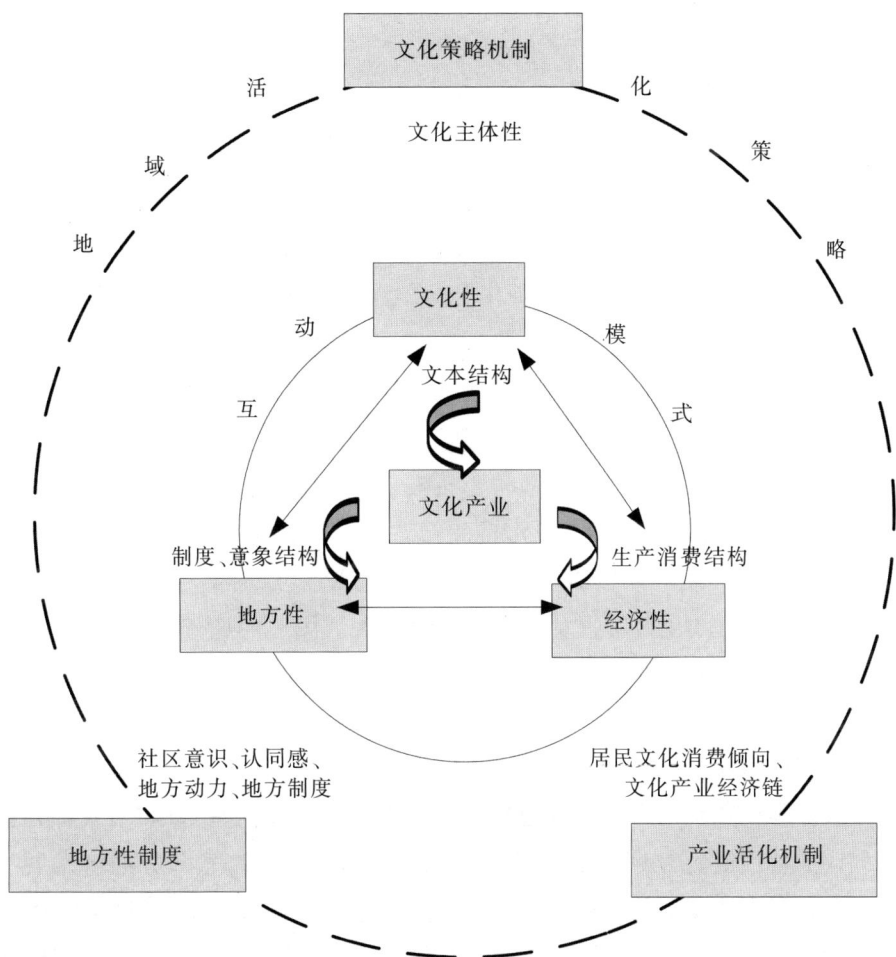

图 0-5　地方性文化产业与地域活化互动模型架构

资料来源：杨敏芝：《地方性文化产业与地域活化互动模式研究》，台北大学博士学位论文 2002 年，第 29 页。

（2）地方性文化产业与文化性的互动模式。考察互动模式以评估地方性文化产业发展的价值和效益，主要甄别其文化的主体性，有否丰富的历史文化意涵或特殊的文化内涵。这是文化产业空间意义生产的"文本结构"。

地方性文化产业与文化性的互动模式的核心是：文化产业经由地方领域的实践，朝向公共领域中公共利益的形塑，价值内化于居民心中，形塑在地的产业。因此，地方性文化产业的发展效益基于深厚的文化内涵、地方自主性的支持力量和多元性的文化活动导入模式。

（3）地方性文化产业与地方性的互动模式。考察地方性文化产业与地方性的互动模式是为了了解地方团体组织对地方性文化产业的认知性、参与模式、认同感及权力责任分配等，了解其对文化产业发展产生的不同深度的影响。经由互动性强的地方社群组织介入地方性制度实践，能激发潜伏的社群内在力量，可强化社群对地域空间的认同感和归属感。地方性文化产业与地方性的互动属于文化产业空间表征的"制度—意象结构"。

地方性文化产业与地方性的互动模式含两个向度。第一，相关"地名"的象征价值。"地名"的最终品牌内涵须含有"原乡文化意涵、象征性经济"等重要内容。第二，多元性的地方联盟发展机制，例如，建立"行业间联盟"或"同业间联盟"，促生"地方市场"观念，让国家成为"地方联盟"和"地方竞争"的基础，催生有效的地方竞争机制。

该理论模型提出：多元地方联盟机制主要依赖"以感情、利益或理念为基础"的联盟或以"不同团体多元目的结盟，内群凝聚、对外抵抗"为机制的联盟。非当地的团体联盟以利益为出发点进入地方社区，容易因无法获得社区居民的价值认同，而激发严重的社会冲突。因此，只有当地的联盟组织才会认同乡土人情感，才能形成强力的社会凝聚力，激发实质性的联盟产业。

（4）地方性文化产业与经济性互动模式。地方性文化产业与经济性的互动模式指不同类别的文化产业通过不同的产业联盟和消费结构，形成特有关联的产业价值链，实现不同的地方经济效益。该模式是考察地方经济发展的市场区隔或产业联盟的基础。这是文化产业空间表述的"生产—消费结构"。

地方性文化产业与经济性的互动模式指出：要由小、精、独特的生产模式结盟建构新的"产业链"网络结构。这些小规模的生产模式通过共同营销的方式达到较大的经济效益，通过产业链的共同带动效应，打造更完善的地域品牌，以开发产业本业产品之外的多元副产品以活跃和改善产业文化活动的品质。文化产业的经济贡献包含"地方经济主层"和"地方经济次层"两个层次，实现直接受益的文化产业主业和实现间接收益的文化产业衍生行业。如果地方性文化产业与地方其他相关行业之间的经济互动力强，对地方经济的间接效益也大，这是衡量地方性文化产业经济效益不可忽略的参考因素。

5.传统产业转型地方性文化产业创新发展模式

傅茹璋提出地方性传统产业转型地方性文化产业的三体环境共生创新发展体系模式，该模式建立在熊彼得等学者的创新理论观点之上，提出"三体环境"的文化产业创新体系及相互关系。三体环境包含硬件环境、软件环

境、韧体环境。硬件环境指"地方设施"的地方性特质,软件环境指"产业观
光活动"的经济性特质,韧体环境指"社群网络"的文化性特质。"三体环境"
中的韧体环境是对地方性文化产业发展模式的主要理论补充,在研究内容
上拓展地方性文化产业发展的"文化性"特质的研究。

　　地方性传统产业转型地方性文化产业的三体环境共生创新发展体系模
式,主要包含以下主要内涵:地方性文化产业三体环境共生系统,基本是对
地方性文化产业环境(包括人与自然环境)做出的最合适的安排过程,以此
三大系统提供居民、生产者以及消费者与地方文化资源共存和共生的责任。
在这个基本框架内,建立完善的三体环境之间资源项目的分类并理清其关
系(如表 0-4)。三体环境共生观念是将环境发展的三体环境视为有机体,使
三种有机体以"和合共生"的方式相融在一起,进而促使环境发展的三体环
境系统共生相成、生生不息。

　　该发展模式提出传统产业转型地方性文化产业的基本动力系统。政府
政策推动是关键因素,目标是在建立创新环境。初期阶段,政府扮演重要角
色,政府推动的项目往往可因人、因物、因事制宜,初期往往能立即取得成
效。但是,传统产业转型地方性文化产业在中后期应着重在建构三体环境
共生创新体系基础。在该研究中,传统产业转型地方性文化产业的创新发
展关键因素组合为原料创新、设计创新、生产创新、市场营销创新、组织创
新、品牌创新。

表 0-4　地方性文化产业三体环境分类项目

三体环境	价值系统	分　类	项　　目
韧体环境	文化运作价值链 (社群学习价值)	政府部门组织	中央政府部门;地方政府部门
		产业发展组织	地方部门运作;第三部门运作
		地方居民组织	地方组织动员;地方动员参与
		地方人口结构	人口成长率;人口结构;产业人力资源;游客属性
硬体环境	地方设施价值链 (区域化空间网络价值)	实质生活环境	土地使用;公共设施;交通运输;安全防灾;环保计划;美质景观
		产业生产设施	文化产业资源;文化创作单位
		地方文化设施	地方展演设施;文教设施单位;观光产业资源

续表

三体环境	价值系统	分类	项目
软体环境	经济活动价值链（产业集群价值）	地方发展目标	地方历史背景；地方人文精神；地方风俗习惯；地方生活意象；文化产业理念。
		地方产业活动	地方文化活动；产业行销活动；产业活动。
		地方经济结构	产业经济结构；文化产业产值；财物经费来源。

资料来源：傅茹璋，《传统产业转型地方性文化产业创新发展研究》，文化大学博士学位论文 2009 年，第 67 页。

（四）地方性文化产业与"地方感"的关系研究

人对地方的认同及由此对自我的界定主要是心理现象，"地方感"是对空间的感情及记忆，是由社会、文化、历史、环境、政治建构起来的观念，由个人或群体的情感经验催生及作用于心理而产生的特定的熟悉的或有特别"意义"的大大小小的空间。由此，"地方感"的主要内涵往往被称为"情感经验"。

1.情感经验形成的"地方感"

"地方感"所指"情感经验"由人脑里的注意力结构决定，犹如常说的"下意识"——凡是看过、听过、触摸过、嗅过或尝过的经验，都会停留在脑神经的注意力结构中，其中主要的心理生成机制被界定为情感"唤起""共感"和"涉入"。

（1）记忆的"唤起"。人的情感经验来自记忆的唤起，唤起能让人们回忆起正向或负向的感性体验[①]。60 年代出现的情感文化论认为情感是学习而来的，通过文化来传递[②]。但艾克曼认为人类的情感是与生俱来的，发生极为迅速且维持时间非常短暂[③]。这两种观点虽然相互抵触，但基本认同人在不同的经验里的情感会有所差别。总体而言，情感分为三种：

---

① Berlyne，D. E.：*Aesthetics and Psychobiology*，New York：MEREDITH CORPORA-TION，1971：15—30.

② Evans. D：Emotion：*The Science of Sentiment*，Oxford：Oxford University Press，2001：43—44.

③ Ekman.P：An Argument for Basic Emotions，*Cognition Emotion*，1992，(6)：3—4.

基本情感——人类与生俱来的共同感受,并不是由学习而来,如喜悦、悲伤、愤怒、恐惧、惊讶、反感。

高层次认知情感——受到意识层面所掌控而展现出的外显行为,具有社会性的情感,牵扯更多大脑皮质的运作,如爱、罪恶感、羞耻心、骄傲、困惑、羡慕和嫉妒。

特有文化情感——此情感有别于基本情感,当身处某个文化中,日积月累才渐渐习得该文化特有的情感。

上述三种情感属于外显行为,是对外部环境的认知,且比较主观。然而许多情感行为属于内隐行为,深藏在潜意识,平时不容易表现出来,在受到外界刺激或鼓励时才会表露出来。外部人员参与产业活动,经过动手,生发好吃、好玩、快乐等情感,激发情绪体验,存留在记忆里,随着时间消逝,这些记忆被唤起的情绪越强烈,情感记忆的保留时间就越长。高层次情感的获得,在于对文化活动有认同感,如感到自信与骄傲等。

在相同的外在刺激下,由于人格特质的差异,在接收相同信息时,会有不同的信号解读。个人的信息解读受到感知限制,形成不完全认知,由此产生认知关联性,产生正向或负向的情感联想空间,这些特定情境下的产品使用过程往往成为产品意象呈现的依据。个人感知、经验性认知以及具有满意度的行为等各类情感互相朝向依附性发展,在社会文化传播的逐渐累积下,形成长期记忆及忠诚度,持续享受着属于他们自己的愉悦经验。

(2)"情感经验"的集合形成"共感"。从基本情感产生的感受,与特定的人、事、物产生共鸣,立即生成"共感",其中经验起着十分重要的催化作用[①]。在使用产品或参与活动时,消费者首先经受美的体验,再由经验的催化,形成有特定意义的经历,牵动情感的核心价值,产生共鸣,产生对地方的依赖心理,之后再次回头体验或向亲朋好友推荐,逐步形成"共感"。消费者使用产品、体验社区活动或社区环境的经验,可生成多种类型的情绪,如主观的感受、生理的反应、表现出的反应以及行为的反应如下:

主观的感受——产生知觉,例如对难以插入吸管的包装,感到恼怒。

生理的反应——心理产生的行为表现,如瞳孔扩张、汗水产生等现象,心理的影响会呈现在生理反应上,如激动谈论产生高度兴奋的状态等,由此

---

① Desmet, P. & Hekkert. P: Framework of Product Experience. *International Journal of Design*, 1998, (1): 57—66.

利用访谈观察消费者或体验者的反应。

表现出的反应——从脸上、声音上、动作上表现出情绪经验,如感叹。如中国台湾池上地区,朋友间一谈到池上伯朗大道,双方之间都会发出"啊——太美了,池上大米不是盖的"的感叹,且能够津津乐道地谈论起来池上的稻田美景、环境建设、景观设计和传统历史文化,同时藉由伴手礼留住回忆,传达好的体验感觉。

行为的反应——使用者使用产品的情感经验所产生的行为动作,如因探索性体验而产生的消费。例如池上以稻田耕种文化及便当用餐文化来使观光客了解当地的大米文化、农业生产文化及生态文化,进而购买优质大米、农产品及伴手礼等,从而产生对池上的地方认同感和依附感。

以上这些情感经验中的"共感"还可从三个层次进行划分[①]:

本能层次——对于产品、活动属性的偏好;

行为层次——产品使用或拥有,参与活动的行为产生的愉悦感或满足感;

满足层次——强调产品、活动回忆所产生的反思,如环境保护、爱乡情感等。

(3)与"情感经验"相联系的概念是"涉入"。人对事件的"自我涉入"越深,能接受反面意见的空间就越小;反之,能接受反面意见的空间越大。对"涉入"情感的概念界定一般超越人们常说的"参与""互动""知道"等较为浅显的日常用语表达,而要用能够表现更深层次心理反应机制的词汇或句组,这些词汇和句组须能够表达特定的、明确的、可述的或能够指代明确的感觉经验。这些词汇或句式就是"情感经验"的构成主体和研究对象。

外部人对于文化产品的"涉入情感"经验,主要通过产品消费改变产品与人的关系,产品不仅体现为物件表征,还具有怀旧或旅行回忆等的意义价值,由此产生对地方社区的情感涉入,涉入程度越多,感受越深刻,如参与社区的劳动,共同绘制社区墙面、手印墙、许愿树种种回忆,使他们在情感上不断再次"回"到社区[②]。外部人在体验产品、活动过后,呈现出本能层次、行

① Norman,D.A. Emotional Design:*Why We Love or Hate Everyday Things*? New York:Basic books,2006:33—37.

② Richard C.Stedman:Is it Really just a Social Construction? ——The Constriction of the Physical Environment to Sense of Place,*Society & Natural Resources*,2003,(16):671—685.

为层次及反思层次等三个层次的渐进式情感表现,这是作为产品或活动设计要素的重要效果指向。

2."地方感"情感维度设定的研究

"地方感"后续研究显示,乔金森和斯特德曼提出的"三维度",即地方依附感、地方认同感、地方依赖感的可信度比较高[①],其核心构成是"空间情感经验"维度。

(1)"地方感"概念的主要维度项。当前根据三维度概念建构"地方感"情感经验的项向主要有:

在都市化发展过程中对"遗产意识"的态度:保护文化遗产,保护文化景观,改善文化活动,维系地方在世界文化遗产地位。

社会对以文化遗产为资源的旅游业的影响力的认知程度,包含以下十项内容:提供文化交流的机会;提高居民的自尊心;使得城市更具国际化;促进展示在地历史和文化的需求;维持了当地的社会文化环境;促进当地社区的社会和谐;维系社区凝聚力;激发当地人参与地方文化活动的兴趣;使得传统生活方式能够存活;有利于保护历史和文化遗产。[②]

该研究进一步证明文化遗产与旅游业的发展对促进"地方感"的情感经验有切实的积极的效果。这些测量维度和内容项目有一定的参考意义和借鉴价值。目前,对"地方感"概念的各种维度的建构如表0-5所示。

表 0-5　"地方感"概念的维度建构

作者	"地方感"形构
波特 （2000）	自然环境区域
	人文环境区域
	功能性的个性化或定制化区域
	情感性的个性化或定制化领域

①　Nanzer B.：Measuring Sense of Place：A scale for Michigan,*Administrative Theory of Praxis*,2004(3):362—382.

②　Louis Tze－NgaiVong：An Investigation of the Influence of Heritage Tourism on Local People's Sense of Place. *Journal of Heritage Tourism*,2013,8,(4):292—302.

续表

作者	"地方感"形构		
乔金森和 斯特德曼 （2001,2006）	地方依附感		我很高兴能住在（某地）
			我会在（某地）住上一段时间
			我在（某地）的时候感到很轻松
			当我离开（某地）一段时间后，真的很想念它
	地方认同感		我感到（某地）是我的一部分
			我强烈认同（某地）
			（某地）对我来说很特殊
			（某地）对我来说意味非同一般
	地方依赖感		（某地）是我最想去的地方
			能在（某地）做我想做的事比在其他任何地方更为重要
			我不会用其他地方代替（某地）去做特定类型的事
			对于我喜欢做的事，没有什么地方能比得上（某地）
斯特德曼 （2002）	地方价值感		
	地方依附感		
	地方满意度		

资料来源：杨敏芝：《地方性文化产业与地域活化互动模式研究》，台北大学博士学位论文 2002 年，第 54～70 页．

（2）"地方感"的"空间情感经验"维度的设定。人们对地方的"涉入"程度不同形成相应的情感经验，这些情感经验在人的脑海中建构不同的"空间意义"，这些"空间"经过长期的情感经验的累积，逐步改变和形成人与空间的关系，形成人对"地方"的不同认识。因此，"地方"是人对过去和未来的内在连接，是人们和社区之间建立长期的共同情感的支柱。"地方"关系由四种不同的"空间"关系构成：

实用空间：由身体所处的环境组成。

感觉空间：以观察为中心，涉及我们注意或看见的事物。

存在空间：除了感受外，还有特定的文化结构，是相对于人类经验或工作关系所界定的社会意义空间。

认知空间：是对空间一种抽象的想象与塑造。

一般来说，有特定象征意义的"地方"包含有三个项向——区位、场所、地方感。[①]"区位"指具体的地理位置,"场所"指建立在特定社会关系基础上的物质环境和样貌,具有文化空间的特质;"地方感"是人们对特定的场所所持有的情感上的依附。在特定空间里,参与者的情感表现从人与人之间的本能互动后,对于当地的人、事、物慢慢有了初步的认识,情感涉入逐步增加,继而产生情感层次的行为表现,如满足感、惊奇感;高度涉入时则有反思的表现,如认同感、依附感。当内外部相关的人逐步熟悉特定"区位",认知逐步加深,最终赋予价值,产生特定的情感联结后,这样"空间"概念就逐步清晰,甚而能够清晰表述,演变为有特定意义的"场所",之后逐渐转化成"地方感"。

3."地方感"与旅游文化产业的情感经验的关系研究

关于地方文化与旅游产业之间的情感经验联系,目前主要研究游客的情感经验。游客与当地人之间的互动、文化认知的差异、游客之间共同体验的影响等种种涉入方式,都可能产生正向的或负向的情感经验。[②]游客是旅游文化产业最为核心的要素,促成游客行动的实现,必须有三个基本构成要素:观光主体(游客群体);观光对象(地方资源、人文资源与旅游设备等);观光媒介(旅行信息、交通工具、旅行服务等)。在文化旅游中,不同群体的游客受主客观的影响,会有不同的认知,其情感经验完全不同。对这些情感经验发生的厘定,学者甚至提出细致的标准:游客购物或者需要服务时,游客与居民或服务人员擦身而过,或在消费场所;游客为了获取信息与居民互动时。[③]

将旅行"愉快"或"不愉快"的情感经验与马斯洛需求层次相匹配后发现,与旅游"愉快"相匹配的最高需求层次是"自我实现"的情感需求,以下依次为"爱及归属感""生理的需求",最低层次为"安全"的需求。与旅游"不愉快"情感经验相匹配的需求层次最先考虑"安全",其次是不能满足"生理"需求、"爱及归属感"的需求。由此可见,大多数旅游者不愉快的情感经验来自安全需求得不到满足,愉快的情感经验来自"自我实现"。为此,满足游客心理需求的活动形态包含以下内容:心理性的:放松,比如躺在沙滩上;社会性的:家庭关系、社会责任的卸除,比如离开熟悉的地方去目的地度假;状态性

①　Cresswell.T.*Place*:*A short International*.Malden,MA:Blackwell Pub,2004:50—64.

②　蔡宜佳:《社区文化情感经验之构成要素及魅力品质研究》,云林科技大学博士学位论文 2015 年,第30~34 页。

③　谢淑芬:《观光心理学》,五南图书出版股份有限公司 1994 年版,第20~50 页。

的;舒适的,从事身份与众不同的活动类型,比如到最受欢迎的度假乐园;知识性的:能得到心灵净化或知识的刺激,比如文化旅游,游学项目等;心智性的:放松压力、远离烦闷,比如参加旅行团、高空弹跳等。①

当地方性文化产业与游客之间的活动空间建立关系后,地方与游客之间就有心理需求上的供需关系,有情感上的需求与满足,而不仅仅是经济上消费—满足的关系。团队参观、游客旅行提高了地方的知名度,也促进了地方经济的发展,游客经过参访、体验和学习,满足了心理需求,二者能达成有效愉悦的互动,这是发展地方特色文化产业的重要文化资产。这个互动关系的内核还在于地方居民的认同与维护,因为"旅游发展与形象的塑造,决定于居民的意志、生活态度、创意与对未来的想象。没有居民的自发、自主、自信的精神根基,地方旅游文化能卖的只是有价的商品,而不是能感动人生命的无价文化"②。

4."地方感"与地方性文化产品之间的情感联系研究

关于地方文化产品使用经验的情感架构,目前主要有以下两种分类:

一是根据使用产品经验分为三类:感官性经验,基于视觉美学的感受产生的认知,比如,仅仅因为外包装的设计感就喜欢产品;体验性意义,即接触或初步使用后激发的特定感受;情感性经验,与消费者使用产品的特定情境或情节相关,产生独有的个人、产品与特定人生经历的有效联结,这种联结带来情绪上或情感的独特性③。

二是人的需求和使用经验,将人对产品的需求分为三种。功能性需求:主要指产品具有满足消费者需求的具体功能,满足使用者的基本需求;体验性需求:对感官愉悦、认知多样性的需求等;象征性需求:对于社会关系及自我实现的需求,如自我想象的增强、角色地位的彰显及自我认同④。

产品消费中情感经验构成的微观研究将情感经验分为四类:来自产品本身的印象,如好看的外观,使用产品的荣耀感;外界影响因素,如广告与营销传播形成的情感经验;产品使用经验形成的认知,如产品实用或不实用;

① 朱道力、薛雅惠:《旅游地理学》,五南图书出版股份有限公司 2006 年版,第 43~70 页。

② 黄世辉:《社区自主营造的理念与机制》,《建筑情报季刊》2002 年第 3 期。

③ Desmet.P & Hekkert.P:Framework of Product Experience, *International Journal of Design*,2007,I,(1):57—66.

④ Aaker.D.A.:*Managing Brand Equity*,San Francisco:Fress Press,1991,(3):20—23.

消费者与产品之间关系的改变,如具有特殊意义或纪念价值的产品;曾经历过后产生的产品事件,如能够引发情绪经验的事,遇见特定的地方人物或故事等①。

研究认为,产品本身就足以产生特定的情感经验,这种经验如果足够充分与深入,就能够直接形成对产品来源地的固化知识。因为产品设计、媒体信息等的影响,人们就能对地方性文化产品形成良好的情感经验,通过使用中和使用后的对特定情境的理解和认知从而产生独有的记忆或回忆,这样的记忆或回忆能够促成特定的以产品为联结物的消费者与社区或地方的"社会关系"。当消费者有机会进入目的地或社区,体验目的地或社区的生态文化、生活文化及生产文化,留下美好的情感体验,这时文化产品与消费者之间会生成特定的价值认知。

有人认为,在主流的旅游胜地,复杂的产品营销手段并不特别需要,因为地方性文化产品往往承载当地生产者和设计者的个人创意与生活形态,产品凝聚的是地方文化背景,销售过程中能够通过与消费者的互动而产生新的情感经验,激发共鸣,能够充分满足消费者的情感需求②。

5."地方感"与地方性文化活动情感联系的研究

产业文化活动是推广地方性文化产业的主要方式,地方常常举办文化节、产业嘉年华会来打造地方形象。例如,中国台湾地区自推行"一县市一特色,一乡镇一特产,一文化中心一节庆"的政策后,有319个乡镇市推出特产代表,突出地方生活及生产特色,推广相关的文化活动,全台各县市的文化活动都有特色鲜明的地域特色和市场区隔,文化产业几乎没有雷同的产品结构和活动项目。例如,台中市大雅乡在遴选推广地方产业特色时发现大雅乡的小麦产量占全台湾小麦产量的90%,这些小麦主要供企业作酿酒原料。基于小麦高产这一特色,大雅乡推广小麦文化产业,年年举行小麦文化节,成功打造地方产业意象,夯实该地的文化产业根基,结合糕饼产业、布旗产业,设计大雅的独有标志,带动每年3月小麦成熟期、11月播种的文化朝圣,小麦成长过程被打造成文化活动,规划下乡活动,吸引更多的人参与,从了解大雅,认识大雅直到爱上大雅。

---

① Demir. E. and Desmet. P. M. A.: The Role of Products in Product Emotions an Explorative Study, *Design Research Society Conference*, 2009, (3): 16—17.

② 蔡宜佳:《社区文化情感经验之构成要素及魅力品质研究》,云林科技大学博士学位论文 2015 年,第 38~39 页。

休闲活动是地方文化活动重要部分,学者们经过研究,认为休闲活动应该能吸引其他人一起参与、互动;能做一些参与者认为有价值的事情;能让人感到舒适和轻松;能挑战新经验与体验;能让人拥有学习的机会;能使人主动地参与。研究显示,每年推出多姿多彩的活动,不仅能吸引外部人主动参与,享受轻松与悠闲,并且能让休闲活动带动产业振兴,持久推动地方文化创意产业的发展①。

(五)"海丝"文化产业研究的现状

国内关于以"海丝"文化资源为核心的文化产业研究不是很多,大多进行个案描述,如有人提出对"海丝"文化资源进行相关的产业开发,作为建构城市品牌的主要渠道②;有人提出,通过文体赛事衍生的产业经济活动来传播"海丝"文化③;有人提出,用旅游文化创意来传播"海丝"文化④。

总体来看,国内关于以"海丝"文化资源为基础的文化产业的研究比较零碎和分散,观点多数是建议性的策略性的,尚未有系统研究。"海丝"文化资源的产业化研究是当前的热点问题,它涉及国家形象建构、中华文化对外传播、地方性文化产业发展、跨文化合作等相关重要命题,亟待有丰富系统的相关理论来支持深入的研究。

梳理与分析相关文献,可以看出,关于地方性文化产业与"地方感"建构的联系的研究集中在中国台湾地区,但其研究在研究对象的选取上和理论总结方面都极具个性化,多为单个案例的对策性分析,研究视角仍停留在产品结构和经济效益上,未能深入内在的文化性肌理,未能回应当前地方性文化产业发展的新趋势,内地的研究更稀少。因此,该领域亟待进行理论上的深入探讨和系统的研究。

---

① Nanzer B.Measuring sense of place:A scale for Michigan,*Administrative Theory of Praxis*,2004(3):38—39.

② 谈锦钊:《充分运用海上丝绸之路的历史资源》,《城市》2002年第2期。

③ 刘根勤、陈超华:《广州亚运会与海上丝绸之路文化产业的开发策略研究》,《文化遗产》2010年第2期。

④ 曾启鸿、蔡文静:《海上丝绸之路区域旅游合作研究》,《经济研究导刊》2008年第9期。

五、研究框架、研究方法与研究价值

本书主要含五大部分,各部分研究框架、研究方法及主要内容如下。

(一)研究框架

第一部分:绪论部分,梳理论文研究的缘起、研究视角的导入和问题提出,对核心概念及研究范畴进行界定,在此基础上进行研究现状的分析暨文献综述,为研究的主体内容确立框架。

第二部分:理论建构(第一章)。论文融合地方性文化产业的价值内涵、产业演化之生命周期理论、地方性文化产业价值创新理论以及地方品牌理论等形成论文的基本理论。糅合这四个理论成果,确立本书的理论框架:地方性文化产业发展应以"创业思维"作为产业发展的引导方式,以形成地方认同感来衡量产业发展的综合效果,准确判别文化产业的生命周期的发展阶段、特点和要解决的主要问题,以"地方感"的建构作为研究福建"海丝"文化产业发展的主要问题,研究的重要理论依据是文化产业价值创新问题,从其中的社群学习价值、区域化空间网络价值、产业集群价值创新等寻求具体的研究方向。地方品牌理论为本研究的资料采集与调查研究确立明确导向和具体内容,完成本论文的调研内容和问题设计。

第三部分:研究先导部分(含第二章、第三章)。本书从研究问题导向以及文化产业发展的角度对文化资源、文化资产、文化资本三个概念进行定性分析,藉此对福建古"海丝"地方性文化资源进行全面梳理与价值重塑,从整体上观照目前福建古"海丝"文化资源在文化产业发展中的具体情况。第三章主要研究地方性文化产业发展中的重要权力因素——地方政府职能与地方文化政策的创新机制。根据当前实际,地方政府应尽快推进地方文化政策的创新路径,转变地方性文化产业发展的传统思路,确立以"地方感"建构为目标的产业发展方向,使得地方文化产业政策真正成为产业发展的助推力,这是"地方感"形成与互动机制的重要前提。

第四部分:研究的主体部分(含第四章、第五章、第六章)。本书对福建"海丝"文化产业的三大重点类型:"海丝"传统产业转型文化创意产业、"海丝"历史街区文化产业、"海丝"古城镇文化产业进行深入分析,分别提炼出这三种类型"海丝"文化产业"地方感"建构的实践经验与理论启示。

第五部分:研究结论。本书依据福建"海丝"文化产业发展的总体经验和理论启示,对地方性文化产业发展进行整体上的理论提升,提出相应的理论模型以及对策建议。

(二)研究方法

1.参与式、半参与式观察法

参与式观察法指研究者参与特定的研究环境中,系统地记录观察到的事物或活动景象,其研究结果一般是对社会环境或组织的分析描述,研究内容是从特定事件的观察数据提炼出一般性的推论。半参与式观察方法,则是观察者不直接参与获取经验性数据,而以外围人(但不被明显觉察)的身份对特定的研究环境进行观察、记录或获取数据[①]。但有时半参与式观察因介入环境的身份许可问题,容易使得被观察对象受到各种"研究效应"或"社会赞许"的影响,参与式观察虽然能够融合进环境进行完全的经验性体察,但也容易使得个人情感过分代入,使得研究结果产生一定偏向。在长时间的研究过程中,把两种研究方法进行适当的融合和相互检验是比较好的方法。这两种方法在本研究中都将用来记录在地生活居民、本地创作者以及外来游客或商人的行为活动。

2.定性、定量结合的研究方法

本书通过问卷调查的方式对主要对象人群就"文化产业"与"'地方感'的形成与互动"进行基本情况的调研,对相关数据进行比较分析。

本书还使用深度访谈法,通过研究人员与文化产业领域中的政府官员、部门管理者、文化产业相关协会的会长、会员、文化产业主中的艺术设计名师、企业董事长、企业中高层管理者、个人工作室、小作坊经营人员、商业运营人员等受访者进行一对一的深入交流。访谈内容框架采用半结构式,即拟定重要内容的访谈问题,在这个框架基础上获取基本或重要的核心信息,在深度交谈中及时发现和拓展相关的重要问题,以此不断扩大采集重点信息和其他相关信息的范围。同时,本书还通过滚雪球的方法,与特定研究对象进行深度交流,双方互相促进以获取对研究目的、内容及对象的认识与进

---

① David Silverman & Amir Marvasti: *Doing qualitative Research*, California: SAGE Publications, 2008:63—89.

一步考量,再经由被访谈者推荐相关的对象进行深度访谈。

3.多学科、多领域交叉的内容分析法

本书从地方性文化产业、"地方感"的概念入手,对"海丝"文化产业发展中形成的政策制度文本、文化符号、媒体内容、地方口述史料及其他相关资料进行综合的内容分析,利用文化产业政策研究、文化资本研究、文化产业意义生产研究、文化产业品牌研究、文化产业创新研究、文化产业区域发展研究等多学科方向及研究领域的理论工具。

4.综合运用其他方法

归纳分析法:对文化产业发展及"地方感"研究的国内外理论书籍及论文文献进行爬梳与归纳总结,对本书的概念界定、理论发展脉络、核心观点、研究问题的类型及不足进行综述性研究,也是本书提出问题和确定研究内容的主要理论来源。

话语分析法:在传播学与符号学研究者看来,话语是社会化、历史化和制度化的产物,体现权力关系,文化的意义生产就由这些制度化的话语产生。生产者的话语权的使用也是文化产业意义生产和传播的控制力量,甚至是能够影响和对应"社会权势力量"。[①]

(三)研究价值及创新点

本书在文化生产和文化传播研究中引入"地方感"建构这一理论视角,试图与文化资本、产业生命周期、地方品牌等相关理论进行融合创新,提供新的角度和相应的理论模型,探索文化产业发展的热点问题,不仅在一定意义上体现当前文化传播和文化产业发展的融合趋势与发展主题,而且对于实现产业的文化传播具有很重要的现实意义。

本书第一次将福建省以"海丝"文化资源为基础的文化产业作为独立系统的研究对象,从文化传播的理论视角探索符合我国当前城镇文化产业发展的国情与实践模式,形成特定文化产业类型发展的比较系统的理论和对策,在理论深度上进行相对完整和深入的探索,在研究内容上更具有现实指导意义,为地方性文化产业发展提供有价值的问题探寻和参考决策。

本书是对当前国家提出的"一带一路"倡议的重要理论回应,不仅在促

---

① 罗新星:《第三空间的文化意义生产研究——以跨文化旅游传播下背景下的湘西凤凰为个案》,岳麓书社2013年版,第39～40页。

进地方性文化产业发展方面做出贡献,更在国家形象建构、地方品牌建设以及对中华传统文化的保护、传承和发展等方面的研究拓宽了理论观照的角度,提供了更进一步的参考决策。

论文创新性地将情感经验、地方认同、文化传播三者相合的文化传播作为地方性文化产业发展的理论问题与对策探索,是从传播学的学科视角对当前我国文化产业理论研究进入相对的停滞期与"疲软期"[①]的重要回应。本选题的研究有助于拓展和深入传播学和文化产业研究的学科发展。

---

① 段莉、胡惠林:《中国文化产业是否进入学术疲劳期——基于学科概念体系的研究》,《东岳论丛》2013 年第 34 期。

第一章　地方性文化产业发展的基本理论

地方性文化产业的价值内涵、核心动力以及创新机制有别于其他类型的文化产业,它具有保护、传承和创新发展传统文化以及促进地方经济并改善地方品牌,提高国家软实力的双重价值性。以文化遗产或传统文化资源为基础的地方性文化产业应更注重"生产者"本身的价值创造与生产力,藉由这些个体的"点"连接起家庭、社区、地方、区域乃至国家而生成文化产业价值的主体性内涵,从而打造出大至国家形象、小至地方形象的地方品牌。因此,多元价值的创新、产业发展的理论依据、地方品牌的理论支撑是发展地方性文化产业的重要理论基础。本章根据福建"海丝"文化产业所处的国情特点与地方实际,以地方性文化产业中多元生产者主体的"地方感"建构为切入点,试图通过对地方性文化产业价值内涵的再论,融合产业生命周期理论、产业价值创新理论及地方品牌理论这三个重要理论,建立本研究的基本理论内涵、问题导向与研究主体。

第一节　地方性文化产业的价值内涵

联合国教科文组织在其第一本《世界文化报告》(*World Culture Report* 1998)中把文化产业界定为"结合创造、生产与商品化的方式,创造本质上为无形的文化内容。这些文化内容基本上受到著作权的保障,其形式可以是货品或服务"[①]。也就是说,文化创意产业的商品需具有文化、创意与产业

[①] 傅茹璋:《传统产业转型地方性文化产业创新发展研究》,中国文化大学博士学位论文 2009 年,第 49 页。

等三个部分,即商品(包含物质的商品或非物质的服务)需有文化意义,无论是地方、地区或国家文化的意义,都要有独特性;商品要有创意,无论个人或是团体的创意,都要有知识产权价值;商品要能满足市场需求,商品的创造、生产、流通等经济活动,都要有助于相关个人或组织的生存与发展。因此,地方性文化产业发展的最终目的,是满足人们精神生活、文化与生活的需求,必须坚持经济效益和社会效益的统一。这是文化产业的基本价值内涵。

但在文化产业实践的进程中,由于过于偏执的大众化,追求统一性、城市化、工业化,全国市场的权重加大以及大众传播导致传统社区重要性的下降等原因,越来越多的个人需求由那些大型统一的全国性的机构来满足,首要群体和次级群体,例如家庭和传统社区的社会联谊组织这样的群体的基本活力衰退了。文化消费的品位本是分层的、等级化的,现在变成同质的。生产者一味迎合大众消费者,企业被迫放弃小众趣味和特殊受众群体,转向生产大众偏好的产品,有意义的创新活动逐渐减少,流行文化的主题越来越狭隘。这使得身处其中的人们无法识别自身,社会边界也被打破,个人以孤独的方式面对整个世界,社会变成巨大的由同质的、空洞的、琐碎的事物组成的混合物体。

进入后现代,人们不再乐意浸沐于物质与享乐的欲望,向往与认同传统文化价值,本土的、地方的、传统的与历史的资产在长久被遗忘与压抑的桎梏中脱离出来,再度成为文化消费结构中的中心价值主体。地方性文化产业就是对这种"文化工业"时代下文化产业价值的重塑,其趋势是以"创意创业"为核心特质的产业类型,强调文化产业中生产者群体的主体性与开创性。地方生活美学产品、地方伴手礼、地方特色消费产品等文化产品的消费承载着地方居民地方认同的重要情感经验,也促动外来消费者接受地方文化,形成认同与依附的情感经验。这些消费是零散和随机的,对外地消费群体来说,关于某地的情感产生可能在"落地"某地之前就已经产生,特别是在社会化媒体时代,信息总能突破物理距离,优先建构地方性的文化图景和想象空间。因此,地方性体验是对想象中的"意义"的"再证"与"修补"。

当前研究中,出现将"地方性"概念与"地方感"混同使用的现象,但深入研究"地方感"的形成与内涵,发现二者有本质的不同,"地方性"指地方与其他外部空间进行联系时的特殊条件,如地理特征或由特定地理范围长期累积而成的社会文化,主要体现在视觉经验(如特有的地理性特征、文化遗迹、建筑、符号等)和社会建构(如历史文化传统、社会管理文化、生活与民俗等)[①]。"地方感"强调的是以人的情感经验为中心的"分辨力",指人对特定地方由认知系统产生的情感依附、地方认同或地方依恋。"地方感"的心理机制和行为机制较地方性更深入,这种机制可以用瑞尔夫所说的"地方感"具有的"审美分辨力"和"道德分辨力"来表述。[②] 审美分辨力比视觉经验更丰富和深入,心智上有更多元的心理体验,它是视觉涉入与心理活动深度结合后产生的新的认知效果,甚至能够创造出独立的审美对象或特殊的审美意味,这种审美经验的知觉和表达构成"地方感"的主要内涵,建立与地方性相互联结和互动的"沟通"与"合作"机制。"道德分辨力"则来源于人对地方认知的知识积累,它不仅仅来源于社会建构的外部知识,还包括人在界定自我与地方的关系中的知识积累。"知识"是稳固的、相对独立自主的认知和判断,在情感经验基础上统合了地方主客观认知的知识系统就得到"地方感"知识,它超越国别、民族、宗教或文化等壁垒,形成"个体"与"地方"之间特定的关系认知。总体来说,"地方感"从本质上说是关系,"地方感"比"地方性"的认知效果更为持久,更为深入,感情上更具有独立性和可辨别性。

地方性文化产业发展中如果要建立以"地方感"为核心的结构体,就要重新认识地方性文化产业的基本价值内涵。文化产业塑造的是将"情感经验、空间意义生产、文化传播"三者组合在一起的自有的"新空间形式",这种空间形式既在地方性之上,也不在地方性之内,它能产生新的地方文化特质、产业空间结构和消费结构,能引起共有的感受、价值和记忆,通过具体的事和物的实践与体会形成"感情的连接"。在这种价值内涵的规定下,地方性文化产业的"文化性"根本特征主要体现在三个方面。

其一,新的文化理念是"地方性""独特性"及"文化内涵",包含新的技术和新的文化形式,鼓励文化产业向着强化地方象征性的方向发展。

其二,新的文化产业政策是加强"权力下放"模式,地方社区的"自主性"能够注入文化产业发展结构。该政策能够促使地方性文化产业完成文化生产的自主性,能够完成地方意象的自我建构过程,形成内外趋同的地方认知与认同。

其三,新的文化产业发展政策要结合产业与多元化的文化活动,以文化

① 宜震丹、王艳平:《地方感与地方性的异同及其相互转化》,《旅游研究》2015 年第 7 期。
② 江平宇、丁凯、冷杰武:《社群化制造:驱动力、研究现状与趋势》,《工业工程》2016 年第 19 期。

象征符号塑造感性的地方意象,即塑造品牌形象与品牌认知系统,开拓创新的经济领域空间。

总而言之,地方性文化产业应以"创业思维"作为产业发展的引导方式,以形成地方认同感来衡量产业发展的综合效果,这是地方性文化产业增强地方、区域和国家文化软实力的基本诉求。

第二节　产业演化之生命周期理论

产业演化的生命周期理论是在哈佛大学雷蒙德·弗龙教授的产品生命周期理论的基础上提出的。弗龙认为,产品的发展经过萌芽期、成长期、成熟期、衰退期四个阶段。产品发展进入衰退期后,企业通过改进产品的配方或设计,提供新的特质或新的产品价值,以进入新的生命周期,如果产品的品类市场完全衰退,企业则通过研发新产品来开辟市场。随即,米歇尔·波特提出"竞争优势"理论,该理论指出产业的五种竞争力的本质和强度都会随着产业发展而变化,特别是潜在竞争者和竞争对手出现并强大以后,产业发展的每个阶段会遇见机会和威胁,这被称为波特的"钻石理论模型"。这个模型帮助企业经营者掌握产业发展各阶段中每一个可能变化的力量,并及时研讨应对策略,扫除威胁。两个理论的融合发展,得到产业生命周期理论,该理论模型与产品生命周期理论相似,但从整个产业发展的角度看,它又有自己的规律。根据台湾学者傅茹璋的相关研究,产业生命周期理论的主要内涵有四。

一、产业萌芽期

产业萌芽期指刚进入市场的产业,因为消费者对产业不熟悉,产业还未形成规模效益,也没有完善的销售渠道,这个时期的主要任务是"开发新品类"市场。产业在这个发展阶段的主要门槛是获取关键技术,打造"产品的核心竞争力",如果该产业的核心专业技术难度高且获取技术的"机会成本高",进入该产业的门槛就高,产业的竞争压力相对就较小。

二、产业成长期

产业成长期指产业能适应市场需求,迅速发展为成长产业。这个时期,很多消费群体进入市场,市场需求量扩张。由于消费者已经熟悉产品,价格因此降低,营销成本缩减,产业迅速成长。当产业进入成长时期,进入产业的门槛会逐步降低。由于这个时期少有企业能进行规模化经营,因此市场竞争者增多,潜在的威胁最多。不过,由于市场需求增大,企业不用从竞争者手上夺取市场,就能扩大经营和盈利。

三、产业成熟期

进入产业成熟期,市场规模已经形成,难以容纳新的竞争者,又要面临产品老化的问题。这一时期,由于需求饱和,为了维持市场占有率,常常出现价格战。产业成熟期,市场容易形成垄断,出现一批品牌美誉度、忠诚度都高于一般市场水平的企业,它们决定了产业的生存环境及文化生态,拥有优化的成本效益比。

四、产业衰退期

产业衰退期阶段,由于新技术兴起、社会需求改变、外部市场的竞争等原因,整个产业呈现负增长。在衰退的产业中,企业间的竞争加剧加大,打价格战可能引发部分企业亏损或倒闭,也可能引起并购或裁员。

产业生命周期理论是准确判别文化产业的发展阶段及其特点和要解决的主要问题的重要理论基础,对地方传统产业转型地方性文化产业的阶段性发展的理论指导也更具针对性。

第三节　地方性文化产业价值创新理论

地方性文化产业价值创新理论是在哈佛商学院迈克尔·波特的"价值链理论"的基础上融合"要素禀赋论""创新理论"和"文化生产理论"后形成的成果。

"价值链理论"是从经济学的角度提出产业价值链构成,其价值系统涵括原材料供应商直至终端顾客等一系列环节,价值链管理的核心是价值增值,价值增值的前提应该是掌握关键的价值活动。[①] 根据这一理论,文化创

---

① (美)迈克尔·波特著,陈小悦译:《竞争优势》,华夏出版社1997年版,第33页。

意产业的基本价值链上有内容创意、生产制造、营销推广、传播渠道和消费者五个环节,其中内容创意在营销推广、传播渠道和消费者等环节中不断参与互动,形成循环式的文化生产链。[①]

"要素禀赋论"由瑞典经济学家赫克歇尔与其学生俄林共同提出。该理论认为,产业发展过程中,市场将自动调节,各产业在区域间随即自发进行资源调节,拥有相对比较优势资源的区域,其产业结构就拥有成本优势,在市场中就拥有比较竞争优势。因此,地区经济的比较优势取决于要素禀赋,由此形成国际贸易和国际分工。[②] 根据地方性文化产业的价值内涵,要素禀赋在地方性文化产业中的主要表现为:地方文化资源以及地方文化生产与文化传播能力的比较优势决定了地方性文化产业发展的竞争力。由于地方性文化产业高度依赖要素禀赋优势,因此该理论是地方性文化产业发展的核心理论基础。

由此可见,创新是有效利用资源,以创意性的生产方式来满足市场需要,是经济成长的原动力,"资本主义经济增长的主要来源不是资本与劳动力,而是创新"[③]。"创新是一种共同互动的非线性活动,不止包括科学、工程和技术,同时也涉及社会、政治、经济、公共政策等足以决定整个价值创造过程的活动","创新需要不同类别的组织硬件(结构、制度、奖酬),也需要不同类别的软件(人力资源、网络及文化)"等[④],创新理论强调兼顾整体系统的整合性发展,是地方性文化产业发展创新的理论路径。

地方性文化产业发展,需要对物质资源与非物质资源进行系统性和整体性地价值创新,要整合物质资源与非物质资源之间的系统联结,建立共生创新学习区域的价值系统(图1-1)。文化产业共生创新价值的核心理念是:价值由消费者与产业共同创造,地方性文化产业的共生价值,则由消费者、地方居民、产业与政府等共同创造。因此,"共创经验"是地方性文化产业价值的基础。根据相关研究成果,地方性文化产业共生创新的价值系统有三重意涵。

---

① 吴存东、吴琼:《文化创意产业概论》,中国经济出版社2010年版,第33~40页。

② (美)萨缪尔森、诺德豪斯著,萧琛译:《经济学》(第18版),人民邮电出版社2005年版,第78~80页。

③ (美)萨缪尔森、诺德豪斯著,萧琛译:《经济学》(第18版),人民邮电出版社2005年版,第92~95页。

④ (美)海恩等著,史晨译:《经济学的思维方式》,机械工业出版社2015年版,第44~46页。

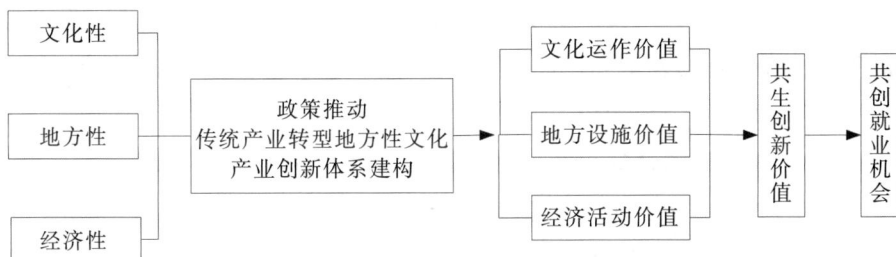

图 1-1　传统产业转型地方性文化产业创新价值概念图

资料来源:傅茹璋:《传统产业转型地方性文化产业创新发展研究》,文化大学博士学位论文 2009 年,第 46～50 页。

一、社群学习价值创新

"社群"是统合性概念,强调社会网络性结构,新型的社群组织突破传统的科层体制,即网络性社群体系不仅由人群、结构、组织等有形结构组成,还由文化、传播体系、合作机制等柔性组织共同形成。即便在当前的制造业领域,小型系统性的社群学习组合和结构也能成为价值创新的新方向[①]。社群学习价值的出现是人文环境系统整合的结果,比如制造技术、管理技术和信息技术曾是传统制造业的主要构成系统,但在当前传统制造业向文化产业转型的趋势下,社群组织逐步融合并主导产业构成的系统结构,起重要的支撑作用。因此,社群学习价值创新决定了产业制造走向产业创造时代。"创造"的内涵由价值决定,创造的最初形态是价值形态,是个体对自我精神领域发展的接受、认同和表达,继而通过特定的物化性制造表达。首先,创造是个体内在自我传播系统形成的思维方式和由此反映的客观认识,其次,是在特定群体中形成的组织传播以至发展为大众传播,从而形成完整的创造过程。

社群学习价值创新机制有利于创造地方性文化产业的"共享"经济形态。文化产业是一体两极的产业形态,以个体的创造性为根据,但离不开创新与扩散传播系统。创新与扩散传播系统是文化创意重要的社会文化资源,在传统认识中,文化产业必须具备社会资源转移能力,例如,工业遗址的旧有厂房、旧有的机器设备应赋予新的意义;传统产业的人员、技术应可转

---

① 江平宇、丁凯、冷杰武:《社群化制造:驱动力、研究现状与趋势》,《工业工程》2016年第 19 期。

化为文化产业的人力资源,等等,这些都需要透过社群学习进行转移。[①] 但新文化经济形态的发展,使得社会资源的构成更多地趋向文化性资源,想法、信息、交流、互助都能成为文化创意的社会资源,在特定的传播场域中发生作用,形成新型的社群组织,建构起文化产业的特定价值组织。

因而,社群的学习价值创新包含传播与创造两个方面,体现文化产业"文化性"特征的特殊性与特定的生产规律。这种生产规律强化人与人之间"点"的连接和效果[②],由"点"形成社会化资源的自组织形态。

二、区域化空间网络价值创新

地方性文化产业聚焦的都市空间或地方空间的建构仍然为相关服务性产业(或称为第三产业)所依赖,网络社会不仅连接不同的地方空间,而且使得地方空间具有流动性。由于社群学习价值创新的驱动,地方价值空间将由"交换"模式转变为"共享"模式,这是区域化网络价值创新的主体。在价值创新模式下,文化产业的关系链条将突破人与产品的单向维度,走向人、产品、空间的多维多角关系。产品不再是文化产业的中心,社群空间网络的"粘性"改变传统文化产业必须先由产品走向人,再从人走向更多人的线性模式,重构区域空间形态后,"共享""社交媒体""网络化传播"等媒介化社会的形成,使得区域的"粘性"可以或产品,或人,或地方,也或由这些元素混杂而成,例如,人或者由于相同的兴趣、爱好、习惯等原因集聚于特定网络空间,在互相的交流与传播中,创意概念随之出现,这些概念经过特定的传播机制,影响生产过程,最后形成文化产品。从这个意义上说,"共享"概念不再是固有的"谁参与谁",而是网络化生产模式的建构,在特定的传播场域中,谁也不知道产品最终出自谁手。也许某人最初只想与他人交流从而改善自己的产品,这个传播过程中,产品创意不断被吸收和创造,最终由另外一个人完成产品。因此,最终也许是消费者自己生产了产品,也或许是生产者自己消费了产品。

因此,区域化空间网络价值创新需要地方提供开放的空间学习环境,创新的区域经济将打破物理疆界,未来区域经济不再以土地、个人努力以及运输服务为主,地方制度的开放弹性和知识将成为重要的控制变项。从这个

---

① 傅茹璋:《传统产业转型地方性文化产业创新发展研究》,文化大学博士学位论文2009年,第46~50页。

② 何方:《新型社群与共享经济的持续发展》,《浙江学刊》2016年第6期。

意义上说,全球化不会造成每个地方都趋向一致,反而会让地方和文化更开放和混杂,将空间视为延伸的社会关系,因此文化产业必须依赖空间取向来重新确立地方性。

三、产业集群价值创新

形成产业集群是应付竞争的有效策略,即为降低或转换经济成本,逐步在竞争与合作中形成扎根性的知识转换融合。产业集群价值创新策略的重点是在组织之间形成强力关系,形成集群推动竞争力。相较于区域化空间网络价值的创新机制,产业集群价值创新是对个体的凝聚,是区域化网络空间出现的有效个体之间的连接,这些关联着供应商、生产者、顾客、劳工市场、培训机构、金融、媒介、专家、产业协会、大学机构、管理机关、法律团体等集群的相关人者,形成产业的子群,是地方性的集群式学习和创新的最佳环境。此外,产业集群创新还能催生文化群聚,建构知识资讯分享及传播的创新平台。

综上所述,地方性文化产业价值创新理论的核心观点和主要构成,是以"地方感"的建构作为研究福建"海丝"文化产业发展问题的重要理论依据,为该问题的理论探索和研究设计提供了明确方向。

第四节　地方品牌理论

地方品牌的发展既遵循品牌基本理论,也有自身特定的理论框架。地方品牌的构成元素是多元和系统的,其中突出的要素是地方品牌与政策议程的紧密联系,地方品牌的建构常常随着政策导向而发生变化[1],其外部元素与产业中的产品品牌、企业品牌等微观品牌结构密切联系;内部元素则与地方的政治、经济、文化及社会制度等多元因素相联结。总体来说,文化产业对地方品牌的建构是特定制度下的文化表征,它不仅仅体现为经济效益,更体现为政治文化意义上的生产。

一、地方品牌的外部结构

美国市场营销协会对品牌的定义被广泛接受,它认为,品牌是用以识别

---

[1]　Emily Chamlee Wright: Captalist Spirits and Connection to Place, *Rev AustriliaAcon*, 2014,(27):473—481.

某人或某群销售者的产品或劳务,并使之同竞争对手的产品和服务相区别的名称、术语、标记、符号或设计及其组合[①]。依据品牌的基础元素的构成,地方品牌主要包含四大内容暨构成元素。

1.品牌塑造过程

品牌塑造包含品牌定位、品牌识别、品牌沟通、品牌价值、品牌资产五大环节。[②] 品牌定位、品牌理念和品牌传播是品牌塑造的三大核心要素,主要用品牌知名度、美誉度和忠诚度三大指标衡量效益,这是品牌塑造的核心内容。

2.品牌形象的构成与管理

品牌形象主要包含品牌名称、品牌视觉符号体系、品牌价值理念和品牌个性,通过市场营销及品牌传播活动在消费者心目中产生持久的、稳定的、统一的有利于品牌识别的品牌知识结构。品牌形象是生产者整合营销活动的结果,是消费者对品牌有形和无形的联想,是形成品牌资产的重要前提。

3.品牌资产的积累

品牌资产是与品牌、品牌名称和标志相联系,能够增加或减少企业所销售产品或提供服务的价值的一系列资产与负债。[③] 品牌塑造和品牌传播的过程,是通过形成有利于品牌识别的品牌形象,最终完成品牌资产的积累。品牌资产通常被认为是品牌忠诚度、品牌知名度、品质认知度、除品质认知度之外的品牌联想、品牌资产的其他专用权——专利权、商标、渠道关系等认知的总和。根据奥美广告公司的评估,品牌资产丰厚,则品牌有更大的忠诚度,面对市场竞争和危机较不易挫折,利润边际丰厚,更能抵抗低价竞争,更能承受涨价弹性,有利于改善营销传播,授权机会更多,更有利于品牌的延伸评价。

4.品牌管理

品牌管理指针对企业产品和服务,综合地运用企业资源,通过计划、组织、实施、控制来实现企业品牌战略目标。品牌管理负责从内到外经营好品牌,使其保持内外统一并且能永续发展,"最优化管理""最优化产品""亲密的客户关系"是品牌管理的价值法则,品牌关系是品牌管理模型的最终目

① 黄合水:《品牌建设精要——打造名牌之不二法门》,厦门大学出版社2004年版,第1页。

② 奥美公司:《奥美的观点Ⅲ》,中国物价出版社2003年版,第13~15页。

③ (美)大卫·艾克著,吴进操、常小红译:《管理品牌资产》,机械工业出版社2006年版,第15~16页。

标。品牌关系有知名度、可信度、一致性、接触点、同应度、热忱心、亲和力和喜爱度等八个指标。[①] 品牌管理的代表模型有电通广告集团的"蜂窝模型",以品牌的承诺为核心价值;在品牌的优势、功能性利益、情绪性利益、品牌个性、消费者情感利益等五大方面形成统一的内涵与价值表现。

二、地方品牌的内部结构

地方品牌,根据研究的不同界定,包含四个面向:区域品牌、民族品牌、国家品牌、目的地品牌。对地方品牌的涵义和范围大小因研究者的界定有所不同,有研究者将国家品牌的研究界定为地方概念,也有研究者将区域或目的地作为地方概念。但无论范围的大小,地方品牌理论都含有以下四个重要内涵。

其一,地方品牌是增强国家竞争力的战略性工具,地方品牌要发展独特的品牌形象,要运用视觉符号如商标、视觉系统和广告语进行鲜明定位。此外,地方品牌要能够对特定区域提供无形的服务,比如提高其声望,增强品牌意识。地方品牌塑造是系统性和创意性的工作。

其二,地方品牌塑造与地方政府各个时期的政策议题紧密联系,尤其体现在目的地旅游产业。地方品牌研究的结论不仅能有效地惠及当地文化产业,对利益相关者有重要作用,包括政策制定人和传播学专家。

其三,地方品牌塑造是地方自我形象的策略性展示,它通过地方内外部在政治、经济和社会领域的利益创造增进地方声誉。地方品牌的管理应当以地方产品增值作为吸引力,吸引更多的外来游客或投资商,甚至吸引更多潜在定居居民。地方品牌的影响不仅在于旅游观光产业,还外延到投资吸引、贸易促进和公共外交等领域,还能在情感认同方面产生更深刻的积极影响,它可以改变人对地方的态度、行为方式以及身份认同。

其四,地方品牌与隐形的线索紧密绑定,例如地方性产品的品牌名称、品牌理念等。有效的地方品牌的沟通与传播要融合产品、旅游、投资渠道等各种内外因素。这种内部行为与外部展示的融合体现地方的文化、内部资源和环境的管理效率及地方居民的生活习性,这些内容通过媒介内容以及旅游参观者的意识构成地方特定的完整形象。

---

① (美)汤姆·邓肯、桑德拉·莫里蒂著,廖宜怡译:《品牌至尊》,华夏出版社1999年版,第102页。

　　总体来说,地方品牌的构成要素主要有民族文化(含国家名称、国家品牌,国家属性、社会变迁、地理环境、人文、文化等)和基础设施(安全、经济条件、技术先进性、旅游发展目标、地方市场以及发展战略等),这些元素影响地方品牌的喜好度。此外,政治意识、社会媒体和新闻、"地方感"、地方关系和旅游经验等也会影响地方品牌的效应。地方品牌形象与认知效果(即声望)的建构过程中,地方意识起到重要的联结性作用。地方意识是建构地方感的元初形态,它形成地方品牌的先验性感觉:比如地名能够在利益相关者的意识里激发出一系列印象,形成具有竞争力的边界清晰的识别系统。同时,地方意识也逐步建构地方必须发展的视觉形象、发展目标和政治方向等品牌力,其中涵括地方文化和基础设施等复杂多元的元素,如历史记忆、居住地方的提示、给参观者或外来移民心目中留下的显著特征及那些因宗教或特殊经历得到的情感经验,如冒险者或来到异境的殖民者在处于孤独或远离家园后陷入危险境地时的焦虑感等莫名的情绪,这些也能加深对地方的特殊感受。

　　本书所论地方品牌理论多指向城镇这一次级地方。基于这一层级的地方性文化产业从业人员及产业关系往往面临复杂的情况,常常受制于有限的资源,从品牌建构的实际需求考虑,这一次级的地方品牌应优先建构地方性"印象",打造地方品牌符号系统,通过品牌传播推进地方意识形成,再逐步完成以"地方感"为中心的品牌力建构。如此,持续优化的"地方感"将给地方经济带来丰厚回报。因此,地方品牌理论是地方性文化产业建构"地方感"的重要理论基础。

第二章 福建"海丝"文化资源之价值再塑

　　资源是人们生产生活所需的物质性资料来源,如水、土地、太阳能、森林、矿物、石油、天然气。文化资源是相对于物质资源而言的,是人类社会特有的满足生产人类精神需要的产品所依赖的资料来源[①]。文化资源的范畴十分广泛,但总体来说,物质世界中可满足人类生产生活所需的一切物质现象和精神现象,不论是历时性,还是共时性的,都可称为文化资源。狭义的文化资源,是人们能够发现、接受和认同,并能通过市场化的手段实现社会价值和经济价值的文化存在。因此,文化产业是文化资源形成的前提。[②]在文化产业范畴内,对文化资源的理解,存在从基础到转向,到提升,再回复的螺旋上升过程,即文化资源—文化资产—文化资本—文化资源……如此往复。终点的"文化资源"与初始端的"文化资源"所包含的文化产业和经济行为的结果不同,它创生了新的内涵与表现形式,因此,终点的"文化资源"在融合共生中又扩大了初始端的价值内涵。从总体上说——特别就本书的研究范畴而言——文化资源包含文化遗产、文化资产、文化资本三者,并以文化遗产为基础资源,这是因为文化产业的文化资源以物质与非物质文化遗产居多。文化资产与文化资本这两者则在某些地方上具有同一性,本章将从价值塑造的角度进行定义。综上,本章将通过对这三者的关系与转向的讨论,对福建"海丝"文化资源进行更加深入系统的整理、归纳及价值分析,作为福建"海丝"文化产业发展的先导性研究。

---

① 李树榕、王敬超等:《文化资源学概论》,东南大学出版社 2014 年版,第 9～10 页。
② 刘合林:《城市文化空间解读与利用——构建文化城市的新路径》,东南大学出版社 2010 年版,第 45～48 页。

第一节 文化资源、文化资产与文化资本述论

"海丝"文化资源的构成主要是其"文化遗产",文化遗产是人类历史上遗传下来的物质与非物质文化形态,文化遗产是地区、民族或国家宝贵的文化资源,也是地区、民族或国家文化竞争力的重要内容。物质性文化遗产分类包含历史文物、历史建筑、人类文化遗址以及在建筑式样、分布均匀或与环境景色结合方面具有突出普遍价值的历史文化名城,如街区、村镇等。非物质性文化遗产的分类包含人类生产生活中的各种实践、表演、知识技能、民俗节庆、传统的手工艺技能等一切具有行为传递性的文化形态。根据《世界遗产公约实施指南》的划分,文化遗产的价值划分主要有三大类:第一大类是文化遗产情感价值,包含情感反应(如赞叹、惊奇等)、认同性、意义的延续、宗教式精神象征(如崇拜等精神象征)等;第二类是文化遗产的文化价值,如历史文献上的、人类学上的、艺术美学上的、城市环境生态学上的、科学上的……第三类是文化遗产的功用价值,如教育功能上的、文化经济上的、社会政治意义上的等等。

一、"海丝"文化资源与文化产业资源的界分

文化遗产成为文化产业的文化资源在于其有经济使用价值,如促进旅游产业的实现,促进地区经济发展。在文化产业中,文化遗产的使用价值主要体现在三个方面:一是仍有生产生活的使用价值,代表特定的生活文化;二是有明显的品牌效益,形成商品或文化消费价值,有特定的品牌资产;三是形构特定的知识产权。[①] 文化遗产与其他产业的文化资源不同,它不仅仅创造经济价值,它还是社会文化价值的延伸,其开发与使用,与人类历史的文化保护与传承的内在要求紧密联系。文化遗产的产业化过程中形成的不是由资源消耗而带来新产品形态的更替关系,而是利用文化遗产功用的特殊性,保护和完善其内在价值的完整性并赋予其新的使用价值——对人类的生产生活重新赋予精神审美的对象和内容。这种特殊性使得对文化遗产在文化产业中的价值塑造应给予不同的理解与界定。总体来说,不是所

---

① 顾江:《文化遗产经济学》,南京大学出版社 2009 年版,第 134～145 页。

有的文化遗产都能作为文化产业的文化资源,它还要结合文化遗产的性质、重要的价值侧向、当地经济发展的现状等复杂的原因进行通盘考量,只有那些能够被合理和适度用来开发和应用的文化遗产才能称为文化资源或文化产业资源。

根据中国台湾学者的研究,文化产业依据地区特质可分为都市性文化产业和地方性文化产业两大类。

1.都市性文化产业

产品生产与消费结构需依赖都市区域的全球化、国际化的商业服务设施及新媒体的传播,才能发挥其经济功能的产业,其下有两大类别。

(1)大众消费文化产业。该产业具有无空间依存性和文化商品性等特点,是日常生活大众消费品,形塑世界文化阶层体系,主要内容包含两个方面:流行文化产业——如服饰、化妆品、家饰、电影、音像产品、广告媒体、设计品牌等;文化事业产业——如图书、报刊、文化刊物、交艺培训业、印刷业等。

(2)文化设施产业。该产业具有空间依存性,通常与土地开发、不动产计划相联结,内容包含四大块:会议产业——如会议中心、商业中心、旅馆、交易中心、餐馆等;娱乐文化产业——如歌厅、舞厅、游乐场、休闲娱乐设施、卡拉OK等;体育产业——如世界奥运、区域、国际体育活动等;设施产业——如博物馆、美术馆、音乐厅、文化中心、歌剧院、自然科学博物馆、海洋博物馆等文化设施。

2.地方性文化产业

依照地方性文化产业的特性可分为地方传统文化产业、地方观光文化产业、地方文化活动产业三大类。根据地方性文化产业的价值内涵理论,地方性文化产业具有空间、地域依存性,蕴含由空间特质或历史传承的情感遗留,具有全球观光人潮、经济流动等特点。地方传统文化产业包含传统文物、古董业、传统民俗部落、乡土文化产物、历史古迹、风俗民情、民俗文化活动等内容;地方特色产业包含地方民俗、文化庆典活动等内容;地方观光文化产业包含名胜风景区等。

总体来说,都市性文化产业的产品结构具有商品性、复制性、流通性和体验性特征,更适合以大众传播形式进行推广,也更多地集合在品牌文化上,其消费特征主要是文化符号的生产与消费,文化产业模式可通过内容生产与创意设计等方法讲好"海上丝绸之路"故事。因此,都市性文化产业概念的外延十分宽泛,任何行业或形态的产品形式只要在"一带一路"的疆域中打开市场通路,都可以称之为"海丝"文化产业。这将给研究带来极大的困难,因此,都市性文化产业不在本书讨论范畴内。

地方性文化产业的资源类型的地方性特征明显,产业的文化资源以"海上丝绸之路"历史文化遗产为核心,带动其他文化产业形式,逐步形成特有的地方性文化资源。本书以最具代表性的福建"海上丝绸之路"文化遗产核心区域泉州市为例,拟出"海上丝绸之路"文化资源与产业文化架构相对应的整合表(图 2-1)。

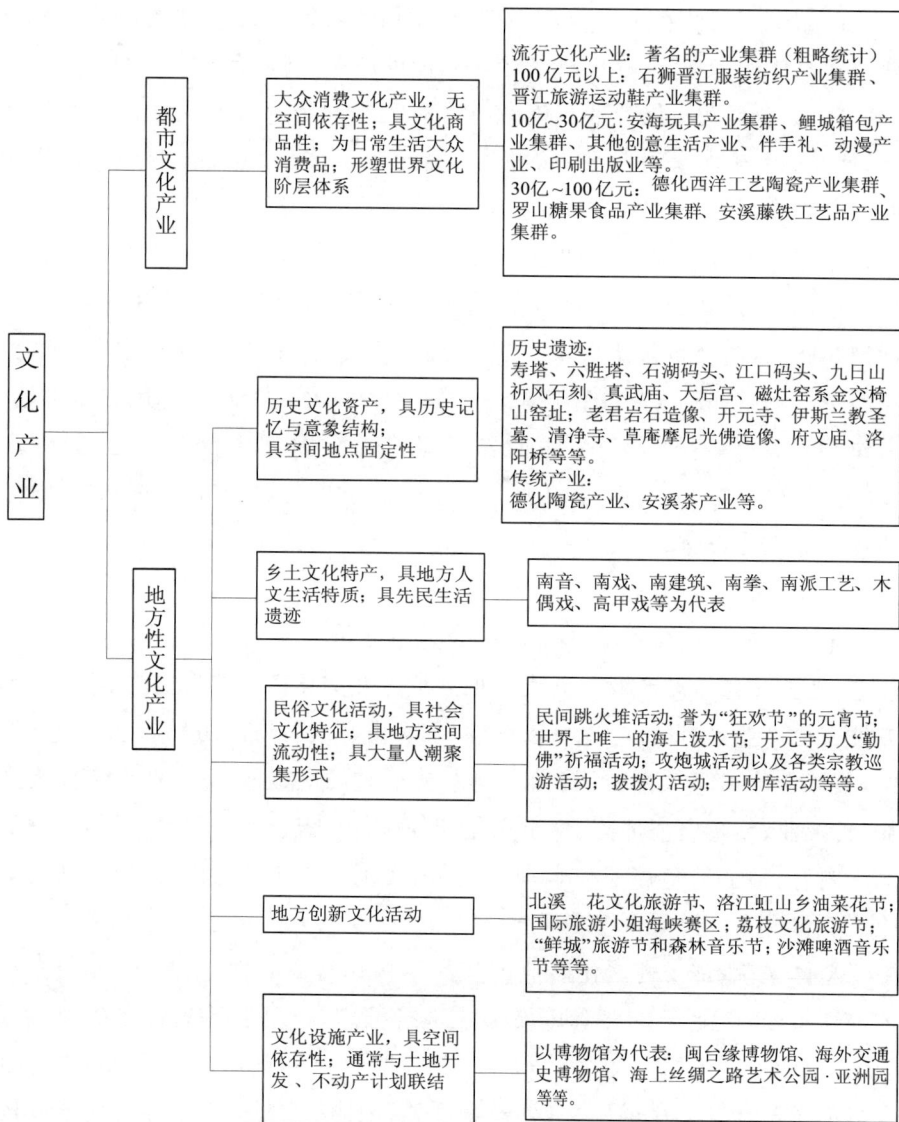

图 2-1　泉州市"海丝"文化产业资源架构表

福建"海丝"历史文化遗产主要集中在福州、厦门、泉州、漳州地区,传统产业、物质文化遗产、非物质文化遗产丰富多元,总类庞大。当前福建"海丝"文化产业发展的主要特色和核心内容形成三类文化产业形态:具有历史文化遗产和历史记忆与意象结构的传统产业、以海丝文化历史遗迹或非物质文化遗产为核心的历史街区文化产业以及以古建筑群或以古城镇为中心的文化产业等。但福建省这三种类型的文化产业形态,并非界限分明,它们在内容上是集合性的,往往互为产业支撑,形成产业融合体,兼具自有的产业文化特色:

一是传统产业在向文化产业转型的过程中,通常利用文化创意方式,通过传承传统节庆日活动或创新性文化活动,延长产品线,融合旅游产业,打造有利于传统产业发展升级的地方性文化产业品牌结构。

二是以海丝文化历史遗迹或非物质文化遗产为核心的历史街区文化产业,往往依附特定的传统产业或历史遗迹、文物、古建筑、古街区资源等,但其产业的核心内容是"体验与消费"的文化意义的生产,该产业着眼于带动联动性产业如交通、住宿、购物等产业的发展。

三是以古城镇为核心和平台的文创产业是目前福建"海丝"文化产业出现的比较特殊的产业类型,也可以认为是当前在文化产业发展大潮下,自发形成的"文化产业的精神实践",即以进一步凝聚、传承、创新和发展古"海丝"文化精神和内涵为目的,通过文创产品、民俗活动、民间庆典以及现代文化创新活动再塑"海丝"文化的"空间意涵"。这种类型的文化产业,产业性特征不是其核心特点,管理学模式、经济学模式也都不是这一产业发展的主体框架,至少在目前,经济效益甚至都不完全是该类型产业发展的最终旨要,它是试图通过文化产业的运行机制,来实现复兴古"海上丝绸之路"文化的精神交往及意义生产活动。

本书对"海丝"文化遗产的整理、归纳和范畴将框定在以上具有古"海丝"文化历史积淀和鲜明地方性特征的传统产业和非物质文化遗产类别之中,也将以上面三种类型的"海丝"文化产业作为特定个案进行研究。

2."海丝"文化资产的界定

在经济学中,"资产"指企业过去的交易或事项形成的、由企业拥有或控制的、预期会给企业带来经济利益的资源,或任何营商单位、企业或个人拥有的具商业或交换价值的东西。企业资产一般具有以下三个特征:(1)能给企业带来经济利益;(2)能被企业所拥有和控制;(3)已经通过企业交易或事项形成。在经济学研究中,企业资产本指可带来经济效益的任何形式的动产和不动产资源,到了20世纪50年代和60年代,出现两种颇具影响力的"资产观":一是经济资源观。二是未来经济利益观。经济资源观是颇具影响的资产定义,第一次把资产跟经济资源联系起来,虽然并未正面提到"无形资产",但至少已将"无形资产"包括在内。未来经济利益观则是比较流行的资产定义,其主要界定资产对未来经济利益的潜在能力,即经济资产的本质在于它所蕴藏的未来的经济利益。因此,对资产的确认或判断不能看它的取得是否支付了代价,而要看它是否蕴藏着未来的经济利益。从资产角度而言,文化产业具有"经济性"和"文化性"的双重属性,其资产形式兼具实体企业所指的经济资源和其自有的文化资源的双重特征,本书认为,以上关于"资产"的两种观点可用来进一步厘清和描述"海丝"文化产业资产的基本情况。

在品牌学研究中,品牌资产是产业研究的重要视角。品牌资产一般是针对特定的品牌个体的研究。黄合水认为品牌资产是"消费者关于品牌的知识"[①],品牌资产更多是从品牌价值的视角出发讨论问题。品牌资产研究一般跟名牌命名、产品结构、消费者联想、品牌知名度、美誉度、品牌忠诚度、品牌营销等角度联系在一起,是认知效果的研究,即品牌知识的形成,既包含由物质和符号组合而成的品牌基础,也包含由消费心理和感知等累积起来的无形资产。

在文化经济学和文化产业研究中,文化被作为生产力要素进入国民生产结构[②],文化产业中的"文化资产"既是经济学宏观层面上的构成要素,也是品牌学微观层面上的构成要素,但从文化产业的中观层面而言,文化产业的"文化资产"体现的是文化产业的价值规律和文化规律的特殊性,这是文化产业资产的重要基础和来源。有学者认为:文化资产特指精神成果层面所包含的文化内容,一般包括"漫长的历史进化中形成的宗教信仰、哲学的观念意识;文学、艺术、学术思想、审美情趣等精神产品;社会制度、法律政治等生存方式以及礼仪、习俗、人际交往等行为模式",承载和反映这些内容的"可触摸、可感知、可体验的各种文化形态,如书籍、绘画、音乐、舞蹈、戏剧、建筑、舞蹈因素等"的资产才能称为"文化资产"。文化资产可分为知识类,

---

① 黄合水:《品牌与广告的实证研究》,北京大学出版社2006年版,第11页。

② (英)大卫·赫斯蒙德夫著,张菲娜译:《文化产业(第三版)》,中国人民大学出版社2016年版,第13~30页。

如学术著作、知识产权等;精神体验类,如宗教文化、旅游文化等;艺术类、建筑类、文艺创作和演出以及文物类,如文化遗产、古玩、典藏等四大类。[①]

根据"海丝"文化产业研究的特点,本章所讨论的"海丝"文化产业资产指:以"海上丝绸之路"文化遗产或资源为基础的文化产业所拥有的整体经济效益、龙头企业及品牌构成等的基本结构。文化资产的形成是文化资源使用价值的具体体现,是文化资源走向文化资本的必要环节,文化资产不断发展膨胀,蕴含着丰富的符号文化、媒介文化、信息技术文化等丰富多元的非物质性经济文化形态,文化产业中文化资本的凝成与文化资产的形成共时共体,文化产业积累文化资产的过程及其最终文化资产的具体表征即是文化资本的外在表现,也是终端消费者产生文化知觉和文化接受的外在载体。因此,"海丝"文化遗产在形成文化资产的过程中的价值转塑问题是本章节的重要先导性问题。

3. "海丝"文化资本的界定

西方经济学认为,"资本"是生产活动中所需的生产资料,包含劳务、土地、资金等,是生产活动的重要生产要素。[②] 在经济学家的论述中,资本更多地与"资源""资金""财务"等要素相关。

马克思主义经济学理论中的"资本"体现的是社会关系,资本是所有可以带来剩余价值的社会生产关系,是资本主义关系中特定的政治经济范畴,它泛指"一切投入再生产过程的有形资本和无形资本"。[③] 马克思主义经济学理论中的"资本"体现了特定的价值关系。

社会学家布尔迪厄于 20 世纪 60 年代末提出"文化资本"理论。文化资本的研究最早起源于对不同阶层的孩子的受教育程度对其人生成就的影响,这些从小接受的教育形式和教育水平就是一个人成功的"文化资本"。后来该研究被扩展到社会结构和社会阶层的更广泛的领域,用以考察由文化商品构成的社会文化资本对资本主义社会运行的影响。布尔迪厄认为,文化资本是整个社会的重要资本形式,并在后续的研究中,把文化资本与权力、阶级等资本主义社会结构进行交叉性的关联研究,在此之后,布尔迪厄

---

① 李春满:《论文化资产的价值属性》,《中国资产评估》2013 年第 5 期。

② (美)萨缪尔森、诺德豪斯著,萧琛译,《经济学》,机械工业出版社 1998 年版,第 209~224 页。

③ (美)萨缪尔森、诺德豪斯著,萧琛译,《经济学》,机械工业出版社 1998 年版,第 289~307 页。

的追随者把该领域进一步拓展到文化与经济的研究领域,并对"文化资本"的概念作了引申和扩展。克拉格和斯哥茨曼提出语言、性别和种族特征等文化因素及其基础上形成的文化制度与经济发展的关系。思罗斯比从经济学意义上定义"文化资本"为"以财富的形式表现出来的文化价值的积累",将文化视为推动经济增长财富的重要资本。[①] 总而言之,西方学者对文化资本的研究更多趋向于"文化资本的经济功能"。

从以上关于"文化资本"概念的形成与研究脉络的演变过程可以看出,在当今全球性文化经济、创意经济大发展的时代背景下,文化资本的概念将会更密切地进入文化经济领域,其内涵和外延势必得到更为广泛的充实与完善。虽然布尔迪厄对"文化资本"的研究视角重归"教育领域",认为人的受教育程度决定文化资本大小的形成,但他提出的整体性理论观点,如"文化实际上是一种资本,即文化资本,社会发展有其对应的'文化场域'""文化消费与文化商品化的过程是文化资本的形成过程,例如科学技术也是文化形式,它的传播离不开文化的因素""文化消费本质是'符号消费',符号消费也是'文化消费'"等等,仍然是当今文化产业"文化资本"观的立论基础[②]。

国内对文化资本理论在文化产业领域的适用性研究发展迅速,首先,在理论上,何振科、朱伟钰、徐明生提出文化资本是文化产业发展的文化价值的积累。在文化资本的功能研究方面,姚俭建、陈青生等人认为,对人类社会的生活生产方式、日常行为习惯及生活观点产生积极影响的文化资源才能称为文化资本。关于文化资本的存在形式,陈峰提出,文化资本与经济资本、人力资本和社会资本可以互相转化,具体化的文化资本存在于个体,客体化的文化资本存在于文化产业。[③]

从文化产业范畴说,文化产业形成的文化资本是在产业经济活动所取得的总体文化资产,例如经济效益,如产值、产业集群规模等以及市场效益,如市场规模、产品结构、品牌结构等基础上产生的具有影响力的文化价值,它既包含能够促进文化产业良性发展的物质文化资源,也包括那些能够对

① 陈治国:《布尔迪厄文化资本理论研究》,首都师范大学博士学位论文 2011 年,第3~6页。

② 张意:《文化与符号权力——布尔迪厄文化社会学导论》,中国社会科学出版社 2005 年版,第41~50页。

③ 陈治国:《布尔迪厄文化资本理论研究》,首都师范大学博士学位论文 2011 年,第3~6页。

人的认知、感受、评价、观念、习惯、行为养成等产生作用或潜在作用的,从而带动经济发展和社会进步的文化性内容,包括文化内涵、制度观念、传播符号及相关的话语结构等。

二、"文化资产"与"文化资本"的联系与区别

根据本书对文化资产与文化资本概念的界定及论述,总体来说,文化资本的内涵、外延大于文化资产,包含文化资产的部分形态,但文化资本更侧重于指向无形的价值形态,当它发展到一定程度,即具有一定的产业价值实现能力。文化资本和文化资产二者之间存有内在的对应关系、因果关系、交互发展等多方面的联系。文化资本的形成过程蕴含于文化资产的累积过程当中,它承载着不同文化形态和文化内容的产业形态,同步构成不同特色和性质的文化资本,这是二者的对应关系;文化资产的累积和发展路径因不同的产业生态而千变万化,实践中也会开创性地发展出丰富多元的新产业文化内容和形式,这是二者之间的因果关系;当然,并不是所有的文化资产最终都能形成文化资本,在产业实践中,因各种原因被逐步取代或摒除的文化产业方式会自然退出文化资本的生成机制,反之,那些已经形成并得到更好发展的文化资本一定会反哺文化产业的发展。同时,一些尚未被产业开发和利用的文化资源或文化内涵因其自身的生命力和影响力可能也会推动,甚至引领文化产业向前发展,这些尚未被市场化的文化资源也是文化资本的一部分,这是二者之间的交互关系。

同时,两者之间的不同及边界主要在于:文化资产具有一定的物质性,它有一定的实体性、时效性和结构性,还具有可测量的、可评估、可转贷、可交易等特点。文化资本则是在一定文化资源和文化资产的基础上抽象出来的价值体系,它更侧重类似"认知"和"情感"等文化认同的积极效果,如国家形象建构、国家认同、地方品牌文化、"地方感"、地方产业文化的印象或符号意义等影响力的形成。

三、文化资本与福建"海丝"文化产业的价值联结

福建是"海丝"文化资源十分丰富和深厚的省份,也是国家建构 21 世纪"海上丝绸之路"的先行区,福建文化产业的发展不仅得到国家诸多有利条件和政策扶持,而且在国家文化经济蓬勃发展和中国的国际地位日益攀升的形势下,其发展有更广阔的世界性舞台,这是福建文化产业发展基础性和

根本性的文化资本。同时,福建文化产业的发展离不开"海丝"文化资源的土壤和血脉,福建"闽台关系""海丝之路"上的闽侨文化资源和海外文化交流的成就构成福建文化产业资源的主要血脉,也是其独有的地方性特色,这可使福建文化产业发展形成独具特色和竞争力的文化资本,成为福建文化产业发展的立足点。

综上所述,福建"海丝"文化产业与文化资本的价值联结主要体现在国家和地方两大层面。

1.国家层面

第一,福建"海丝"文化产业所凝结的文化资本应具有促进国家统一,建构国家形象和实现海洋强国战略等政治上的价值。

第二,福建"海丝"文化产业所形塑的文化资本成为国家软实力的重要象征,具有促进国家经济结构转型的示范性作用和推动国家经济社会和谐发展的重要价值。

第三,福建"海丝"文化产业所建构的文化资本具有复兴传统文化,增强中华文化的国际化交流和传播,实现文化强国的重大价值。经济建设高潮到来必将出现文化建设的高潮。中华民族将以具有高度文化的面目面向世界,培育这种"高度文化",一个重要环节就是推动传统文化创造性转化、创新性发展。文化创新的重要平台也在文化产业,当今产业文化、商贸文化、品牌文化是输出文化观念、文化价值、文化符号的重要平台,是实现中国制度自信、道路自信、理论自信和文化自信的重要文化资本。福建"海丝"文化是连接传统文化与现代文化的根脉,是连接中华文明与世界文明的桥梁,是融合两岸中华文化共同体的港湾,中国连接世界的方式仅靠文化交流还不够,更要通过产业发展的共通、共享、共融才能使得中华文明真正走向世界,融入世界,就像美国的"麦当劳"文化、好莱坞文化等产业文化走向世界,输出美国文化的作用一样。

2.地方层面

第一,"海丝"文化产业所形成的文化资本具有建构地方品牌的重要价值。把"地方品牌"比拟为产品,该产品的品牌资产、品牌文化是产业文化资本的重要构成。地方性文化产业由无数个文化产品或文化品牌构成,这些个体品牌最终集合成地方的品牌形象和文化想象,形成地方文化资本。

第二,"海丝"文化产业所形成的文化资本应具有促进"地方感"的形成与良性互动的社会价值。"地方感"是地方文化资本的重要内涵,它不局限于外部印象的简单识别,而是要进入内外部相关人群的心理认知机制,同时还要形成地方性精神和文化内涵的外溢效果,它是地方文化传播的深层机制。

第三,"海丝"文化产业所形成的文化资本应具有激发地方日常生活中的文化生机的功用价值。这里指是文化资本的继承性和延续性,也是"地方感"建构的重要过程。文化资本在日常生活中的沉淀与释出,是地方文化资本不断增值和永续发展的重要保障,也是"地方感"建构不断突破静态的知觉表现,逐步走向动态生活过程的主要机制,是现实政策中关于城市文化创新与发展等显性问题的内核。

以上关于文化资源、文化资产与文化资本之间的界分、辩证关系及其与福建"海丝"文化产业发展的联系是从价值塑造的角度勘察"海丝"文化产业资源现状的着眼点,也是本章对福建"海丝"文化资源如何进入文化产业的统揽性研究的主要基调。

第二节　文化资源向文化资产的价值转塑

根据文献记载,福建海外交通贸易的兴起源于汉代,繁盛于宋代,当时就有人用"百货随潮船入市,万家沽酒户垂帘"来描述贸易的繁荣景象。宋元时期,泉州港被誉为"东方第一大港",留下诸多"海上丝绸之路"的遗迹或印记。这些历史遗迹成为福建发展地方性文化产业,建立全球性地方品牌的重要文化资源及文化资本。当前这些文化遗产及资源正初步完成文化资产的积累,朝向现代文化资本的价值转塑。

一、文化遗产现状

福建"海丝"文化遗产令人瞩目。2011 年 7 月,国家文物局组织开展《中国世界文化遗产预备名单》更新工作,福建省积极开展相关申报工作,会同山东、江苏、浙江、广东、广西等省,组织漳州、泉州、福州等九市联合编制《海上丝绸之路申报中国世界文化遗产预备名单文本》及各市海丝史迹保护规划。[①] 2012 年 11 月,"海上丝绸之路"入选国家文物局公布更新的《中国世界文化遗产预备名单》,福建省 22 处重要史迹(泉州 13 处、漳州 3 处、福州 6 处)列入,其中全国重点文物保护单位 12 处,省级文物保护单位 4 处。近年来泉州天后宫、洛阳桥等得到保护修复,福州淮安窑址、漳州月港遗址等进行了全面系统的考古调查,泉州开元寺保护修缮工程正在实施。[②]

(一)福州"海丝"文化遗产的基本情况

福州是古代"海上丝绸之路"的重要港口,拥有灿烂悠久的"海丝历史",留下许多"海丝"历史遗迹。福州连江定海是通向古琉球的"海上丝绸之路"出发点,长乐则是郑和七下西洋的开洋地和驻泊基地,这些都是历史上"海上丝绸之路"的重要起点。福州港在古"海上丝绸之路"的节点中,是对外商业贸易格局的奠基地,是中国"海上丝绸之路"繁荣发展的重要推动力。福州主要遗址地有六处。

1.海港文化设施遗址

含迥龙桥与邢港码头、东岐码头、圣寿宝塔等,是福州当前重要的海上贸易港口设施,在古"海上丝绸之路"上具有重要地位。

2.怀安窑址

福州外贸商品生产基地,是福州地区成为"海上丝绸之路"重要外销瓷产地之一的重要佐证。

3.定海

定海所在地是福建历史上最早的对外贸易港——甘棠港,与泉州的"刺桐港"齐名,同为"海上丝绸之路"的起点。

4.古码头与古记碑等"海丝"文化遗迹

是当年中国繁盛的海上贸易景象以及当朝对外贸易政策、海内外民族生活习俗及东西方文化交流等历史信息的重要历史记载,包含长乐登文道码头、圣寿宝塔及天妃灵应之记碑等三处重要的古"海上丝绸之路"文化历史遗产。

5."同缘"信俗迎财神贺春民俗

"同缘"信俗迎财神贺春民俗是福州"海丝"非物质文化遗产,是当地有名的民间习俗,此民俗在东南亚多国仍有流行并发展。

---

① 福州晚报:《海上丝绸之路的起点福建,有哪些文化古迹值得逛》,http://m.sohu.com/a/112770324_349398,(2016—08—30)(2017—05—20)。

② 福建省文化厅:《唱响福建文化品牌实现海丝起点新跨越》,http://fj.people.com.cn/n/2014/0708/c337006—21609822—2,(2014—07—08)(2017—05—21)。

6."陈靖姑信俗"民间文化遗产

陈靖姑被海内外誉为"妇女儿童保护神""顺天圣母",全球信众达 8 000 余万,顺天圣母宫观逾 5 000 座,遍及 26 个国家和地区,尤以福建与中国台湾信众为众。

(二)泉州"海丝"文化遗产的基本情况

泉州港古时又称"刺桐港",是与埃及亚历山大港齐名的第一大港。泉州是联合国教科文组织考察"海上丝绸之路"时的重要考察点,也被认定为"海上丝绸之路"的起点。目前,共有 16 处考察点列入中国世界文化遗产预备名单,主要代表性文化遗产有八处。

1.六胜塔

典型的元代建筑物,又名万寿塔、石湖塔,是东方第一大港(刺桐港)、海上丝绸之路的第一座灯塔。六胜塔在历史上起着海上航标的作用,被列为省级重点文物保护单位。

2.开元寺

开元寺位于福建省泉州市鲤城区西街,是中国东南沿海重要的文物古迹,也是福建省内规模最大的佛教寺院。该寺始创于唐初垂拱二年(686年),初名莲花道场,开元二十六年(738 年)更名开元寺。现存主要庙宇系明、清两代修建,南北长 260 米,东西宽 300 米,占地面积 78 000 平方米。"佛国名传久,桑莲独擅声"是对开元寺历史地位的赞美。据泉州市海交博物馆相关负责人介绍,开元寺内的建筑、布局、雕像、文物遗迹等融合西域多国的宗教元素,是古"海上丝绸之路"沿线国家的文化融合与传播的历史鉴证。

3.东西塔

东西塔常被独立作为泉州文化的文物遗迹和地标性建筑进行传播,也是泉州文创从业人员或当地居民口中的泉州文化的重要符号。它由镇国塔、仁寿塔合成,是中国现存最高的一对石塔,位于泉州市区西街开元寺内,立于东西两侧,与大雄宝殿形成"品"字格局,两塔均为仿木构八角五层楼阁式石塔。东西塔上的浮雕及神话故事中的人物造型带有鲜明的中西文化交融的特点,是"海丝"文化的重要表征。

4.九日山祈风石刻

九日山摩崖石刻中的宋代祈风石刻集中反映当年来往于泉州港的海船来往的繁荣景象,是泉州地区从事海外贸易与交通的史实,尤为珍贵。

5.洛阳桥

洛阳桥是我国第一座跨海的大石桥,驾于泉州湾和洛阳江汇合的地方,始建于 1053 年,整整花六年时间才建成。石桥一共有 1 200 米长,5 米宽,有 44 座桥墩,桥上两边有扶栏。如今石桥只剩下 31 座桥墩,1 188 米长。

6.老君岩

老君岩是清源山的著名景点,也是进山的第一个景点,这里原有真君殿、北斗殿等道教建筑群,规模宏大,蔚为壮观,为历代文人墨客所咏赞。道观明代已废,但老君造像,经风历雨,保存至今。

7."海丝"传统产业文化遗产

"陶瓷文化""茶文化""香文化""手编工艺"等是泉州"海丝"传统产业的重要代表。在全球创意经济发展的大趋势下,泉州传统产业正一步一步向文化创意产业转型,实现多元经济的发展模式。

8."海丝"非物质文化遗产

泉州"南音""南拳""南戏""南建筑""南派工艺""木偶戏""高甲戏"等珍贵的非物质文化遗产,伴随"海上丝绸之路"的足迹走向世界各地,承载多元文化交流的使命,融合推动世界多元文化的发展。

(三)漳州"海丝"文化遗产的基本情况

明朝实行"海禁",泉州港这个宋元两朝的官方大港受到严格管控压制。由于地方利益的驱使,小港口所在地方的"海禁"政策的执行与管控往往疏漏走偏,使得大量私商贸易走沿海小港口,最后逐渐集中到漳州月港。漳州月港的繁荣带动漳州窑瓷器的外销市场,把闽南传统文化传播到世界各地。与之紧邻的厦门海沧区的海沧大街、横街、新街和以莲塘别墅为代表的古民居群均是"海丝"起点的重要遗址。目前,漳州关于"海丝"文化遗产的主要呈现有两处。

1.漳州月港

月港又名"月泉港",位于九龙江下游三角洲九龙江的出海口,今龙海县海澄镇。该处江面开阔,"外通海潮,内接山涧""一水中堑,环绕如偃月",故名"月港"。漳州月港是福建古"四大商港"之一,重要的"海上丝绸之路"文化遗迹,在"海禁"时期,月港海上贸易的繁华景象是一大商贸景观。它与东南亚、印度支那半岛以及朝鲜、琉球、日本等 47 个国家和地区有直接贸易往来,并以菲律宾的吕宋港为中转,与欧美各国贸易,在中国外贸史上占有重要地位①。由于年久,而且未加以合理保护和妥善管理,月港当年遗留下来的港口风貌逐渐被狭小的乡镇小路所掩没,当年行船通海的河道也因为乡镇建设不断填壑成沟。月港遗留下来的"灯塔"虽然专设围拢保护,但里面杂草丛生,并无专门的管理人员和管理设施,更无相关的文化保护和展示的任何平台。可见,漳州目前的"海丝"文化的挖掘、保护、传播都还处于十分薄弱的阶段,更未有产业化运作的条件。

图 2-2　月港"晏海楼"

2.华侨新村

漳州是东南沿海著名的侨乡,在 15 世纪时期,漳州商人的海洋贸易主导亚洲贸易网络。当年遗留下来的别墅群,成为今天的"华侨新村"。华侨新村东连钟法路,南连新路顶,西连县前直街,北连新华西路。华侨新村原是古环城河与县后街之间的荒地,始建于 1955 年,围绕西姑池而建,历经十年,共建成四十多幢南洋风格的别墅,是当时漳州市最豪华的别墅群。"华侨新村"不仅是"海丝"文化的重要历史文物,也是现代文创生活的"展演"空间,环境静谧优美,街区干净整洁,内院中和堤岸边的一把阳伞,一张茶桌,几把凳子,就能有一下午说不完的话题,虽位于最热闹的市中心,却又有世外桃源般的慢悠和侨乡的韵味。

---

　　① 百度百科:《漳州月港——明代对外贸易港口》,http://baike.so.com/doc/2246102－2376478.Html,(2016－9－23)(2017－06－02)。

（四）其他地区"海丝"文化遗产基本情况

除了福州、泉州、漳州三地重要的"海丝"文化遗产,福建省内还存有厦门保生大帝民间信俗文化、三明万寿岩文化、莆田"海丝"核心区妈祖文化、龙岩"海丝"客家族谱文化、宁德福海关文化、平潭壳丘头文化等重要的"海丝"文化遗迹及遗产。当然,除了"妈祖"民间信俗活动的文化旅游产业发展时间较长,经济效益显著外,其他地区的"海丝"文化遗产都尚处在发掘、保护和历史文物研究的阶段,其文化产业的发展,无论形式上、规模上,抑或特色方面,都未形成成熟的产业形态。

鉴于本书的研究目的和研究范畴,本节并未悉数列举福建省内所有"海丝"文化遗产,只能选取最具类型化,并且在实际发展中有比较好的文化产业实践活动或具备文化产业发展潜力的"海丝"文化遗产目录,藉此表述本书研究对象的特别规定性。

二、文化资源转向文化资产的形构

福建省在"十一五"期间制定了相关的引导政策,通过典型示范项目的作用,将福建的文化资源优势转化为产业优势。近几年,福建省文化产业的经济产值获得较大的增长。2013年,福建省文化产业实现增加值1 180亿元,占GDP比重达5.4%,比上年提高0.4个百分点。[①] 十大重点文化产业园区近年来共完成投资67.8亿元,新入驻文化企业332家,产值达536.3亿元,集聚效应显现,其中福建传统工艺产品和传统的优秀民间艺术,有些已形成产值上亿的规模产业,如德化工艺陶瓷、乌石浦油画、寿山石雕、惠安工艺石雕等,有些是已列入国家级非物质文化遗产名录,市场开发前景广阔,正在形成优质的文化产业资源。

以2015年第五届"文博会"为例,泉州地区有63家文创企业参展,展位多达164个,创历届之最,也成为此届文博会除厦门外参展展位最多的地市。在文博会期间共签约文化产业项目20个,总金额达110多亿元,同时,征集文化产业投融资项目31个,金额达168.69亿元。除此以外,漳州布袋木偶戏的木偶头文创产品,福州寿山石等已成为福建乃至中国工艺美术的

---

① 中国产业调研网:《2016年福建省文化行业现状及发展趋势分析》,http://www.cir. cn/R＿QiTaHangYe /62/FuJianShengWenHuaDeXianZhuangHeFaZhanQuShi. html,(2017－02－15)(2017－06－15)。

著名品牌。福建在当年的"文博会"上带去总额为 12.28 亿元的 27 个招商引资项目,包括泉州南音艺苑、漳州国际木偶艺术中心、武夷山世界文化遗产保护与展示中心等,都逐步成为重要的"海丝"文化产业新资产。2015年,仅泉州地区工艺美术企业生产总值达 552.9 亿元,增长 6.8%。① 中国文化传媒集团与中国工商银行携手在福州、平潭、厦门运营 21 个海上丝绸之路文化产业,项目内容包括海上丝绸之路艺术区、中国海洋文化中心等大型基础设施,提供大型演艺会展中心、国际艺术品交流中心、艺术家住宅中心等文化交流和产业运营的多功能平台。②

据国家统计局统计数据,仅 2015 年一年,福建文化及相关产业增加值突破 1 000 亿元,就业人员 75.15 万人,总量、国民生产总值占比、吸纳就业人数均位居全国前十。③ 新闻出版、广播影视、动漫游戏、工艺美术、文化旅游与演艺娱乐、创意设计与会展等六大主导产业增加值占文化产业增加值超过 80%,对全省经济贡献率超过 6%(表 2-1)。与全国相比,工艺美术、动漫游戏、新闻出版业比较优势明显,增加值分别为 424.4 亿元、220.8 亿元、116.1 亿元,总体实力分别位居第三、第五、第十。

目前,以"海丝"文化为核心资源的文化创意产业的龙头项目暨品牌架构的基本类型和典型代表有四处。(1)文艺作品及演出类:大型舞剧《丝海梦寻》《丝海萧音》,"海上丝绸之路国际艺术节"等;(2)文物与古建筑遗迹类文化产业:"丝路帆远——海上丝绸之路文物精品展"、马尾·中国船政文化城等;(3)传统手工艺类文化产业:非物质文化遗产厦门"漆宝斋"手工艺文化产业;德化陶瓷业、莆田木雕业等;(4)历史文化旅游类:三明市万寿岩考古遗址公园、漳州古城文化旅游综合体、邵武和平古镇文化旅游提升、泉州五里街历史风貌街区保护修缮、客家博览园等。这些类型之下,活跃着"小文创型"企业或个人创作实体。

① 张晶雪:《2015 年泉州文化产业发展亮点纷呈重振"海丝"雄风》,http://www.ce.cn/culture/gd/201601/21/t20160121_8437528.shtml,(2016-1-21)(2017-06-06)。

② 张文齐:《中国文化传媒集团将在闽建多个"海丝"文化项目》,http://www.cssn.cn/jjx/jjx_gdxw/201502/t20150216_1518379.shtml,(2015-2-15)(2017-06-08)。

③ 吴舟、张子剑:《福建文化产业成经济发展新增点,业态创新推动产业变革》,http://fj.people.com.cn/n2/2016/0519/c350391-28359982.html,(2016-5-19)(2017-06-09)。

表 2-1　2015 年福建"海丝"文化产业总览

文化产业类别	经济/产值效益	文化产品及内容
文化传媒类：新闻出版、广播影视等	新闻出版增值 116.1 亿元,同比增长 100%;电影产业增值 130 亿元、同比增长约 50%	影视作品:《苦难辉煌》《大儒朱熹》《天下妈祖》《英雄后卫师》等;代表性原创动画《土豆侠》等
工艺美术、创意设计、会展等	同比增值 43.41 亿元	代表性文化活动及展览:福建省十佳最具创意文化产品评选活动,海丝沿线 20 个国家(地区)及中国台湾 200 多个文创企业组;初步建立了文化创意、企业、技术、项目对接服务平台和机制
文化旅游、演艺娱乐等	文旅产业 2014 年增值 14.8 亿,同比增长 12.2%	公演项目:福州《啊,鼓岭》、泰宁《梦回泰宁》、屏南《祥瑞畲乡》、晋江《快乐传奇》等;代表性实景演艺项目:《印象大红袍》
互联网服务产业	旗下 2 000 家企业,覆盖全国 9 省 50 多个城市及中国台湾地区,实现 6.7 亿元交易额	"海峡教育云"等专业数字内容资源知识服务模式

三、文化资产价值形塑分析

从文化资产的定义及文化产业品牌架构的角度看,以上文化产业类别的整体"资产结构"不是很明显,品牌结构比较单一,产业价值链"平短",文化产业价值链的衍生价值还比较薄弱。

(1)产业观念陈旧。目前仍存有完全以传统"文化事业"理念经营文化产业的思路。对福建文化产业网"十大产业"栏目中"工艺美术"和"演艺娱乐"两大类别文化产业项目的统计分析显示,与"海丝"文化相关的演出活动中,"展演""汇演"是主要产业化形式,其产业效益的实现主要依靠"财政补助"收入,这种收入是象征性的,并无相应的经济效益。对相关事业单位管理人员及营运人员的深度访谈,再次印证该现象的真实性。

有些演出项目,不是为了赚钱,更多的是文化工程的需要,是为了符合政策需要,作为文化传播活动的文化事业来做的。

(引自某演出机构有关负责人)

（2）文化品牌尚未带动产品品牌结构。在手工技艺传统产业走向文化创意产业的过程中，主要依靠"大师"级的非物质文化遗产继承人的个人艺术作品的展演或大赛奖项展示个人技艺，这些形式虽然在一定程度上培育了"个人品牌"，也实现少数精英艺术家个人技艺的初级产业化路程。但从整体来说，推动整个产业形成丰富多样、结构合理的产品品牌结构的效应还未突显出来。个人品牌的展映主要落脚点在于地域品牌的传播，而不是促成产业品牌群的有效转化，也就是说，文化产业的"文化资产"还未真正形成。这个现象在对德化陶瓷传统产业转型文化创意产业的专项调研中得到再次印证。品牌元素是地方文化资本的重要构成，但目前艺术家个人品牌仅能促成"封建式"的品牌传播，远不能带动地方文化产业的品牌结构优化及整体品牌资产的增势与积累。

（3）缺乏产业传播的媒介整合。在文化产业传播的生态体系中，"文化产业"本身需要各种媒介整合策略来建构新的"文化观"。目前福建"海丝"文化产业与"融媒体"的产业融合没有较为成功的范例。"产业活动"像是单打独斗式的脱胎于传统时代的"文化演出"或"文化事业传播"活动，其中所谓精品文化项目，如龙头项目《丝海梦寻》，尚未能在全媒介社会中进入大众视野，更未能进入年轻人群中。在对年轻人的访问中，反映大都一致。

> 不太清楚，这样的演出，我们一般不会主动去找、去看，但它要自己冲进我们的视线啊。主要是媒介上，或容易接触的媒介中，也少看到这类演出的相关活动，信息少，没有参与性，我们一般就不会关注。
>
> （来自对年轻群体访问内容的综述）

总而言之，目前福建"海丝"文化产业资产在经济效益上取得较为瞩目的业绩，但品牌结构和文化价值链的资产建构方面尚未成熟。

第三节　文化资本的价值再塑

"海上丝绸之路"是贸易之路，从最初运送丝绸、黄金到后来运送的陶瓷，这条商贸之路不仅成为中国商人的"生命线"和"财富路"，也成为"文化之路,友谊之路"。古"海上丝绸之路"的文化首先是商贸文化,其主要载体是沿路沿线的物流结构所带动的商品交易及商贸人员的流动、旅居、迁徙等形成的文化交流与融合。因此,古"海上丝绸之路"文化是集散于各种类别的商贸产品和商贸流动之上的各种物质文化与精神文化,具有独特的文化资本。在日益兴盛的文化创意产业时代下,"海丝"文化资本也将面临和再担创造新的历史文化资本的重大机遇及重要使命。

一、"海丝"文化资本的历史形成

古时的"海上丝绸之路"文化磅礴广阔,星罗棋布,涵括宗教、建筑、语言、文学、文物、民俗、礼仪服饰等诸多方面,不仅促进中西方的经济文化交流,也促成汉朝的兴盛,成为东亚强盛文明的象征。可以说,古"海上丝绸之路"是在商品输出过程中进行古中国文化符号的生产与传播,它使得古中国国家形象符号在海外由具体物质载体的商品代码暨小写的"china(陶瓷)"抽象成文化符号暨大写的"China(中国)"的国家意象。从古"海上丝绸之路"鼎盛历史时期的文化传播书写过程可以看到,"开放包容"是古"海上丝绸之路"文化的主要内涵。但历经岁月沧桑,自明清"海禁"政策实施以来,"海上丝绸之路"由兴盛转为衰败,在中国"闭关锁国"的历史阶段,海外西方国家近现代工业的兴起和迅速发展时期,商贸文化迅速转型为"品牌文化",随着全球贸易之门的打开,商贸文化兴旺发达的景观主体由世界知名品牌文化构成。国家拥有强势的品牌文化,意味着这个国家就能较自由地向世界进行文化输出,由此建构其国家形象。但自明清"海禁"之后长达百年的中国,海外商贸也进入相对停滞时期,"海上丝绸之路"亦逐渐没落,其所承载的文化交流与传播活动自然深受影响,不再占据主导地位。随着国家改革开放政策的推进,国门逐步打开,国外资本急速涌入,国际贸易迅猛发展,中国与海外世界商贸文化交流出现"倒灌"的局面是不争的事实:大量的以海外知名品牌为文化载体的代表西方"现代的、先进的、顶级的、高品质的、优秀的、经典的、历史悠久的"的商业文化涌入中国,迅速带动市场经济发展,主导着消费文化价值。中国古"海上丝绸之路"承载和主导的"东亚强盛文明、开放包容"的文化输血作用消失殆尽。改革开放四十年来,在福建闽商群体中,对中国推动海外商贸发展的集体话语记忆是"大胆创业,勇敢走出去",这意味着我们需要重新通过海外贸易建构国家形象及文化的发言权和自主权,实现真正意义上的文化自信。这种文化自信、文化立国即是"海上丝绸之路"承载的主体话语,是"海丝"文化产业的核心文化资本。

二、现代"海丝"文化资本的元形态

地方市场,从更宽泛意义上理解,不应该只局限于与外部人进行商品交易,而应被作为能增益地方品牌的重要元素[①]。地方市场的特征、形态及其相关的内容都应作为文化资本进行培育。通过对近期在福建举办的各种"海丝"文化论坛、商贸会展以及与从事海外贸易的相关人士的座谈,本书集中梳理了福建省商贸各界对 21 世纪"海上丝绸之路"文化现代内涵的主体认识,主要体现为四个方面:(1)以中国传统文化的"利他圆己"为产业文化的精神内核,以创造优质企业文化作为发展优越商业文明的价值追求。(2)建立中国品牌的世界观。闽商将"开放心态"作为产业文化发展的精神来源。"商业为利又不为利"在有代表性的闽商中形成高度共识,"抱团取暖""狼群拼搏""使中国品牌共同面向世界""实现合作共赢",这些集体意识构成该地产业文化资本。中国商业文化要"赢"的是世界对"中国品牌"的高度认同和接纳,这是 21 世纪"海上丝绸之路"文化最重要的文化内涵。(3)"品牌输出"即"文化输出"。福建民企中,大量企业二代接班人意识到自有专利、自主创新、自主品牌的重要性,努力摘除"中国制造"和"中国名牌"的商贸标签,希望通过 21 世纪"一带一路"倡议实现企业转型,以"中国文化,世界品牌"为发展目标。(4)利用"地方传统文化"的现代化发掘建构独特的区域优势,发展地方品牌文化和商贸文化,利用"海上丝绸之路"文化来促进地方化发展,开展民族性保护和多样化繁荣等活动。企业家们认为,"海上丝绸之路"的重塑,闽南文化的挖掘,实际上也是品牌意识的重唤,重拾看不见的文化力量。以上是福建"海丝"文化产业的重要文化资本的元形态,企业家们这种文化意识形态的改变将构成未来"海丝"文化的主体内涵。

三、地方品牌与国家形象的价值联结

品牌价值、品牌形象、品牌与消费者的关系等三大系统构成品牌文化资产。品牌的核心价值是品牌生命力基础;品牌符号识别系统建构品牌形象,也是消费者形成对品牌有利的情感经验(包括认知、联想、记忆、评价、分享

---

① Susanna Heldt Cassel:Trying to be Attractive:Image Building and Identity Formation in Small Industrialization Sweden,*Place Branding and Public Diplomacy*,2008,4,(2):102—114.

等)的基础;品牌传播促使品牌文化的形成以及与消费者关系的建立。以上品牌塑造的结构性内容共同形成品牌知识,即内外部利益关系人对品牌的认知与感受。品牌知识的丰富增加了品牌价值内涵,增强了品牌竞争力,这是循环的可再生的品牌知识结构即品牌文化资产。

当前各地皆通过举办文化传播活动,如播放城市形象广告、展映形象片、参加会展或举办文化产业活动(文化节、高端论坛等),举办各种大型赛事等传播地方品牌形象,明确地方特色,输出地方发展的核心竞争力(品牌价值),增强地方或城市印象,形成持久和完善的品牌识别符号体系,带动当地文化产业,吸引更多游客或投资。这些经济效益和社会效益的总和即构成地方品牌知识。当人们对地方产生清晰、完整且积极正面的认同和接受态度时,人们脑海中的地方品牌知识结构就具有"地方感",地方文化资本也就培育完成(如图2-3)。

福建是建构21世纪"海上丝绸之路"先行区,通过丰富多元的"海丝"文化传播和"海丝"文化产业的发展塑造地方品牌的思路逐渐清晰,具有与"国家形象建构"相连接的自觉性,获得良好的社会效应和经济效应,"海丝"城市的国际化形象正逐步形成,如2014年在泉州市举办的"首届海上丝绸之路国际艺术节"在国际范围内取得十分重大的社会影响,树立了良好的中国形象和地方形象。在这基础上,2015年11月,中央批准将"海上丝绸之路"国际艺术节的举办地永久落户泉州[①],并在当年与"亚洲艺术节"联合举办,进一步提高福建(泉州)的地方形象和城市品牌知名度。这两大国际性活动,快速搭建起了福建文化经贸旅游的国际性平台,"海丝"文化旅游产业获得快速发展。

同年5月,纽约时代广场播放了时长35秒的《海上丝路之路起点城市·中国泉州》的城市形象宣传片,"开放、包容"的闽南海洋文化作为重要的中国元素登上国际传播领地。这部形象片集中体现中国"海上丝绸之路""拼搏、团结、传统与现代同辉"的文化内涵和表现,展示了闽南人(也是中国人)在全球化贸易格局中的重要贡献。

---

① 许雅玲:《中央批准海上丝绸之路国际艺术节永久落户泉州》,http://mn.sina.cn/news/b/2015-11-04/detail-ifxkhcfk7610264.shtml,(2015-11-06)(2017-02-10)。

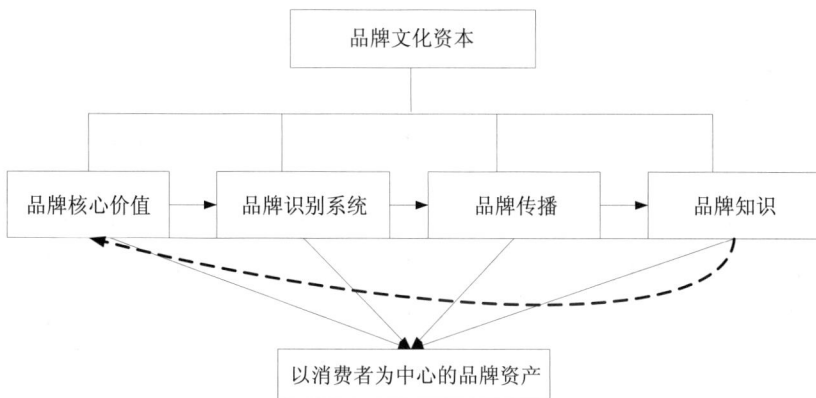

图 2-3　品牌文化资本构成图

图 2-4　亚洲艺术节与"海上丝绸之路"国际艺术节的标识设计图①

　　这些重要的国际性活动和赛事活动，对标识设计、价值理念、文化意涵等各方面都进行了综合性的整合传播。这些传播活动所形成的地方品牌印

　　① 福建省人民政府网站：http://www.fujian.gov.cn/xw/ztzl/sczl/xxq/201601/t20160118_1132241,(2016-4-20)(2017-02-11)。

象成为促进地方性文化产业良性发展的重要文化资本,也丰富了"海丝"文化的现代内涵。

四、"互联网+"模式下的"海丝之路"形成新的产业文化资本

近年来,福建"海丝"文化产业通过"互联网+"模式拓展国际市场,表现让人瞩目,产值逐年扩大。传统文化产业利用新技术,构建新媒体平台,拓展新业态。据统计,自2015年以来,我省有全国重点文化企业的数目和产值位居全国第四。2020年,该产业模式的产值比重超过50%。[①]

目前,福建出现一批在全国颇具影响力的互联网文化企业,例如:厦门四三九九公司的产品在东亚及北美等多个经济发达国家占有很大市场,在日本、韩国、东南亚等国,其网络游戏产品名列前茅。一品威客、飞鱼科技、葫芦弟弟等高科技与新媒体公司,在全球的互联网注册用户超过12亿,互联网+文创的产业形式持续20%以上的增长率。

活跃的互联网文化产业能推动"海丝"文化产品及文化产业的发展,形塑福建"开放、先进、包容、活力"的产业文化特色:

> 这些活跃在互联网上的经济活动可以说是现代的"网上海上丝绸之路",它有力地打造了福建的地方品牌形象,为福建文化经济的发展带来极大的吸引力和推动作用,特别是近几年与中国台湾地区、东南亚等文化创意发展较早的地区和国家的网络联盟及合作力度,迅速带动了福建文化产业的发展速度,也很好地帮助我们形成自己的文化产业特色,更重要的是,积极推动了传统产业向文化创意产业转型的思路和行动力。

(引自当地政府文化产业政策管理者)

五、"高科技+"下的"海丝"文化产业是文化资本的再生力

新业态的推进是文化产业推动传统产业获得新生命力的重要方面,也是产业文化资本获得再生能力的发展之路。历史经验证明,产业要永续发

---

① 邵希炜:《福建文化产业:创新引领转型》,http://fjnews.fjsen.com/2016－05/19/content_17832450_all.htm,(2016－5－19)(2017－02－11)。

展,必须与生产力和生产技术相结合。"海丝"传统文化的保护、继承与创新发展离不开当今科学技术的应用与推进,科技与文化的结合是当今文化产业发展的主要趋势,也是文化创新的重要特征。在高科技的推动下,"海丝"文化产业势必形成新的文化产业形态,这些文化产品或文化体验进入日常生活,通过媒介科技的广泛共享,打造出新时代的文化资本。例如,在2015年深圳的文博会上,以"精彩海丝、创意福建"为主题的福建展馆集中展示了福州漆器、德化陶瓷、建窑建盏等福建传统"海丝"文化产品,数字出版、广电网络、动漫游戏与工艺美术、创意设计等的融合效果让人耳目一新。现场十位参观者纷纷评价福建的文化产品"科技含量高""有鲜明的海洋文化特色""海丝文化独具内涵,加深了对福建文化的了解""有东南亚风情的意思"等。泉州、厦门、漳州、金门和澎湖等五个城市联袂开展"智慧型旅游"的海丝文化旅游联盟市场,改善旅游形态,拓展出研学、体育、医疗等近20种新型旅游业态。[①]

在新经济发展形势下,文化产业资本的高级形态是全球资源配置的资本市场。有人说,我们这个时代所经历的、全球化所描述的巨大的转型进程,除非从文化的概念性词汇着手,否则很难得以恰如其分的理解[②]。当前文化产业的创新,不是迎合全球一体化,也不是地方封建,而是"由本土文化资源的原创文化形成走向全球化资本市场的战略产业与国家优势资本的核心竞争力体系","全球化促进文化产业的发展,文化资本又为全球化进程提供了新的武库",文化资本最终应作为上层建筑进入地方发展与国家社会结构的核心,"地方化"即"全球化","地方化"即"战略性","地方化"即"核心文化资本优势"。[③] 从这个意义上说,福建"海丝"文化资本的价值塑造不能再是单一的文化资源转向理性的文化资产,而应是与当前的知识化、信息化、科技化、媒介化、数字化、非物质化等城市或区域创新发展的多元结构相结合的资源共享与创生。当前福建"海丝"文化资本的元形态及与其他经济介质的融合与发展,使得文化资本的价值再塑有望在这个由多元化资源互动而生的"文化博弈场"中形成独特的地方特色,建构独有的"地方感"。

① 郑旭:《深挖海上丝绸之路文化游内涵》,http://www.msweekly.com/news/dujiax-inwen/2015/0912/40294.html,(2017—3—25)(2017—05—23)。

② 皇甫晓涛:《文化资本论》,人民日报出版社2009年版,第35~40页。

③ 皇甫晓涛:《文化资本论》,人民日报出版社2009年版,第86~87页。

第三章 福建"海丝"文化产业 的政策发展

地方性文化产业兴起于英国、日本及中国台湾,这三地也是中国文化产业的理论溯源与实践参照。这三地推动地方性文化产业的过程中,文化政策的不断革新与发展起着至关重要的作用,是文化产业发展的引擎。从文化产业政策创新的角度理解地方性文化产业的发展,是本研究的重要落脚点。本章揭示海外文化产业政策发展变迁的启示,观照福建"海丝"文化产业政策在对国家文化产业政策的吸收与使用过程中,如何与地方的文化产业实践发生作用,论述福建地方性文化产业政策进行路径创新的可能性。

第一节 海外文化产业政策的发展变迁及其启示

全球性文化产业政策的逐步形成与成熟主要发源于英国、澳大利亚、日本等国家,继而影响全球范围内各国、各地区的文化产业政策。总体来说,英国、日本以及中国台湾地区的文化产业政策的发展拥有相对完整的脉络,成为文化产业政策的重要基因链。本节将对这几个国家或地区的文化产业政策发展变迁进行梳理,归纳出重要启示。

一、英国文化产业政策的主要内涵与发展

英国重视文化产业政策始于 19 世纪初,其文化政策在推动地方经济再生和地域活化上有显著成效,影响澳大利亚、韩国、日本等多个国家和地区,使得全球时代的文化创意产业得到蓬勃发展,地方性文化创意产业愈来愈显示出巨大的影响力。本书从文化政策内涵、部门定位、社会表现与影响等

角度简要梳理英国文化产业政策对地方性文化产业的推动作用(表3-1)。

表 3-1　英国文化政策的变迁

文化政策的发展阶段	部门和阶层的定位	文化设施与土地政策	社会形态与影响
19 世纪初期: 强调文化政策的"社会角色"; 推动了由社会精英形成的创意阶层的兴起; 文化政策的内涵是"高端文化"设施为主,形塑了"文化阶层化"; 文化政策的目标是建构一个没有阶级划分的"社会主义艺术",超越早期的纯艺术和手工艺作区分的形式。	中央政府主导机制 ——国家 供给者角色 主导管理者角色 中心权力核心结构 ——社会精英人士充分使用文化政策工具,利用政府建设文化设施,凸显其创意精英阶层的角色和地位。	由各级政府出资建设博物馆、剧院、音乐厅等高级艺术文化设施。	新的文化形态特征和创意阶层已经形成。 构成不同品位的文化艺术阶层。
1860—1980: 强调"社会市民主义"; 执行福利国政策。	以地方政府为主导,成立专门部门推动城市文化设施建设,培育社会创意阶层,同时鼓励私人投资。	兴建博物馆、音乐厅、大学等机构,并且与不同种类的艺术街和娱乐设施结合,形成聚集效应,提升集群经济效应。	高级艺术走入市场,进入生活。 "文化产业"观念开始形塑,渐渐以市场为主导,取代以政府为主导。

续表

文化政策的发展阶段	部门和阶层的定位	文化设施与土地政策	社会形态与影响
1980—1990：推行"新文化策略"，走向服务经济形态	公私部门共同合作联盟机制，中央权力下放地方政府，中央扮演协调者、法令制定、监督者和辅助功能角色。允许地方组织进行合作联盟，筹备资金，管理角色，吸引商业资金。私人集团以赞助形式进行市场开拓。	开放传统文化机构（博物馆、戏院、音乐厅和有关的商业设施进行混合使用）。推动社区艺术，民族文化和贫民社区的文化建设。推动文化庆典活动，结合地方文化史迹进行文化旅游活动。	形成城际间竞争机制，地方利益集团结盟。推行地方行销策略，强化地方特质。地方联盟机制及权力结构逐步强化，商业联盟主导开发制度。后现代消费结构形塑，大众文化和精英文化共存。
1990年代至今：全球化经济形势下的后现代消费形式	以社区为主导形式，地方政府：筹设地方文化建设基金。地方社群组织：充分授权居民、推动社区活动力，授权社区居民自创剧院、推动社区文化艺术活动。地方发展公司：执行研究发展、赞助、执行艺术文化行销推展工作、探索与其他地区结盟发展的功能。	以刺激和强化独特的城市及社区认同感为目标，推展布里斯托艺术策略。推动小规模社区规划案：文化庆典活动、社区电影、营销艺术、媒体和公共策略、研究文化部分的组织和发展纲要。	强化了社区居民的认同感和荣耀感。强化城际间文化活动的互助结盟。表演艺术和社区结盟，鼓励年轻人认知和参与文化活动，强化社区认同感。

80年代中期，英国文化政策转向为"以一种高度重视文化政策对于都市经济与实质环境再生所具备的潜在贡献的词汇"推动"文化经济"，凸显文化资源对都市经济的衍生效益。90年代初，文化观光产业已经成为英国许多城市发展的主要产业，如利物浦世界遗产的阿尔伯特船坞；政府花费巨资打造的雪菲儿文化产业区等；90年代末期后，英国转以"地方性"为主导开发文化产业，几乎所有城市都将文化政策作为都市政策的首要内容，在十几

年的推广中,取得惊人的成效①。曼彻斯特保留有历史意义的建筑,引进文化产业,建设文化产业特区,进行技术创新研究,与当地大学联合,利用知识资本,推动文化产业的发展。哥斯拉哥市,由地方主导,聚合相关地方团体与产业人士,推动地方性文化产业带动都市再生。这些计划皆与地方历史紧密结合,推动了地方性文化产业的发展。"文化政策"成为欧美先进国家都市再生及地方行销的主要策略,有学者提出创意产业政策是推行创新模型的政策基础,将创意产业政策纳入核心政策体系,创意产业才能带动整个新兴产业在国民经济全局发展中发挥作用②。

英国的文化政策从政策宣传转为强调文化意义的多样性需求,政府不干预文化活动,只给适当补助,秉持自治原则,完全将权力下放给地方政府,使得地方政府能够快速整合地方资源,这种由下而上的举措,迅速成为市民社会与政府机关合作方式的运作机制。

二、日本与中国台湾地区文化产业政策的主要内涵与发展

日本的文化产业政策制定遵循为克服现代贫困所发展出的经济发展理论——内在发展论。③ 日本对于内在发展的实质性推动,以 1987 年 6 月提出"第四次全国综合开发计划"为发轫,主要内容为:(1)由对外部需求的依存,转换成以内部需求为主导的经济结构。(2)放宽市场,以市场原理来建构产业结构。(3)推进市场的开放。④ 日本制定了新的文化政策,试图解决贫困乡镇面临的传统型产业快速衰退和就业人口急速激减的问题,希望激发居民自己振兴当地产业。基于此文化政策,日本于 1983 年在大部分县推动"一村一特产",这个政策随即风行日本,成为地域经济振兴的主要措施。这个口号在 1992 年成为中国台湾地区推行地方性文化产业政策的重要内容,为其制定地方性文化产业政策提供了重要参考。

中国台湾地区制定推动发展地方性文化产业政策大体经过四个阶段:第一个阶段是 1977 年在完成十个项目之后推动的"文化建设",增加十二项建设

---

① Brown,Adam,O'Connor,Justin,Cohen,Sara:Local Music Policies within a Global Music Industry:Cultural Quarters in Manchester and Sheffield,*Geoforum*,2000,31,(4):437
－451.

② Potts J. & Cunningham S:Four models of the creative industries,*International Journal of Culture policy*,2008,(3):233－247.

③ 荣光毅:《空间政治经济学》,人间出版社 1995 年版,第 50～60 页。

④ 荣光毅:《空间政治经济学》,人间出版社 1995 年版,第 65～70 页。

计划,其中最后一个项目是"建立每一县市文化中心,包括图书馆、博物馆、音乐厅",随后推动长期性的文化建设计划。因此,社区性的文化事业相对比较完善,再小的社区都具有文化场所和艺术活动区域,社区内的小场所、小设施都带有文化性展示。第二阶段在于营建社区文化氛围。硬件基础设施建设完成后,于1979年落实"加强文化及娱乐活动方案",倡导全民文化活动,投入各项文化活动。第三阶段是设立专门机构管理,协调社区文化事业。1981年,"文化建设委员会"成立,负责制定文化政策、协调并推动各部门、机构文化工作的开展。至此,文化建设工作向下扎根,拥有了坚固的基石。第四阶段是1991年至今,推动"社区总体营造运动",至今仍有很大的影响力,拉动了文化观光旅游产业。"社区文化"和"文化产业"的发展融合渗透,通过四项主体内容(社区文化活动发展计划、地方传统文化建筑空间设计、乡镇展演设施计划、辅助县市主题展示馆的设立和文物馆藏的充实计划)进行整体建设规划。由此,社区博物馆、文化产业园区既是社区居民文化生活的主要空间,也是文化旅游产业的载体,其事业与产业的功能兼具。"社区总体营造运动"吸引地方居民主动参与社区文化发展,生发认同,在通俗文化的基础上孕育出精致文化,既衔接了传统,又结合现代生活。这一文化政策机制主要由政府引领,由地方公益团体或商业团体赞助,由地方文化团体和当地居民共同参与推动。

总而言之,"社区总体营造运动"和日本的"内在发展政策"及与英国70年代提出的"内生区域发展"及"自我依赖发展"和1990年提出的"授权政策"的基本内涵相同,基本理念都是下放实质权力予地方社区和地方居民,发动各社区居民及社团组织筹划自己的发展策略,开拓地方资源,进行创造和创新,消减外在控制。因此,英国、日本、中国台湾的地方性文化产业政策具有一脉性,有共同的文化基因。

三、主要启示

这些国家及地区的文化政策制定与形成经验在政府角色和文化经济的主导性及创意经济的主体性等三个方面有重要启示,为当前我国文化产业实践提供了多元的可借鉴经验,与此同时,我国文化产业实践也为当前文化产业政策的推新发展提供了空间。

(一)政府角色变迁对地方性文化产业发展的推动作用

这些地区的文化政策发展脉络显示,从1800年至20世纪90年代,都市规划的文化政策显著变迁。70年代的文化政策,以政府为主导,以集权的决策形式,由上而下进行主导规划,直接将规划内涵纳入法制体系执行。七八十年代,随着管理体制的变化,都市管理主义转向企业主义,"地方企业制"和"成长联盟机制"兴起,地方政府的角色发生实质变化,既非纯粹的管理者,也非单一的服务者,而是参与企业经营,分权运作,着重市场运作,抛却官僚体制色彩。中央或地区政府的管理决策强化及奖励地方(或各县市)政府部门执行地方发展方案,用相关法令和规范行为,协调不同利益团体的需求。至 90 年代后,社区意识以及"地方性"意识大大高涨,政府鼓励部门相互竞争,授权给人民,把监督政府的权力和文化政策的决策权力,由纯粹的官方统管转移至社区居民,政府多扮演推动、协助和奖励社区自助角色,这被称为"由根救起",由充分赋权政策,将所有权释放给社区居民,落实充分参与式民主,整体决策由下而上进行,达到透明开放。总而言之,政府的角色变迁由供给者、强化者转变为赋权者。

(二)文化产业逐步代入文化引领经济的发展模式

文化产业发达的国家,文化产业政策的演变会改变政策导向,推动国家政府或地区政府转变角色,使得文化产业的发展态势发生旋转式改变。产业政策的目的成为"服务社会","文化政策"的最终目的是保障国家的文化永续发展。因此,现今这些国家或地区的文化创意产业的发展转而以文化引领经济。例如,1994 年澳洲政府提出打造"创意之国":文化政策就是经济政策,文化创造财富,文化增加价值,文化对创新、行销与设计有不可或缺的贡献。除了文化本身有价值,对于其他商品的输出也有不可或缺的附加值。中国台湾地区 1993 年 12 月提出"社区总体营造":建立社区文化,凝聚社区共识,将建构社区生命共同体的概念作为人类文化行政的新思维与政策作为的主要目标。"社区营造"概念源于日本,深刻影响中国台湾,整合人、文、地、景、产五大地方文化产业要素,社区居民积极参与地方公共事务,凝聚共识,经由社区自主,配合社区总体营造理念,各地区建立明确自己的文化特色。这两个地区的社区营造政策,推动地方性文化产业发展,不仅营造好的实质环境,更唤醒社区共同体成员参与社区事务,提高生活美学层次。[①]

(三)文化产业政策逐步建构创意经济的发展模式

三地的地方性文化政策充分尊重并激发生产者主体人群的文化自主性与开创性,这种文化政策"把每个人的日常生活都当作是创业行动",有创意

---

① 沈昱瑄:《生活美学——生活之美无所不在》,《书香远传》2006 年第 32 期.

就有内容,就有生活,就会有文化认同和市场开拓。这种模式极大地激发文化产业发挥"社区治理",地方政府参与学术讨论、专业技术应用的能力培训,结合学校、企业与社区的资源和经验,共同开发与地域文化和生活创意相关的文创活动,实现"生产端与消费端"等同[①],共享资源的文化产业发展模式。因此"一地一产业"的文化创意具有鲜明的,不可取代的地方性特征,充分释放地方文化的文化生产与文化传播。

第二节　福建"海丝"文化产业的政策解读

中国内地的文化创意产业发展带有比较明显的计划经济色彩,内地的文化产业政策制定始于改革开放,1983 年开始借鉴经济体制的改革经验,采用承包经营责任制作为文化产业渐进式改革的政策依据。直到 1988 年,才有文化市场的概念,1991 年引入文化经济的经营理念。1998 年,文化部设立"文化产业公司",专门负责发展策略的实施和相关研究的展开。2000年,"十五"规划明确推动文化产业的发展,推动信息产业和文化产业的结合。至此,中国进入蓬勃发展的文化产业大发展时期。

一、国家文化产业政策对福建省文化政策的侧向影响

2006 年,国务院发布《国家"十一五"时期文化发展规划摘要》,首度打破传统体制并刺激相关产业的就业市场,推动了文化创意产业的发展。[②] 2009 年发布的《文化产业振兴计划》,2011 年发布的《国家"十二五"规划纲要》则明确把文化创意产业认定为国民经济的支柱产业,在金融配套服务、产业园区的设立等多方面进行扶持,紧接着,各省市直辖市相继制定地方性文化创意产业发展战略。

中央、各部委对福建省在发展文化创意产业的规划定位及政策扶持方面给予多项先行先试优惠政策,突出对台关系的鲜明特色。

1.支持福建省加快建设海峡西岸经济区的若干意见

2009 年 5 月,国务院出台《关于支持福建省加快建设海峡西岸经济区

---

① 江凌:《中外文化产业政策基本特征比较》,《福建论坛》(人文社会科学版)2010 年第 12 期。

② 叶维莉:《两岸文化创意产业园区发展困境之研究》,《国际文化研究》2016 年第 12 期。

的若干意见》(国发〔2009〕24 号,以下简称为《意见》),从国家宏观管理的高度将"海峡西岸经济区"认定为国家大经济区,将海峡西岸经济区定位为两岸交流合作先行先试区,这奠定该区域在全国的地位。《意见》将海峡西岸经济区作为"两岸人民交流合作先行先试区域,服务中西部发展新的对外开放综合通道,东部沿海地区先进制造业的重要基地,我国重要的自然和文化旅游中心",提出发挥独特的对台优势,努力构筑两岸交流合作的前沿平台和加快社会事业发展,促进社会和谐的举措。

2.国家发改委《海峡西岸经济区发展规划》

为谋划好海峡西岸经济区发展布局,指导和促进海峡西岸经济区发展,根据《意见》要求,国家发改委制定《海峡西岸经济区发展规划》(以为简称为《规划》)指导海峡西岸经济区编制了 10 年(2011—2020)相关专项规划。《规划》为海峡西岸经济区的建设提供了具体的行动指南,明确了建设海峡西岸经济区的具体目标、任务分工、建设布局和先行先试政策,将加快促进海西与中国台湾的贸易、投资和产业对接。海峡西岸经济区的文化产业发展在结构上以福州、厦门为龙头城市;产业布局上倚重服务业,特别提出开发和利用与"海丝"文化有深厚渊源的各类物质与非物质文化遗产,培育地方优势品牌;在产业政策上,主要推动搭建两岸合作平台,如教育平台、民间文化交流平台、合作项目等。

从《规划》可以看到,国家对以福建省为主体的海峡西岸经济区的文化创意产业发展的布局有先行先试政策,福建省文化创意产业的发展具备其他省市没有的政策优势。

二、福建文化产业政策的主要特征

目前福建省文化创意产业政策的主要特征为:

1.从管理制度看

在省级层面有两个省级牵头部门,省文化体制改革工作领导小组和省创意产业发展领导小组。两个小组的主要职责在于制定产业发展规划,会同其他部门机构实施相关政策措施的执行,两个小组的主要权限在于"业务指导"。实际上,文化创意产业的管理存在"多头"监管却又"多头"推卸的现状,文化、广电、宣传、文物、建设、园林、电信、新闻出版、文联、社科联以及工商等部门各子行业都有对应的业务部门进行"行政管理",如广播影视业由广电局进行行政管理,其日常的业务和行政管理接受上级单位广电局的领导;动漫产业的主管部门是信息化局;广告行业的主管部门是工商行政管理局;工艺美术产业的主管部门是省经济贸易发展委员会,但涉及创意产业专项资金的申报使用、文化创意产业相关政策的使用,又要接受省文化体制改革工作领导小组或省创意产业发展领导小组联合有关部门的管理。这么多管辖部门,碰到具体问题时,却没有一个部门能独立解决。[①]

2.从重点文化产业领域的划分过程看

逐步突出现代设计创意与传统制造业和文化产业的紧密关系,新媒体及数字化服务的相关文化产业对各行业的服务功能也凸显出其地位(表3-2)。

表3-2　福建文化产业政策的发展脉络

第一阶段　福建"十一五"规划之文化政策			
文化政策的发展阶段	主要内容	政府职能	政策扶持(含文化设施或土地政策)
2006年10月:《福建文化强省建设纲要》首次以福建省人民政府名义颁布《福建省十一五文化发展专项规划》	文化创意产业在福建的发展从政策层面上得到重视	全省文化体制改革工作领导小组及办公综合统筹协调制。	——
2007年9月:(闽政〔2007〕17号)文件:《福建省人民政府关于印发加快我省创意产业发展指导意见的通知》《关于在文化体制改革试点中支持文化产业发展和经营性文化事业转制为企业的两个规定》《关于印发福建省非公有资本进入文化产业的若干意见的通知》	通过5~10年的努力,以福州、厦门、泉州等沿海中心城市为创意产业发展的重点区域,逐步完善创意研发设计、产品生产、推广销售等创意产业链,形成若干个整体优势明显的海峡西岸经济区创意产业集群。规划了六大重点发展领域。	省创意产业领导发展小组统筹规划和制定政策。各区市设立相应机构,协同省领导小组推进文化产业发展。该阶段的政府部门职能主要是调研和统筹规划工作。	此后5年间,各级政府出台相关文化产业发展政策,提供政策、资金和人才等方面的政策扶持。建立健全投融资体系、人才培养引进、艺术院团扶持、人才培养等机制。2009—2012年,由省财政设立软件产业发展专项资金和文化产业发展专项资金。

---

① 余霖:《闽台文化产业合作研究》,厦门大学博士学位论文2011年,第40~62页。

续表

文化政策的 发展阶段	主要内容	政府职能	政策扶持(含文化 设施或土地政策)
2009年4月： 闽委办发〔2009〕3号文件：《关于加快文化产业发展的意见》 《转发信息产业厅等部门关于推动我省动漫产业发展若干意见的通知》 《关于加快我省印刷业发展指导意见的通知》 《关于加强公共文化服务体系建设的意见》	六大重点发展区域调整增加为八个：制造业设计创意、文化传媒创意、文化艺术创作、文化传统与文物保护、数字服务文化创意、建筑文化创意、咨询策划创意和休闲消费创意。	"工作领导小组制度"和"多部门牵头"管理办法 文化产业进行细分工，专类专门部门管理	——
2010年12月： 《关于进一步加快软件产业发展的意见》 《关于印发福建省加快闽台产业深度对接工作意见的通知》 《关于印发福建省出版发行系统体制改革方案的通知》 《关于深化全省出版社体制改革的意见》 《关于进一步加快我省创意产业发展的实施意见》	总体目标："近中期以加快发展创意设计为核心，培育省级创意产业园区（基地），实施创意产业发展工程(重点企业扶持壮大工程、储备项目滚动工程、人才培育工程)，力争创意产业总体发展水平超过全国平均水平，成为全省经济发展的新增长点。 包含内容：创意设计、数字服务创意、文化创意、时尚设计及咨询服务。	——	制定了财政扶持、税收优惠、工商优惠、融资担保、用地保障等方面的扶持政策。

续表

第二阶段　福建"十二五"规划之文化政策:打造全国重要文化产业基地			
文化政策的发展阶段	主要内容	政府职能	政策扶持(含文化设施或土地政策)
2011 年:《福建省人民政府关于印发福建省"十二五"时期文化改革发展专项规划的通知》(闽政〔2011〕68 号)	目标为制定文化产业运行框架。形成十大产业群体,打造一批在全国乃至国际上有一定知名度的文化品牌和有实力的文化企业或企业集团。经营目标:到"十二五"末,成为国民经济支柱性产业。	经营性文化事业单位转制为企业。非公有资本进入文化产业。支持文化产业发展和经营性文化事业转制为企业。	加快建设地方产业园区。推动文化数字工程。培育创意产业集群。

第三阶段　福建"十三五"规划之文化政策:部署海丝文化建设			
文化政策的发展阶段	主要内容	政府职能	政策扶持(含文化设施或土地政策)
2015 年 8 月 24 日:《中国(福建)自由贸易试验区产业发展规划(2015—2019)》	突出福建对台产业合作和实施"海丝"战略两大特色。福建自贸区平潭、厦门、福州三个片区在促进闽台合作方面强调"特色、差异、协调发展"	平潭片区着力打造对台投资贸易自由先行区、服务台胞生产生活示范区、两岸高端制造业融合发展平台和国际旅游岛,并逐步向国际自由港拓展。厦门片区旨在打造两岸贸易中心、两岸区域性金融服务中心及新兴产业和现代服务业合作示范区。福州片区打造 21 世纪"海上丝绸之路"沿线国家和地区经贸合作的重要平台、两岸服务贸易合作示范区、两岸金融创新合作示范区。	推动闽台产业深度合作,建设两岸产业合作的示范基地。

续表

文化政策的发展阶段	主要内容	政府职能	政策扶持(含文化设施或土地政策)
2015年12月:《福建日报》发文报道	福建文化厅进一步加强总体规划文化工程,打响海丝文化品牌;福建海丝文化艺术精品工程;"海上丝绸之路"文化遗产保护与申遗工程	总体规划、整合资源。打造"海上丝绸之路"数字文化长廊项目,提供协同建设分级分布式数字资源库群,建立"海丝"文化资源建设协作、"海丝"文化资源服务协同、文化电子商务功能配套的"海丝"文化信息资源服务大平台。	建设互联网、移动通信网、广电网通道,为公众提供福建特色文化服务。
2016年6月:福建省政府办公厅正式印发《福建省"十三五"文化改革发展专项规划》	九项任务之其中六项:提高文化产业发展竞争力;繁荣文化产品创作生产;加强文化遗产保护发展;推进现代传播体系建设;增进对外对台文化交流;推进海上丝绸之路核心区文化建设。	九项任务之其中三项:加强社会主义核心价值观建设。文化体制改革机制创新。加快现代公共文化服务体系建设。	"七大工程":公共文化服务;文化产业发展;文化产品创作;文化生态保护;媒体融合与监管平台项目;闽台文化深化交流;"海丝"核心区文化建设。
2017年9月:金砖国家领导人厦门会晤的相关文化政策	由"双轨并进"(经济、政治)进入"三轨并进"(经济、政治、人文);2017年金砖五国将迈入大文化领域务实合作的阶段;电影、演出、旅游、教育、体育等将成为金砖重要文化产业合作领域。	—	—

这些文件不仅划定福建省文化创意产业发展的重点领域、扶持重点,制定了财政扶持、税收优惠、工商优惠、融资担保、用地保障等方面的扶持政策,同时反映随着社会经济的发展和外部环境的变化,政府对文化创意产业的认识、态度以及政策都有所变化。文化创意产业分类标准的制定和行业划分还存在困难,所以重点领域划分标准的制定较为模糊。但是,从整体上看,福建省前后颁布的几个重要文件中对发展文化创意产业重点领域的划分标准从原有大而化之的统称性行业转变为更具体的和更契合当前福建文化经济发展现状的行业类型。例如,《指导意见》中提到的"工艺美术业、文化旅游业、动漫游戏业、广播影视业、出版印刷发行业、文化创意业"等文化产业重点领域,《文化产业发展意见》中有更进一步的细分表述,如"文化创意业"具体到"制造业设计创意、文化传媒创意、文化艺术创作、文化传统与文物保护、数字服务文化创意、建筑文化创意、咨询策划创意和休闲消费创意"。在《实施意见》中关于重点发展的文化产业领域的划分表述为:"(1)信息技术文创类。重点领域为动漫与网游、软件设计、互联网信息服务、数字化内容制作、传播能力设计、数字移动多媒体服务等领域。(2)文化创意类。重点发展文化旅游创意、广播影视制作、广告企划服务、传统文化民俗艺术传承与提高等领域。(3)创意设计类。重点发展工业设计、新材料应用设计、工艺美术研发设计、建筑设计、室内设计等领域。(4)时尚设计及咨询服务创意类。重点发展时尚设计、形象设计、管理及咨询服务等领域。"

福建文化政策中关于重点发展领域的划分内容的变化及细化程度,说明文化政策对文化经济发展的指导作用越来越明确,既对应了社会发展的总体趋势,也大体上把握住了当前福建地方性文化产业发展的突出问题。

3.从外部资源的利用角度看

继续保持对台关系的区域优势,对台合作的重要性日益提升。《指导意见》中未提及闽台产业合作,但《文化产业发展意见》中,在发展文化产业的主要措施中专门提到"加强闽台文化产业交流与合作",要"推动闽台文化产业对接"和"扩大对台文化贸易"。《实施意见》中提出"重点拓展我省具有一定发展基础、中国台湾地区具有相对发展优势的创意设计、数字服务创意、文化产业及创意等领域的协作",具体要"设立闽台创意产业合作园区(示范基地)""开发闽台特色文化创意产品"和"加强闽台创意产品市场交流"。以上体现出福建省政府对闽台文化创意产业合作重要性认识的提升和合作推动的具体行动。

2010 年出台的《关于进一步加快我省创意产业发展的实施意见》对福建省创意产业发展有明确的目标规划和任务分解,还有详细的实施组织与保障方案设计,是福建省文化创意产业发展的整体规划和实施指南,是目前福建省最新的文化创意产业发展行动指南。

三、地方城市发展"海丝"文化产业的推进性政策

福建省福州市、厦门市、泉州市、漳州市、平潭综合试验区等沿海地区与城市是福建重要的海上丝绸之路先行区,其中福州市、泉州市、厦门市、漳州市四大地区更富有丰富的"海丝"历史文化遗迹和文化遗产。本书以这四个地区为主体,通过政府官方网站、权威新闻媒体官方网站以及知网的报刊文献检索,搜集其公开发表的新闻文献或政府发布的有关"海丝"文化事业发展主题相关的文化产业政策性文件,并作相应的归纳整理和分析。

(一)福州市关于"海丝"文化产业发展的政策推动

1.立法保护"海丝"遗产

2007 年 4 月 1 日,福州市政府出台并实施《"海上丝绸之路"福州史迹文化保护管理办法》,将 7 处已列入中国世界文化遗产预备名单的文化遗产和福建省文物局批准的与"海上丝绸之路"有关的文化遗产,列为保护对象。[①]

2.确立文化事业和文化产业互动发展的行动计划

福州市通过重视和保护"海丝"文化遗产的保护和开发行动,推动"海丝"文化产业的发展,逐步形成"文化产业'文化性'为第一特性,'产业'为第二特性"的产业发展理念。此次推动的六大"海丝"文化保护行动计划,包含:重点项目、引进文艺人才、打造文艺精品、全国性文化活动落地、改善重点文化品牌、宣传推广福州城市文化等 6 类 48 项具体工作项目,其中 2017 年启动 26 项,2017 年年底前完成 7 项。本书按照地方性文化产业分类框架的属性和特征,试将福州市文化事业的项目行动计划与可能相对应的文化产业发展框架进行整理和归纳(表 3-3)[②]。

[①] 刘可耕:《福建出台地方法规保护"海丝"遗产》,http://www.chinanews.com/cul/2017/04-01/8189552.Shtml,(2017-04-01)(2017-05-30)。

[②] 柯竞:《福州市实施文化建设六大行动计划》,http://news.fznews.com.cn/shehui/20170425/ 58fe84a483847.shtml,(2017-04-25)(2017-06-03)。

表 3-3 福州市文化事业计划项目与文化产业发展的可对应性框架

政策扶持计划 ＼ 文化产业类型	历史文化资源	乡土民俗文化活动	地方创新文化活动	地方文化设施
文化重点项目行动计划	设立闽籍文化名家库。"海上丝绸之路"文化交流活动。"海丝数字文化长廊"。"福建文化记忆专题资源数据库群"落户产业园计划。	海峡两岸民俗文化节	海峡两岸文创产品市集；公益性主题旅游演出节目及重点文化演出项目计划。	建设文化主题公园。
文化名人智库行动计划	—	—	设立名家艺术采风基地。	设立榕籍艺术名家作品展示馆。
文艺精品创作行动计划	出台戏曲扶持政策。联合拍摄14集大型历史人文电视系列片《过中国台湾》计划。创作生产中篇曲艺《美丽福州》。创作生产大型闽剧《银筝断》。	—	围绕"海上福州""绿化福州""船政文化"等主题组织文艺创作计划。推动网络文学、微电影、纪录片创作，将网络文学纳入"茉莉花文艺奖"的扶持和奖励范围。	—
文化品牌项目行动计划	打造朱紫坊漆文化街区。建设海峡非物质遗产生态园。	—	举办海峡两岸合唱节。举办"林则徐家风展"巡展。举办各门类主题文艺汇演。举办"丝绸之路"国际电影节。	建设闽剧大观园。建设海峡非物质遗产生态园。

续表

文化产业类型 / 政策扶持计划	历史文化资源	乡土民俗文化活动	地方创新文化活动	地方文化设施
文化传播行动计划	建设福州"文化地图综合项目"。	—	挖掘提炼榕树、茉莉花文化内涵。举办首届全球福州方言大赛。	—

(二)泉州市关于"海丝"文化产业发展的政策推动

作为"海上丝绸之路"的先行区,泉州市于 2016 年 1 月 20 日发布《泉州市建设 21 世纪海上丝绸之路先行区行动方案》。这是目前能看到的公开发表的比较系统和完整的地方城市推行"海丝"文化产业发展的文件。该文件是泉州市社会经济发展的大框架,内容涵盖泉州市政治、经济、文化、社会、体育等全方位的发展纲要。本书根据研究目标,将符合本研究主题的主要内容进行择取、概括与归纳,总体分为一大主旨,七大主要内容。

1.发展宗旨

泉州制定当地"海上丝绸之路"先行区发展的总体宗旨是以建设"东亚文化之都"为基本内涵,实行路径是"推动'海丝'文化国际交流合作和在中华海洋文明传承创新上先行先试"。从泉州市政府公开的政策文本可以看到,泉州"海丝"文化建设和文化产业发展的行动纲领具有"国家形象"建构的自觉性,其提出的纲领性方向嵌入了建构"国家形象"的意图。

(1)城市品牌的国际形象推广。通过实施对外宣传、影视会展、对外文化交流、新闻媒体宣传、海外城市推介等泉州城市国际形象推广的五大工程,提高泉州城市知名度、美誉度和影响力,深入推进泉州与"海丝"沿线国家的人文交流。

(2)以"海洋文化"为内核,利用"海丝"文化脉络讲好中国故事。挖掘泉州开放包容的海洋文化遗产,弘扬开拓进取的海洋精神,弘扬中华海洋文明,讲好中国故事,向世界展现泉州作为古代"海上丝绸之路"起点、世界多元宗教文化中心、华侨华人闽南文化原乡、历史文化遗产宝库等丰富的人文内涵和精神价值,促进文化的互动交流和文明互鉴。

(3)创建中华海洋文明传承创新示范区,建立海洋文化生态保护体系,构建海洋性文化遗产保护工程,推进现代海洋城市建设,打造"21世纪海上丝绸之路"文化高端创新平台,大力推进中华海洋文化在传承基础上的创新。

2.七项内容

(1)推动"海丝"古港口转型文化产业。泉州港口复兴行动计划中,主要推动泉州古港向文化产业转型升级,弘扬泉州"海丝"古港文化。后渚港区进行游艇码头的功能转化,走向滨水休闲旅游文化港,以此作为"海丝"文化展示的体验基地。整体目标是推动古港古城联动发展,构建21世纪"海丝"文化国际旅游名城。

(2)打造"海丝"文化品牌平台。通过"联合国海陆丝绸之路城市联盟"及其工商理事会内引外联作用,借"中国(泉州)海上丝绸之路国际品牌博览会"平台,不仅促进和整合古"海丝"传统产业,如雕艺、陶瓷、茶叶、香品等以及现代商贸文化,如鞋服、纺织、建材等,还整合产业优势,深化"海上丝绸之路"贸易格局的优化,开拓东南亚、南亚、中东、非洲、中亚、中东欧等新兴市场。以上种种举措,旨在使泉州市的经济贸易形成特定的"品牌文化"和"文化品牌"景观。可以说,泉州市在推进"产业文化化"方面的思路比较清晰。

(3)打造"互联网海上丝绸之路"先行区。创造投资贸易便利化服务新平台,申报国家服务外包示范城市、跨境贸易电子商务通关服务试点城市,加快推进跨境电商、期货交割、融资租赁等新型贸易业态发展,推动4个国家级开发区和10个省级开发区转型升级,实现与"21世纪海上丝绸之路"建设的有效对接。

(4)打造特色文化旅游品牌。充分挖掘泉州丰富的"海丝"特色文化旅游资源,对现有的海丝文旅项目进行综合性改造,扩大泉州文化旅游的全球化市场。

(5)打造现代"海丝"智能制造业,改善"海丝"现代服务业专区。行动计划提出,推进智能驱动使泉州制造业创新转型,致力建设"海丝"绿色智能制造基地,科学引导泉州制造"走出去",与"海丝"沿线国家更好地取长补短、合作共赢。通过到台湾、深圳等地学习,到2025年,打造出"智能中国制造"的样板区,开拓新型的"海上丝绸之路",以此加速生产性服务业和制造业的融合。

(6)"海丝"现代海洋城市建设行动计划。围绕建设现代海洋城市目标,传承保护"海丝"历史文化,积极推进中华海洋文化的传承创新,加快建设环湾中心城市,打造融海洋经济、科技、文化、旅游、生态为一体的现代海洋城市,展现泉州市作为"海上丝绸之路"起点城市的新形象。到 2020 年,全市海洋经济生产总值达 2 850 亿元,占地区生产总值比重的 30%。主要内容有两个:一是传承保护丰富的海洋文化遗产,过去着眼于提高与保护已经申报世界遗产的"海丝"物质文化遗产和非物质文化遗产,今后主要是制定传承与文化传播的有效机制;二是建设"海丝"现代海洋城市,城市格局上要凸显滨海湾城市风貌,用现代融资方式,带动公共文化设施的改进与发展,特别是通过建设中国"海上丝绸之路"博物馆、"海丝"国际文化交流展示中心、"海丝"国际会展中心、"海丝"国际会议中心、"海丝"国家艺术公园、"海丝"世博城、当代艺术馆等一批地方文化设施重点项目,改善泉州海洋城市新形象。

(7)"海丝"文化旅游合作行动计划。抓住"海上丝绸之路国际艺术节"永久落户泉州市的契机,借助"海丝"文化品牌和"海丝"文化窗口的作用,传承弘扬、保护开发丰富的"海丝"文化遗产,将其作为泉州市迈向世界"海丝"文化休闲旅游目的地城市的重要文化资源。通过与国际旅游协会的合作及联盟机制、与东南亚历史文化名人的交流与互动、与"海丝"沿线国家的联动与合作等有效措施,形成泉州市对外统一的文化旅游交流品牌。

总体上看,虽然地方政府努力制定和完善文化产业政策,但仍有一些根本性的症结无法突破,阻滞了地方性文化产业生产者主体的积极性,也影响了产业发展的效率,主要问题是政策条例过于笼统,缺乏针对性;限定性条件又过死,缺乏灵活性;管理机构边界不清晰,职能效率低下。

第三节　研究启示

福建地方各类自发的文化产业协会在弥合地方文化政策和文化产业生产者主体人群中间起非常重要的作用,是一剂有效的"软化剂"。不仅如此,文化产业协会在吸收与释放当地文化创意能量方面起到了不可替代的作用。对于向下的生产者主体,他们可以帮助解决底层文化产业从业人员文化水平不高、认识粗浅、目光短视等问题带来的发展障碍;对于向上的管理者,他们又能将代表最大多数的文化产业生产者群体所形成的文化产业发展观及时合理地影响政府决策。因此,根据当前实际,本书试提出福建地方性文化产业政策未来的可创新路径。

一、有选择性地推动地方性文化产业政策"赋权"机制

根据西方国家及海外地区文化创意产业发展的经验,文化产业政策的"赋权制度""权力下放"以及政府参与市场运营的地方性文化产业政策是政策阶段性演变发展后所形成的主要类型,也是地方性文化产业发展的重要条件,是文化产业发展的核心助推器。

但目前我国的文化产业政策还未真正达到地方自主的模式,而是以国家政策为主导,省市出台方向性的"大地方"性质的文化产业政策。这些"大地方"性质的文化产业政策总体来说是粗线条的纲要目录,还未真正渗透到地方性的文化产业实践中,尚不具备"赋权"能力。但是福建省的文化产业从业人群对"地方性文化产业政策重要性"的认同度非常高(表3-4),说明文化产业实践也确实需要"赋权"式的地方性文化产业政策。因此,当前福建地方文化政策的"赋权机制"还不具备完全将权力下放至地方的条件,但也不能再延续传统管制和仅限于制定规章政策的模式,当前地方政府应寻找能够参与建立文化政策赋权机制的第二级。

表 3-4 地方性文化产业相关人群对地方性文化政策条件重要程度的认知

选项内容 / 认知程度列表	"海丝"文化产业发展的地方性政策条件	地方政府在文化产业发展推进中进行角色转变	推行政府部门参与企业经营的文化政策	地方文化政策下方权力给地方社区和地方居民
非常重要	77.45%	68.63%	54.9%	54.9%
很重要	18.63%	27.45%	26.47%	32.35%
普通	2.94%	2.94%	8.82%	10.78%
不重要	0	0	7.84%	0.98%
非常不重要	0.98%	0.98%	1.96%	0.98%

二、树立以"地方感"的形成与互动机制为导向的政策理念

对城市定位的认知凸显地方居民"地方感"的形成与认同。当前的文化产业发展导向具有明显的"都市化"发展特征,"大企业、大产值、大影响、大形象""国际化""繁华现代"等是城市形象的主要发展目标及象征,这些特征

也从侧面显示出文化产业政策的主要导向。针对这一问题,本书对"都市"与"国际化城市"这两个概念进行基础性辨析,对"城市定位"这一项内容进行问卷调查。"都市"指以从事第二、第三产业(即以非农业产业和非农业人口集聚为主要特征)的人口为主要居民,人口数量达到一定规模,交通便利,代表一地先进生产力、文化和科技水准的生活方式,甚至是政治、经济、文化中心的城市。都市居民大部分从事非农业劳动,某些居民具有专业技能。都市具备市场功能、至少具备局部的调节功能和以法律为基础的"社会契约"功能。"城市国际化"指城市在人、财、物、信息及整体文化等方面进行跨国界的相互往来与交流活动不断增加,城市的辐射力、吸引力影响到国外的过程以及国际性城市的形成过程。"都市"与"国际化城市"具有很高的重合度,能够实现国际化的城市一般都经过都市化过程,能够发展成为"大都市"。但是否所有的城市国际化都需要有大都市的发展过程?事实上并非如此,当今的互联网世界,会有越来越多的"小都市""小城市",甚至是"小城镇",因其独具特色的产业发展和互联网的连接而享誉海外,具有国际化的发展远景。作者在实际调研中发现福建泉州市区及其下辖的德化县、晋江市、安海古镇等城市的文化产业发展思路及其所在的居民对自己家乡和城镇的认识具有不一样的眼光和认识,当地居民对这一问题的认识,也是地方居民和产业生产者们"地方感"形成的重要方向,是产业文化生产的主要导向,也一定会影响地方文化产业政策的制定方向与实施。因此就这个值得探讨的问题进行相关调研。

在德化市的调研显示(表3-5),地方居民及文化产业相关人群有非常高的比例乐于接受本地"都市化""国际化"的发展方向。以"都市"的定义、基本特征、发展规模以及人们约定成俗的对都市概念的理解来考察,德化县不能称为"都市",但其有40%左右的人认为自己所在的城市是"都市",这说明,地方居民对自己生活及从事生产活动的城市具有较高的认同感。更具意义的解读是,虽然绝大多数人群愿意自己所在城市成为"国际化城市"或"都市",但这些人中有一半并不认同"国际化城市"等同于"都市形象",90%以上的人认为"地方性"特征才是未来都市形象的要素。针对这一认识,后续的访谈进一步得出比较明确的认知,德化县与当地的文化产业相关人群对自己家乡的"本土化"特色具有很高的认同感,并且认为"都市"不一定要大,"国际化"也不一定要"繁华"或"庞大",有很大一部分小型工作室的创业人员认为:

　　大而一统化的都市形象不一定就是城市发展的必由之路,我们完全可以作为小而精致,甚至带点乡土气息的特色城市,今天这样的城市更具有魅力,也更吸引人,也许也更能吸引国际眼光。

(引自当地柴烧小型工作室创业人员集体叙述的综合)

　　以上结果说明,地方性文化产业政策的导向应充分考虑"地方感"形成与互动机制的推动效力,充分尊重地方居民及文化产业从业人员为主体的人群对地方定位和发展方向的期待,在具体的政策导向上更应结合"经济效益"和"人文效应"的弥合与互动。

表3-5　德化县地方居民及文化产业相关人群对城市定位的认知

选项内容	是	否
1.您是否愿意您所在的城市发展成为"都市"形象?	87.25%	12.75%
2.您觉得您所在的城市属于"都市"吗?	40.20%	59.80%
3.您是否愿意你所在的城市形象走向国际化?	93.14%	6.86%
4.您是否认同国际化的城市形象等同于"都市形象"?	51.56%	48.04%
5.您是否认为"地方化"特征是未来都市形象很重要的核心要素?	91.18%	8.82%

三、推行以行业联盟机制为核心的地方性文化产业政策

　　西方经验说明,地方性团队或联盟组合的自我管理、自我决策、自我发展对地方性文化产业政策的制定、推行、修订起重要的核心作用,这些组织往往拥有比较高的自治权和自有权[①],对当地居民也具有较高的影响力和凝聚力。地方性团队或联盟组织既能向上影响国家文化政策的制定,也能向下调动产业中各个环节的力量,快速地反映和解决地方性文化产业发展的具体问题。这种联结体制,使得政策执行与实地发展之间尽量减少了缝隙和空白,避免出现文化政策与文化产业之间因出现"真空"而造成阻塞上令下行的问题。

　　目前福建省乃至全国文化产业政策还很难实现完全的"赋权地方"的机制,主要因为:

---

　　① Audley,Paul.Cultural Industries Policy:Objectives,Formulationand Evaluation,*Canadian Journal of Communication*,1994,19,(3):317—352.

一是,地方政府制定文化产业政策的基本思路和逻辑起点主要还是"管理型服务",而不是"参与型互动"的理念。目前我国地方政府出台的文化产业政策,从整体上说,细节更为丰满,也更注重实际问题的解决导向,同时也尽可能地提供更多的扶持政策,以推动地方文化经济的发展。政府慢慢地在加强"服务"理念的落实与推动,但是由于长期以来对"政府职能"的固有观念,在文化政策的执行中,"管"的理念还是居于主导地位,如:

> 政府要推动(发展)很快,但真正要做(具体事的事)又有很多东西去制约它。我举个例子,比如我们这次聘请日本(某)先生,69岁,签证是两年的,今年政策又变化,(政策)下放到泉州,根据新的政策,要办签证要各种各样的资历证明。作为我们企业来说,花这么大的成本引入人才,是很有意义的,但现在政策的变化,就带来很大麻烦。水先生得先回去,再回来。真的很耗时间和精力。日本的资历证书跟我们又不一样,拿过来有时又不能用,大大增加了我们的成本。政府也支持引进人才,但(引进人才的)实际情况一发生,又(有很多)很头痛的(事)。所以,很多事情,都是企业的(机会)成本。真的是挺难的。
>
> ——(引自一位大型企业总经理)

二是,很难摆脱"靠国家、靠政府"的路径依赖。事实上,无论是国家文化政策,还是地方文化政策,都不断地强调"创新驱动",对"大众创新、万众创业"给予极高的政策鼓励和扶持制度,但这只是指导性政策,运作好还需要地方政府的智慧和文化产业生产者的集体开创和敢于探索和尝试的精神,需要经过长期的经验积累和提炼才能形成比较好的地方性文化产业政策。但生产者主体人群还存在某种情绪,如果能从政策中获利,就认为这样的文化政策非常好,有利,无须完善提高;不能从政策中获利,或者受阻,则充满抱怨和消极情绪,觉得"不公平",而不主动求思,求变,从整个行业或环境的变化去思考政策的适用性以及积极寻求更大范围的合作或沟通,以找到解决自身问题的具体方法。因此,这种依靠"政策红利",把个体发展寄托于政府政策帮助自己解决实际问题的路径依赖思想占有很大比例。

三是,目前地方性协会组织在推动地方文化政策的良性发展方面还缺乏自觉意识,在功能定义上仍然停留在"如何从政府层面获得更大的扶持利益"的思路。地方性的行业组织尚未从功能定位上转变角色,未能更好地连接地方文化产业生产群体,提供更好的策略思路以影响政府决策。

虽然存在以上种种流弊,但地方性文化产业政策的创新并非没有实现突破的可行性。文化产业生产者群体还是具有更多自主性地参与地方性文化产业发展的良好愿望,也愿意接受突破性观念,如让地方政府参与市场运营或者与私人机构的联盟(表3-6)。

> 政府应该放开让社会去做,让协会去做,去牵引。其实很多事情的推动,还是需要资金和引导,协会组织可以运作这件事。政府有它框架性的东西,比如以前参展,政府也承担了各种各样的费用,但作为大家长的政府,也要做到公平公正。协会更希望自己去推动,政府给一些补贴。企业毕竟还是企业,也还是要生存为主。
>
> (引自 GY 先生,56 岁,从业 23 年,当地大型企业代表之一)

表 3-6　选择您认为适合地方性文化产业发展的地方性文化产业政策

选项内容	选择比例
1.推行地方文化政策主导的由下而上的发展形态	67.65%
2.国家介入与地方介入相结合的发展模式	66.67%
3.地方联盟机制:行业间联盟或同业间联盟	47.06%
4.地方政府与私人机构的互信协调机制	33.33%
5.地方自我依赖的发展形态	20.59%
6.地方政府体制外的串联机制	18.63%
7.中央、地方及私人部门的分治体制	17.65%

以上访谈结果表明,虽然地方性文化产业协会组织的表达是"问题与愿望同在,依赖与创新同在",但核心话语是"我们要靠自己,但我们现在也还很需要政府"。

因此,从当前的实际考察,地方性文化政策创新路径的突破口在于发挥地方行业组织的自主性、自治性,有效联结"管"和"放",以获得更有执行力的文化政策框架,以地方行业组织为枢纽结构,链接地方社区及地方居民与政府政策之间的互动,促使地方性文化产业建构更完善和优质的"地方感"。地方政府应设立广泛的地方文化政策研究结构,吸纳和消化行业协会或组织以及地方社区和居民代表的观点和利益需求,把权力下放到行业协会或组织,做好文化产业的权益社区化。

第四章　福建"海丝"传统产业转型之 "地方感"建构

近二十年来关于"文化创业"的研究,逐渐从经济观转向社会文化观。施进忠认为,文化创业应该成为社区以及世界的一部分,不应只有经济面向,还应包括对社会性、文化性、政治性或生态性的真实建构,对"创业"的认识要突破经济学范畴,聚焦于"文化研究"视域。[①]文化产业中生产者群体的创业实践就是产业文化的生产过程,也是"地方感"建构的核心内容和资源。本章主要对福建"海丝"传统产业转型文化创意产业过程中的生产者群体的创业实践展开研究,藉以提出福建"海丝"传统产业转型过程中的主要矛盾及相应的发展对策。

"海丝"传统产业指具有古"海上丝绸之路"贸易历史,且延续至今仍保持着完整产业形态的传统制造业。"海丝"传统产业在福建主要表现为传统手工技艺类,以德化陶瓷产业为典型代表,该产业具有深厚的"海丝"文化传统,其转型发展代表福建"海丝"传统产业的整体现状,对其他传统产业转型有重要的镜鉴作用。

第一节　传统产业转型的理论依据

法国社会学家涂尔干认为:集体意识的产生是凝固"地方性意识"的基础,它主要倚赖复杂的社会分工而形成特定人群对地方的"依赖",从而产生

---

① 施进忠:《文化产业创业的论述实践:以中国台湾交趾陶创业者的叙说为例》,中山大学博士学位论文 2011 年,第 53~63 页。

特定的"地方感"。在这个过程中,"地方感"价值意涵的形成、社区以及地方品质的形成等构成地方性文化产业发展的重要向度。

一、"地方感"向度与文化产业的价值意涵

"共有"是文化产业生发地方感情的结果,地方性文化产业激发的是生活在某地方以及来到地方的人的情感或情绪,同处一个空间的人们共同关心的事务或相似的理想可以激发共有的情感或情绪,这种"共有的感觉"不仅可以发生在居民之间,也发生在参与者之间,他们之间有内在的紧密联系,对地方事务或议题能够达成较为一致的强烈的意识。这种地方意识是激发社会发展的原动力,是对地方公共事务的认同感、认知度和归属感。由此,认知度、认同度、参与度在一般意义上被认为是"地方感"的主要向度以及地方性文化产业的价值意涵。

认知度指居民对所居住以及从事生产活动的空间景观、历史文化内涵的建构和地方文化特色的认知,居民对空间景观、民俗文化、特色产业、人文景观有认知,才会萌生情感而产生认同,这是认同感的文化基础。

认同度指地方居民对自我概念产生认同,主要分为实质性向度认同和意识性向度认同。实质性认同向度偏向对物质环境的认同,例如经济生活、环境建设、社会文化、生活环境。意识性认同向度偏向价值认同,即在文化产业活动中,地方居民及产业生产者主体有归属感、荣耀感,愿意留在家乡或让子女留下来为地方打拼。

参与度指地方居民参与地方性文化产业活动的程度,主要表现为地方居民对公共事务或文化活动的参与热情度。

二、社区性学习创新系统的整合与互动

社区内的学习创新能力对提高"地方感"有重要价值,社区内学习创新的主要内容和运作机制包含自我意识的形成、学习组织的建立、产业联盟及人才流动的构造等主要环节,社区构成人员的自主学习与创新是"地方感"建构的核心驱动力(表 4-1)。

表 4-1　社区性学习价值建构"地方感"

作者	理论观点	主要内容及运作机制
森格	团队学习理论：将组织重新定义为社区,用社区发展的办法应用于商业组织,以凝聚组织团队的认同感。	整体思考 自我超越 改善心智模式 建立共同愿景 团队合作
罗森和罗伦	把团队组织作用和价值感扩大,将其视为一个小民主社会的结构体,使得身处其中的成员像民主社会中的自由公民一样,为团队的意义和目的甘心奉献自我。团队集体的智慧和贡献产生的效果应当是相乘的,整体价值总和远大于个体价值的总和。	地方小公司员工能够比较容易地在大公司或学校之间获得学习的机会。 当地劳动力机构有利于本地中小产业间的劳动力自由流动。 各种技术联盟及客户/制造商之间的交互关系能够促进产业社区性学习过程。 当地大学校或大产业有能力创建知识共用基础。
卡佩罗	产业社区性理论：产业社区性学习建立在由一系列社区性共用规则、规划或流程所构成的知识累积的社会化过程的基础上,是区域创新产业网络和区域创新环境间的互动机制。社区性学习能力与小产业突破性产品创新之间存在显著关系,产业社区的建构有利于提升小产业的创新绩效。	新产业区内的衍生机制。 当地产业间的连接和互动。 人才在当地产业间的流动。
坎特、吉布尔、约翰逊	产业创新理论：个人创造力是产业组织创新的核心推动力。组织创新能力则是个人创造力成功实践的展现。	产业要形成网络间的互动机制。 显性技术与管理专长以产业家的形式在本地流动和在产业间衍生。 研发人员在当地产业间流动。 向外部知识资源学习。

续表

作者	理论观点	主要内容及运作机制
洪荣昭	产业演化理论: 根据产业生命周期进行社区性学习的引导与规划	导入期到萌芽期阶段:自由学习机制(从个人化学习、创造性学习向小组织化学习、做中学、调整性学习等转化)。 成长期到成熟期阶段:半自由学习机制(从部门学习、系统学习、调整性学习向组织化学习和维持性学习转化)。 衰退期:学习僵化,维持性学习。 再发展期:再进入自由学习阶段,社区性学习、创造性学习。

总体来说,推动地方性文化产业发展需要有吸收、转化和创新社会资源的系统整合能力,社区性学习能力的组织和创新现状决定了居民及产业生产者群体"地方感"的形成过程,也是强化地方传统产业转型地方性文化产业的重要动力机制。

三、地方魅力品质形成的心理机制

地方性文化产品的使用经验、文化活动的品质感经验、当地居民以及产业生产者群体对自身文创产品的价值认知等方面构成地方魅力品质元素,是"地方感"形成的重要心理机制,主要体现在三个方面:

其一,与文化产业相关的消费经验中,能够注重文化遗产的保护和传统文化的传承与传播,形塑当代年轻人对本地文化的认同感,吸引年轻人投身当地文化产业发展。

其二,地方性文化产品使用地方原料、地方元素或地方文化资源。地方性文化产业的魅力来源于历史文化的美感、地方元素的独特性和地方原料的稀少性。地方性文化产业的产品价值认同度通常具有特殊意义,能够让人与产品形成特殊关系,达成内外一致的"地方感"。这些地方文化产品的品质情感经验通常包括产品属性、产品实用性、产品地方化特征、外部综合影响、产品与人的关系等基本要素。

其三,地方性文化产业中的文化活动有特定的魅力品质。其主要体现在活动前、活动中和活动后三个阶段中。

文化活动前的魅力品质要素主要包含"有新鲜感的社区活动""交通便利性""媒体宣传""免费参加""价钱合理"。

文化活动中的魅力品质要素主要包含"手作美食""产品制作体验""DIY体验""产业景观""环境规划良好""丰富的社区故事""当地文化知识""地方产业知识""导览解说互动""和当地居民互动"。

文化产业活动后的魅力品质要素主要包含"参与活动后对地方或社区的认同感""有值得带走的纪念品""具有体验或旅游回忆的东西可带回家""具有收藏价值的东西可带回家""参与活动后获得满足感"。

以上是宏观、中观、微观层面关于文化产业与"地方感"形成过程的主要研究结论。在后续的研究个案中,这些研究成果经过实证验证,具有可信度和理论价值,为本书提供比较准确的理论参考价值。

第二节 传统产业转型的基础条件

文化性、经济性、地方性是传统产业转型文化创意产业的基础条件和重要前提。传统产业转型现代文化创意产业通常用媒介概念演变与话语概念形塑以及对文化性、经济性、地方性三项内容的测定进行分析。由此,内容文本是对传统产业转型条件的重要呈现,也是对现有文化性、经济性和地方性测量的重要镜鉴。

一、转型历程:媒介概念的形塑

在话语实践研究中,媒介内容被认为是话语分析的重要内容,媒介内容能够建构事物的"概念"以及与其相关的"知识"。例如,媒体报道建构了中国台湾交趾陶在不同阶段的概念及知识系谱:媒介内容中的交趾陶原先是"庙宇建筑中的装饰品",但却因技艺的珍稀性和作品保留较少,被概念化为收藏家和古董商的"珍品"。1979年之后,交趾陶的历史和作品再次进入媒体报道,直到1985年,《绝技走出庙堂》的报道使得交趾陶被重新认识,逐步被形塑为"生活艺术品"。在交趾陶走向民间化的这一市场导向下,交趾陶形成象征吉祥与艺术价值的特性,被认为是"风靡各界的伴手礼",成为新兴的"收藏艺术品"。之后一段时间里,工匠为降低成本,设厂批量制陶,造成大量地摊和夜市贩卖交趾陶,使得交趾陶的价值泡沫化,被扭曲为"地摊货"。媒体报道使得交趾陶一度成为"国宝",又一度成为"地摊货",直至目前媒体关于交趾陶论述的主要声音消逝。

由此可见,从媒介内容可以条捋出事物概念的演变过程与发展的阶段特点,也可以为其历史变迁划分出可相对应的社会、经济、政治、文化等影响因素的分析框架。因此,本书对德化陶瓷产业的媒介报道进行全文本研究(2000—2017年)。^①总体而言,媒介话语对福建"海丝"传统产业发展历程的概念形塑,主要经过三个阶段:

第一阶段(2000—2004年):媒介话语形成的主要概念是"海丝"文化瑰宝和"优势产业"。

一、是"海丝"传统产业中蓬勃发展的国际化经济支柱产业,拥有悠久的"海丝"文化历史渊源,有强大的经济产值贡献以及发达的国际市场地位。德化陶瓷产业被认为是发达的地方性特色经济支柱产业,产品在国际市场上热销。

> 德化的陶瓷文明可上溯到新石器时代。唐末,德化瓷艺就已趋成熟。自宋代起德化陶瓷即进入国际市场,成为泉州港——海上丝绸之路的一项主要输出商品。
>
> (《中国特产报》2000/11/12,第1版)

二、互联网商业的开拓性产业,是福建省首批利用互联网进行国际市场的开拓行业。

> 九十年代在全球刮起的互联网旋风,很快就引起了德化企业界的震动,他们以网为媒、以网为桥,成为福建省首批利用互联网拓展国际市场,搞活经营的企业群体。德化协发陶瓷有限公司是该县最早申请使用互联网做生意尝到甜头的企业之一。1996年德化县电信局互联网建设工程刚刚完成,公司董事长陆镇源就迫不及待地申请了德化县

---

① 研究过程中,同时对部分福建"海丝"传统产业进行媒介内容的抽样分析,并与"德化陶瓷"发展历程的划分阶段进行比对研究。结果表明,福建"海丝"传统产业的整体发展历程具有比较一致的阶段性特征,而德化陶瓷产业更具完整性和历史性。固本文主要以德化陶瓷产业为分析对象。

第一个互联网使用账号。

(《福建邮电报》2000/11/15,第5版)

三、拥有享誉天下的艺术价值,"中国白"被奉为"艺术瑰宝",德化瓷艺"惊天下":

> "德化瓷"这一享誉天下的艺术瑰宝在宋元时期是古代"海上丝绸之路"的主要输出品。意大利著名旅行家马可·波罗盛赞德化"瓷市甚多",瓷器"制作精美"。德化瓷素以"白如玉、明如镜、薄如纸、声如磬"的特点和浓郁的地方特色著称于世。

(《福建工商时报》2000/8/4,第6版)

第二阶段(2006—2009年):这一时期媒介话语对福建"海丝"传统产业的报道焦点骤然转为"落后的传统产业",反映出这一时期产业出现诸多问题。

"落后的传统产业""走到生死选择的路口""廉价形象的危机""劳动密集型生产方式以量取胜,以资源为代价"等是这一时期媒体报道的主要论调。

> 外销小工艺品在西方市场只是潮流产品,类似快销产品,用完一次就丢弃,毫无艺术价值。但这类产品需要耗费大量资源和原材料,又缺乏自主品牌,难以获得文化性的效益,也没有附加值可言。这些五花八门的产品全属贴牌生产,价格极为低廉,一个集装箱货品的售价仅8万至10万元人民币。采访中,有位陶瓷艺术家面露忧色地说:"德化是在用世界上最好的原材料生产最低端的产品。"

(《福建日报》2007/2/8,第5版)

探索传统手工技艺非物质文化遗产的保护与经济发展的关系及主动寻求循环经济的发展模式,也体现在这一时期的媒介报道上,包含着"产业创新"意识。

> 循环经济带动再生资源产业:德化县陶瓷工业及由黄金、高岭土、

109

铁矿石等丰富矿产资源构建的原材料工业,如今已成规模。过去漫山遍野堆放的工业生产废渣,现在得到重新利用。

（《中国环境报》2006/12/4,第 4 版）

第三阶段(2010—2012 年):2010 年是福建"海丝"传统产业转型文化创意产业的"元年"。从这一年开始,媒介内容的新闻标题几乎都与"文化产业"这一核心命题有关。这一时期,媒体上的"德化陶瓷"全部与"德化陶瓷文化创意产业"有关,论述集中在产品的文化创意及产业转型的结构调整。

为了在经济复苏阶段抢占先机,德化审时度势,及时引导企业改变经营策略和竞争理念,在发展陶瓷创意产业,提高传统陶瓷业科技力,提高瓷土的有效利用率,提高品牌含金量等方面下工夫,努力实现"弯道超车"。

（《福建日报》2010/3/3,第 1 版）

第四阶段(2013—2017 年):2013 年是以德化陶瓷产业为代表的"海丝"传统产业发展电子商务的"元年"。2013 年开始,媒介报道常见"电子商务""绿色产业""文化创意"及"版权保护"等字眼。

2014 年在阿里巴巴研究院的评选中,德化县名列"中国电商百佳县"的第 7 位,"大众电商创业最活跃的县"第 12 位,"大众网购消费最活跃的县"第 6 位,走出一条山区县城踏上"互联网＋"风口的华丽路径。

（《经济参考报》2015 /10 /9 ,第 006 版）

媒介关于"德化陶瓷"的报道显示,德化陶瓷产业已经进入新的产业生命周期,成功转型进入文化创意产业。德化陶瓷传统产业的条件优势和遗留下来的局限性特征仍然同在,未完全脱胎于传统产业的生产营销模式,应该说,德化陶瓷转型为文化产业还处于新产业生命周期的第二阶段——生长期阶段。这时期文化产业的发展方向应是推动更多的创业者进入技术创新、营销创新和品牌创新。

二、转型条件：文化性、经济性、地方性要素的形成

传统产业转型地方性文化产业需具备文化性、经济性和地方性三个基础条件，这三个条件具备了，产业转型才可能实现。福建"海丝"传统产业发展的整体现状具备转型的基础条件，地方性特质明显，能够形成具有地方性竞争力的核心资源和特色，有利于地方性文化产业的发展。

1.地方性条件

德化县是千年古县、千年瓷都，位于福建省中部、泉州市北部，取名"德化"，有"以德化民"之意，被纳入原中央苏区振兴发展规划实施范围。德化被誉为"世界瓷都"，陶瓷制作始于新石器时代，是中国三大古瓷都之一以及民窑的代表，更被国内外学术界誉为"世界官窑"。

在政策配套上，德化县政府着力推进产业转型为陶瓷文化创意产业。2017年4月，德化县政府专门设立"德化陶瓷产业管理办公室"，负责统筹产业资源，对接发展陶瓷文化产业的专项活动。德化县政府于2017年5月推出德化陶瓷文化产业发展政策，每年投入5 000万元陶瓷发展资金，建设研发创新、营销展示平台，出台企业技改、股改上市、科技创新、工业设计、拓展市场等政策，扶强龙头企业，扶壮中小微企业。

在硬件设施配套上，逐步开拓国际化的地方性贸易平台。德化拟建设以"产城融合"为特色的产业园区组合，建设国际陶瓷艺术城，打造以营销展示、文化传播、创意设计、旅游观光为主题的全国性乃至国际性的陶瓷文化交流平台，快速融合电子商业，探索构建"互联网＋陶瓷＋金融"的发展模式。

有足够的先天优势做大"艺术大师"的文化市场。德化有多位各级非物质文化遗产传统制瓷技艺继承人，这些技艺大师也有一定的市场敏锐度，已经开拓出一定的文化市场空间，从整体上提高了德化陶瓷的地域品牌。德化将设立中国（德化）陶瓷艺术品交易中心平台，筹建"大师园"，引导国家级艺术大师进园，突出大师作品和文化艺术，比创作，比工艺，比价值，建成全国陶瓷产区独一无二的高端陶瓷创作平台。

2.经济性条件

德化县是三大古瓷都之一，目前唯一的世界陶瓷之都，现有陶瓷企业2 600多家，从业人员10多万人，2016年产值199.5亿元，产品出口至190多个国家和地区，是首批国家外贸转型升级示范基地、国家电子商务示范基地、国

家新型工业化产业示范基地、全国最大的陶瓷工艺品生产和出口基地。

经济产值保持比较稳定的发展实力。根据德化县陶瓷文化产业管理办公室的经济发展预测与规划,未来德化陶瓷产业将实现科技化与生活化的创新性经济发展模式,经济产值预计在五年内突破350亿元,中大型产值陶瓷企业达160家以上。这样的经济发展态势使得推动德化陶瓷产业由传统制造产业向地方性文化产业转型提供了扎实的经济基础。

多产业联盟与融合的趋势渐显。德化陶瓷产业融合发展将重心放在与茶文化的融合,将着力建设中国茶具城,使得茶具行业成为文化产业的龙头地位。德化将通过打造国内茶具行业高水平的展示、贸易、经营、销售一站式综合性产业平台,搭建国家级海峡两岸陶瓷新产品研发平台,力争建设1家国家级科研创新平台,省级创新平台总数达10家以上,市级创新平台总数达25家以上。这些平台的搭建为德化陶瓷转型地方性文化产业提供了有力的配套设施。

电商文化产业日益成熟,初具规模,如:

> 德化陶瓷电子商务市场从2014年起,上升到全国第7位,整体上发展态势很好,每天有5万张的订单发往全国各地。德化陶瓷网购市场占比80%以上。一年销售20几个亿(国内电商),外贸通过阿里巴巴有60几个亿。德化年销售额现在上千万的大约有三四家,上亿的今年有2家。德化如果没有依托这种电子商务贸易,说实话,国内的陶瓷贸易发展也不会这么迅速。

(引自德化陶瓷电子商务协会会长)

文化产业通过电商的发展逐步形成较为完善的产业链。2013年,德化县政府意识到电商产业对德化陶瓷传统产业的推动作用,即刻做出如下决策:

> 及时出来倡导要支持和扶持电子商务创业,出台相关的电子商务扶持政策,协调各种管理机关,很多电商看到政府的重视,全部收心留在德化发展,没有一家离开德化,之前那几家年产值上千万的比较大的电商企业准备搬到厦门,后来又都留下来了。政府一重视,从事电商的人员和各个配套行业全面开花,比如摄影摄像机构2012年只有一两

家,现在至少 100 家。德化的茶具茶盘企业不断增多,茶具茶盘企业以前只有两三家,现在最少也有 50 家以上,德化茶具配套的石盘企业,现在也有好几家,电器以前都从广东过来,现在德化大一点的企业一年能发 15 万件的电器销售,现在德化生产电磁炉的厂家大概有 10 几家。这都是得益于政府扶持陶瓷电商的配套产业发展起来的。

(引自德化陶瓷电子商务协会会长郭先生)

投身文化产业的年轻人力越来越多。以往,电子商务发展起来之前,德化的年轻人"出走"家乡的现象严重,留在当地学习传统技艺的年轻人,也得不到应有的创业氛围和专业技能的支持。但自从政府大力扶持电商产业后,面貌随之扭转。

德化在外创业的大学生纷纷回德化来创业,从事电商行业占比 30%。主要是政策好、政府又很爱护。德化的纳税,今年第一名的是 1.2 个亿,2014 年纳税只有几万块,2015 年是 30 万的纳税,2016 年是 70 几万。现在主要的大中型企业的纳税逐年在增加,都在主动纳税,年销售额超过一千万,五千万,从省里、市里、县级政府都有奖励措施,起码可以补贴 10 万～20 万。市级电子商务优秀企业可以奖励 20 万,政府的扶持政策已经转化到电商和网商。电商企业大概有 1000 家、协会有 40 家左右,个人创业者 3 万家。

(引自德化陶瓷电子商务协会会长郭先生)

3.文化性条件

(1)德化县具有悠久的产业历史记忆及传统文化,是传统产业转型的重要文化背书。

《陶业法》:德化县三班镇泗滨村颜化彩(864—933 年)潜心研究烧制技法,在总结前辈制瓷经验的基础上,撰成世界上最早的陶瓷烧制工艺专著《陶业法》,绘制了世界上第一幅陶瓷工厂规划设计图《梅岭图》。这比欧洲类似的陶瓷工艺专著早了八百多年。

《马可·波罗游记》盛赞德化的瓷器"并知刺桐城附近有一别城,名称迪云州(音译为德化戴云),制造碗及瓷器,既多且美"。1292 年,马可·波罗归国时,从福建带回白色瓷器及彩色小瓷瓶,存于威尼斯市之圣马可宝藏所。于是，当地又把德化外销的瓷器称为“马可·波罗瓷”。马可·波罗是将中国瓷器（即德化瓷器）制造的秘密告诉欧洲的第一人。当前，欧洲不少皇家陶瓷品牌的历史，与德化白瓷有千丝万缕的联系。

谈及德化陶瓷的历史记忆，无论是专家学者，或者技艺工人，抑或街头巷陌中的居民，必然会提起意大利旅行家马可·波罗的游记。虽然各个阶层人员谈起马可·波罗游记中关于德化陶瓷的记载内容，深浅不一，准确程度各不相同，但可以认为，对德化作为“世界瓷都”的认同感已经深深地浸润入这片土地。

对欧洲人来说，德化白瓷是非常重要的物质文明和精神文明的象征，在欧洲的拍卖市场上长盛不衰，成为中国意象的代表性符号。但是，相比较而言，德化陶瓷与法国的渊源最深，第一个把德化白瓷称作“中国白”的是法国人普拉德，他在《1692年巴黎通讯地址实用手册》一书中首次用“中国白”一词。在法国宫廷宴会上，德化瓷器被视为最贵重的餐具。近年来，德化陶瓷也不断现身法国展现文化魅力。近几年，在国家建构21世纪新“一带一路”倡议的时代背景下，德化陶瓷“中国白”所承载的国家形象将作为重要的文化资本被再次推向更大的世界舞台。

（2）保有众多手工制作的历史古迹，延续完整的传统生产方式。

德化存留和保护了多处年代古远的窑洞遗迹，例如，辽田尖山古窑址是国家文物局确定的2013年抢救性考古发展项目，该窑址在第三次全国文物普查期间被发现，引起国内文史界的高度重视。2016年年初，由福建博物院文物考古研究所、泉州市博物馆、德化县文体新局和永春县文体新局组成联合考古发掘队，着手对该窑址进行考古发掘，发掘出一个较为完整的龙窑窑址，发现了大量原始青瓷标本。此前文物部门在实地考察中发现多处新石器时代印纹软陶、硬陶和商周时期原始青瓷混合叠压的堆积层，这次辽田尖山古窑址的发现意义重大，不仅将德化窑的烧制年代向前推进2000多年，且进一步印证了福建是我国原始青瓷的起源地。

德化还完整保留着用古代窑进行传统烧制的原生态生产方式。拥有400年历史的“月记窑”至今仍然是德化洞上村民烧陶制瓷的主要生产工具。这种原生态的陶瓷产业“活文化”成为德化陶瓷文化产业发展的重要旅游文化资本。富有“乡愁”情结的生产文化在市场经济的冲击下，不仅仅成为当地人生产生活的重要依托，更凝结当地人重要的精神寄托和文化依恋。正是这种精神寄托和文化依恋的地方情感促使当地自发组成柴烧文化产业协会,推动陶瓷文化产业发展,把创新创造新的"产业文化"作为发展目标。

(3)传统产业转型过程中整合了地域品牌符号,地方形象初步形成。

其一,推行地标视觉符号系统。"地域品牌"是推动地方产业集群和建构完善的地方产业结构伞的重要品牌文化资产。德化县政府营造"地标意识,品牌意识,商标意识",带动德化县几千万户陶瓷生产及创作机构创造自主品牌,整体拉动地方陶瓷文化产业的发展,累积文化产业资本。

图 4-1　德化地方品牌标识图

图 4-2　德化地方品牌标识与阐述

其二,多方组合提高品牌效应。德化以"中国白"和"德化瓷雕"作为引领品牌或拳头产品,推广德化陶瓷知识产权的"世界经验",鼓励企业争创各级商标,打造国内、国际品牌,借助高端媒体,投放"陶瓷＋旅游"专业广告传播策略,集中力量推出全球首个"世界陶瓷之都"的品牌形象。此外还通过举办国际陶瓷艺术节及参与国际国内重大盛事盛会,强塑"世界瓷都"品牌形象。

其三,推动创新营销模式。联结市场推介会、艺术交流活动、宗教协会活动等文化性品牌营销策略,拓展国外高端艺术品市场,扶持本地电商企业成长为主流平台授权服务商或主要合作伙伴,重点打造本土网货品牌,提高品牌附加值。

德化传统陶瓷产业的"地方性、经济性、文化性"总体特征反映了福建"海丝"传统产业的现实基础,显示了深厚的历史文化积淀和经济发展的累积效应,"海丝"传统产业及时赶上互联网经济的步伐,在政策、文化、设计、科技、市场等各方面都具备进一步转型的政策性准备,福建"海丝"传统产业拥有转型为地方性文化产业的充分条件(表4-2)。

表4-2　德化县陶瓷产业转型地方性文化产业的发展框架

发展目标	主要内容
政策与配套设施	世界瓷都德化国际陶瓷艺术城:规划用地1 120亩,主要包括陶瓷展馆3万平方米、广场3.5万平方米、陶瓷博物馆1万平方米、安置房3万平方米、道路建设及相关配套设施。
	中国茶具城:规划建设面积1 200亩,首期项目建设用地292亩,由专业市场、会议中心、博物馆、电子商务、会展中心、酒楼、餐饮、总部大楼、酒店及其配套功能区组成。
	新秀园:规划园地44亩,建设176幢4万平方米的创业园。
	"百城千校、百万英才"跨境电商培训基地:依托泉州工艺美院,整合人才培训资源,推进电商人才培训工作,培养电商外贸人才,满足电商企业对电商人才的迫切需要;争取建设外贸基地。
	网商虚拟产业园:依托城东安成创业园,建筑面积约2万平方米,以电子商务为主线,构建B2B、B2C为核心的电子商务平台,提供集群注册,引导网商聚集经营的创业平台。
	中国国际电商中心培训学院泉州分院:依托泉州工艺美院,推进电商人才培训工作,整合人才培训资源,满足电商企业对电商人才的迫切需要,每年培训2 000人次。
	电商创业园+电商镇+淘宝村创业平台:在龙浔镇、浔中镇和三班镇各打造一个淘宝村。
	建设泉州工艺美院陶瓷类生产性实训基地:规划用地8亩,建筑面积7 200平方米。
	规划建设原辅材料集中生产供应区项目:建设瓷土集中加工区。
	人才公寓:统筹安排库存房源,为陶瓷类人才引进提供住房保障。
文化园区配套	梅岭古窑:做好环境整治、生态修复、文物展示。
	观音岐公园:一期占地约800亩,建设环山栈道、行车道、消防道路、人行游步道、生态停车场、水景、观景亭、陶瓷文化元素及其他配套设施。
	观音山陶瓷文化创意园:占地500亩,建设集陶瓷文化、宗教文化和生态旅游为一体的园区,打造成为世界独一无二的"德化瓷观音寺"。
	洞上陶艺村:做好游客服务中心、游步道、停车场等旅游基础设施建设,整治周边环境,打造成为重要的陶瓷文化旅游景区。

续表

发展目标	主要内容
	屈斗宫—祖龙宫遗产公园:以"遗址保护+古建街区开发"模式,利用屈斗宫遗址、祖龙宫古庙堂、红旗瓷厂(第二瓷厂)以及古民居等陶瓷历史文化资源,做好整体规划,将其打造成为德化陶瓷文化和传统建筑风格相融合的古商业街区,配套餐饮、休闲、购物等商业业态。
	何朝宗纪念馆:项目位于浔中镇后所村,占地面积约137亩,主要设计内容有古窑址保护、何朝宗纪念馆、广场、停车场、进园道路、林分改造、寻瓷步道、眺望平台、陶瓷文化元素及其他配套设施等。
	建设顺美海丝陶瓷博物馆、金煌陶瓷博物馆等陶瓷文化场馆。
市场培育	企业上市:跟踪监测纳税50万元以上工业企业生产经营情况,按照德化县主要经济指标预警研制工作机制,做好纳新扩面工作。
	"万家企业成长计划":落实《关于"抓大扶小"推动陶瓷产业集群发展若干措施》等政策措施,兑现相关奖励,引导企业申报各级荣誉、创新平台,帮助企业争取相关政策扶持。
	推动"双创"发展:申报一批国家级、省级众创空间和省级孵化器备案3家以上;鼓励引导企业申报省市文化产业示范基地,今年力争新增市级以上文化产业示范基地三家。
	举办洞上陶艺村跳蚤市场等集市交易活动。
	支持企业参加广交会、华交会、法兰克福博览会等境内外外贸知名展会,加强与国内外陶瓷产区和国际市场的对接联系。
	鼓励陶艺大师参与金砖五国会议等国内外重大盛事盛会,让更多国礼瓷器成为"德化造",打造德化版"现代官窑"。
	探索推广"中国白陈仁海全屋高端订制""如瓷生活陶瓷文化馆"全国体验店众筹联盟等德化陶瓷营销模式。
科技平台	科技创新研发平台:新增省级工程技术研究中心1家以上,申报各级工程技术研究中心、行业技术开发中心、新型研发机构5家以上。
	实施机器换人工程: 组织协发光洋、冠鸿陶瓷、同鑫陶瓷等企业申报2017年省级两化融合重点项目,引导协发、佳美等企业做好两化融合管理体系贯标。 组织相关企业申报市级"数控一代"示范产品项目,推进协发光洋"数字化车间"建设。 2017年度完成5条以上自动化生产线的推广应用。鼓励丰弘、坤泰、集发等机械生产厂家研发陶瓷生产先进设备。

续表

发展目标	主要内容
	实施技术改造工程:申报省科技型企业 10 家以上、高新技术企业 4 家以上、省科技小巨人领军企业 10 家以上。
	实施高端智造工程:落实"德化县加快发展高技术陶瓷的扶持措施",重点支持我县陶瓷企业研发科技陶瓷新产品,支持重大高科技陶瓷科研成果在我县产业化,在技术引进、设备引进、技术中试及产业化等不同阶段给予大力扶持,带动我县陶瓷产业"二次创业"。
文化活动配套	成立德化佛教陶瓷研究会:牵头组织参与全县佛教陶瓷产业的学术研究、开发与交流推广。
	组织参加第七届中国(北流)国际陶瓷博览会、第二届中国(醴陵)国际陶瓷产业博览会等陶瓷产区的陶瓷展会。
	组织参加第十二届中国(莆田)海峡工艺品博览会、第十届厦门文博会"中华工艺精品奖"等赛事。
	组织参加中国非遗工艺品精品展德化柴烧、瓷雕展和西藏藏传佛教陶瓷展等展览。
	支持金马车陶瓷有限公司开展"百态观音 慈航普渡""百态弥勒·大慈予乐"和"百将翰墨·精忠报国"等陶瓷文化项目活动。
	组织参与第二届"中法文化论坛"活动。
	制定"世界陶瓷之都·德化"标识。
	筹备国家博物馆"一带一路中国白再出发—德化陶瓷艺术展"。
	组织参与北京嘉德、泉州集雅文化、纽约佳士得、香港苏富比等国内外拍卖行举办的德化陶瓷拍卖活动。
	创作陶瓷历史和文化名人经典剧目:组织编排古典南音大型剧目《瓷魂》,策划拍摄《海丝盛世·梅岭瓷香》和《寇富平的传奇一生》。
	陶瓷特色文化项目:策划组织编排陶瓷乐队、陶瓷舞蹈等具有德化特色和陶瓷元素的文艺节目。
	"祭瓷大典"活动:策划组织编排全世界独一无二的祖龙宫祭窑神大型陶瓷文化活动。

续表

发展目标	主要内容
设计创意活动配套	鼓励参评大师:组织我县陶瓷从业人员参评第五届福建省工艺美术大师、名人。
	培养专业技术人才:奖励通过职业技能鉴定社会化考评获得国家职业资格证书的技术人才,每年培养技师、高级技师30人以上。奖励通过非公职称评审委员会评审并获得职称改革领导小组确认的工艺美术师、高级工艺美师30人以上。
	"名师带徒""双导师制":开展陶艺人才培养、陶瓷艺术创业导师行动计划和高层次人才沙龙。
	工业设计培训:组织设计师赴欧美地区培训考察,举办工业设计师培训班和"世界瓷都·德化"工业设计名师讲堂。
	企业家素质提高:组织企业家参加北京大学汇丰商学院"创新变革与转型升级"研修班,举办总裁研修班和管理提升培训班等活动。
	举办"中国白"国际陶瓷大奖赛。
	举办2017年陶瓷版权创新大赛。
	组织举办2017年陶瓷工业设计大赛,面向全球征集文化创新类、生活智慧类、前沿科技类优秀陶瓷设计作品。
	承办第三届中国技能大赛和福建赛区预赛。

三、转型实践:话语概念的形塑

当前,采用管理学或经济学模型的"手段—目的"架构来进行概念化和通则化的创业研究或文化产业研究,都未能妥善解释创业不同阶段的复杂历程。在这种认识下,话语研究被认为是理解和挖掘"创业"或"文化产业"现象中的深层结构和主要矛盾的重要方法。创业是发生于日常生活中的社会性行动,在这个创造历程中,创业以共同作者的表现形式,存在于故事、戏剧、论述等集体形式中。这些持续的创业实践,建构了产业的"社会真实",这个过程是由无数个参与者将具有意义性的论述连接成"共同的历程"。因此,话语学研究者将"创业研究"或"文化产业研究"的重心从过去强调理论模型的建构,转为关注创业过程中创业论述的集体形式或实践概念如何构成?本章对11位德化陶瓷产业各个层面的代表性人物进行了深度访谈,理解福建"海丝"传统产业各类生产主体在文化创意的实践过程中形成的对文化创意产业的不同认识,总结各自在文化产业实践中认识的产业文化"概念",从不同层面呈现"海丝"传统产业转型建构"地方感"的基本内涵。

(一)作为"教育"概念的文化产业实践

传承、保护和发展传统陶瓷生产技艺及文化是德化陶瓷产业部分工厂及企业经营者的目标。谈及德化陶瓷的历史与文化时,这部分人都从古"海上丝绸之路"上的外销瓷历史讲起,德化陶瓷所承载的技术先进、产品精美、进入欧美上流社会的生活等文化意味都是这些经营者们极力保存的历史记忆和文化基因。

> 例如,跟韩国柴烧协会交流的时候,他们介绍,韩国烧窑有个隆重的仪式——这是韩国有记载的——韩国那边的窑和技术都是我们这边传过去的,包括中国台湾也是,日本也是。我们组织协会邀请中国台湾、日本那些老人来看,他们说他们的窑也都是一节一节的,是从我们这里传过去的,现在还保存得很好。
>
> (引自 SD 先生,从事制陶 20 年)

但他们同样面临市场的挑战:

> 08 年到现在这十年变化很大,德化厂子很多,老百姓的生活水平提高很多,但成本也不断在增加,所以产业要转型。一个是产能过剩,但质没有过剩,质还是需要提升的,这就逼着企业去创新。做大的瓶颈在哪里呢?是人才,技术人才、创意人才、营销人才都需要转型升级。
>
> (引自 GD 先生:五洲集团总经理,德化大型陶瓷出口商之一,德化陶瓷工业设计协会会长)

为了应对挑战,部分企业推进技术创新,"工厂"化身为"教室",但他们的"教室"有别于一般的"技术培训"室。"技术培训"只打造生产流程所需的熟练工,"教室"则要提供技术学习、交流、创造、分享的平台,企业不仅为自己造血,也为协会间的合作、人才流动及行业的整体发展创造平台。

> 我们跟厦门大学、景德镇陶瓷大学的教授和专家合作,一些技术也申请了专利。我们办名师讲堂,通过思维突破、资源整合来寻找突破口。现

在协会成员有 100 多个。在吸引设计人才方面,德化现在还比较难,但我们可以做到人才共用。比如,这次跟德国设计公司配合,设计这次峰会的餐具,是由一名教授和一名博士主持,很多人参与设计,最后看谁结果好,就用谁的。厦门大学、福州大学的教授都有参与各项工艺的设计。

我们还请了一些高校老师以及请行业的流行趋势研究专业人员进行近期的行情发布等。现在行业之间的同盟,产业链上中下游之间的同盟,或者跨行业的联盟就是我们接下来要去突破,要去做的事。现在泉港的木雕跟我们有一些互动,这是跨行业之间的协同创新,这块我们还在探索,在摸索。

(引自 GD 先生:五洲集团总经理,德化大型陶瓷出口商之一,德化陶瓷工业设计协会会长)

(二)作为"生活美学"概念的文化产业实践

德化最大的陶瓷工厂顺美陶瓷,创立观光工厂文化园,在文化园内展出陶瓷文化及最新产品或前沿设计,带动各式 DIY 体验活动,促进文化旅游的发展,建构陶瓷生活美学的文创空间。有部分企业则专注于结合工业设计和美学生活,吸收外来的设计技术和流行趋势,坚守开创精神和理念,花重金引入日本等地设计师和管理优化人才,提高企业的生产水平。这部分企业是陶瓷文化产业发展的中坚力量,是文化产业发展的重要推动力量。

我们大郭总以前接受过日本技术的熏陶,从做模型开始,他就追求精致度。他有个基础,也是出于对这个行业的感情,他把这个"精致、细致、高端"的概念引入企业。第二是出于对市场的判断。这个时候,正是德化茶器发展处于爆发期的时机,郭总一下转入,很快名气做大起来。我们这个地方,开始有做文创的理念是从 2008、2009 年开始,这个时期工厂的发展思路开始有比较大的提升。之前外销单的供货特征是下单生产,现在不一样了,开始注重市场判断和营销推广。

其实陶瓷这种材质,不单单是只做茶具,这次我们会跟北京公司合作,做一个博物馆产品的设计赛。我们想做一个跨界。我们每个项目针对性很强,我们跟博物馆、跟厦门鼓浪屿、胡里山炮台都有合作,也想把祖龙宫的地方祭拜活动做大,做成文化活动,让它变成向心力的粘合剂,把故事挖掘出来,变成日常生活。同时,我们也要把日常生产活动转换成文化仪式,让窑炉烧制的生产流程也成为文化仪式。虽然随着时代的发展,电窑等都发展起来,但最传统的还是柴窑,因为它们代表陶瓷的传统历史文化。

我们请日本陶艺家水先生,也是一个尝试,但大部分工厂都做不到,因为投入很大,产出很小。其实文创每个人都觉得很重要,但谁敢投入?请一个艺术家每年 100 万人民币,大部分企业力所不能及。但我们的市场还是需要百花齐放,有自己的规律,大家在市场的交流中,会提高和学习一些文化性的东西,这就是文创了,这样慢慢地会形成一个实务性的文创。

(引自 GY 先生:蕴窑企业总经理,大型陶瓷出口企业之一)

(三)作为"工艺创作"概念的文化产业实践

在德化有部分职业陶瓷艺术家专注于艺术品创作,其艺术创作过程中存在着产业化形式。这部分艺术家所认识和为之实践的文化创意产业只在于专注如何取得艺术创意上的突破,使传统的陶瓷工艺设计走向世界?

陶瓷是很难形成品牌的,主要是陶瓷目前没有几家。中国台湾做的有两家"珐琅瓷"是国际公认的。目前我们的陶瓷要有世界品牌比较难。珐琅瓷为什么会形成世界品牌?因为他们有实力,有创新,有设计的团队在里面。现在,我希望政府要考虑怎样把德化瓷鉴赏鉴定委员会成立起来,通过聘请专家鉴定组对这些艺术品进行评定,并建立良好的拍卖制度,这样才能有良性市场和精致的艺术品。

(引自 CT 先生:非物质文化遗产传人瓷雕大师,个人收藏师)

(四)作为"传统文化复兴"概念的文化产业实践

互联网时代,电子商务是营销模式中不可或缺的重要环节。今天,任何一个文化产业的发展如果不把互联网的内容生产包含其中,其将会产生重大缺陷。德化陶瓷产业转型文化产业的过程中,电子商务是非常重要的引擎机制。如上文所述,德化陶瓷业电子商务的发展在全省,乃至全国都具有不可回避的影响力。在德化,从事这一行业的电商人员是以 90 后年轻群体为主体,他们在陶瓷文化产业的内容生产上不断学习和开拓,并且抱有理想,他们是未来陶瓷文化产业的一股鲜活的生力军。

> 现在不是生活在金钱之下,更多的是在精神文化之下。但现在像我这么年轻在德化做电商的,很多都是没有大学文凭的,这是现在德化文创产业的薄弱点。文化水平的欠缺也让我们对人生的理解、对事物的理解都有局限。以前没进入社会时,就想买车,买房,当这些实现后,又在想,那又要追求什么呢? 这就是对内容文化的诉求,这个才是它真正的价值。文化创意就是让你更深层次地认识你自己想要什么? 我觉得文化最大的价值在这里,让你更了解自己。现在文化才是一个国家真正富强的动力。
>
> 但文创我觉得最大的价值,就是如何让这些年轻群体接受我们中国的传统文化,这个我觉得是做文创最大的价值。要让中国传统的文化复兴,关键就在于如何打入年轻消费者的市场。因为未来这部分年轻群体是中国经济的主要力量,如果他们都有这种认同感,那么他们的下一代自然而然就有这种情怀。
>
> (引自 ZT 先生:90 后淘宝陶瓷经营商,内容生产者)

(五)作为"生活价值"概念的文化产业实践

相当部分陶瓷文创经营者是为了把产业更好地融合进生活的价值感和对地方的情感,一代一代地留存这个行业的历史记忆。因此,他们的创作状态很放松,追求个人的生活味道,从而进入一个自由创作的状态,希望带动产业进入良性的发展状态。

> 这些东西赋予它特色后,就要赋予它一种思想,一个器皿要让它有思想,我想最后应该要做到这个程度。做这个东西不同阶段对器皿的理解是不一样的,一个器皿可以越做越简,也可以越做越繁复。目前思想的来源主要还是生活,我们主要还是民间手创,不是院校派,看起来没有章法,其实里面也有一定章法。我愿意一辈子都投入这个行业,既用来改善自己的生活,也可以有自己喜欢的生活。
>
> (引自 XC 女士:32 岁,个人工作室)

> 协会刚成立时,我们把这些集中在一起,都往一个方向走,集中一

个思想是"抱团取暖",借鉴其他行业的情况,避免自我竞争。但我们的协会不是说要把你的想法改变,是要找到一个共同点,有个共同点比较好凝聚。有的人会注重我要把东西做出来,还有的人是我要把东西做好。两种人群各有自己的生活方式,追求的不一样。坚持是一种很痛苦的事,但换个角度说,如果能坚持也是很幸福的事。我自己烧窑也是盈利不多,也是靠坚持在做这件事。

其实那些民间口耳相传的故事、顺口溜我们都要把它们保留下来,文化就是从这些开始的。这些碎片的文化现在没人把它们收集起来。我觉得现在我们可以做很多事情。我做柴烧的条件比他们差,但我觉得我理解的柴烧行业比他们更深,我会从多个角度看问题。我经常会去听、会去看、去探讨。接下来我会去做一些功课,搜集一下这些柴烧文化的传说、神话故事等融合进我的创作,再让它们进入生活。

（引自 CH 先生：35 岁,柴烧协会秘书长,个人工作室）

以上德化文化产业实践的五个面向形成德化地方性文化产业的主要生态,这个生态也是创业者们所处的"语境",影响着他们的创作历程,形塑了创作群体的"地方感",每一类型的文化产业实践"话语"都隐含着产业文化的意涵,产业文化构成当地文化产业发展的"大语境",因此创业者在彼此间的连动中,如何在"自我开创"与"社会合理"性之间达成和谐状态是文化产业不同于其他产业形式的重要标志,也是地方性文化产业管理的"软实力",即建构了更为有效的"地方感"。

第三节　传统产业转型的困境与主要矛盾

现实情况下,传统产业转型的主要困境与矛盾既有宏观环境的影响,也有地方发展条件的制约,但不管处于何种情况,生产者群体的内在驱动力显示出重要的发展潜力与变革创新的可能。因此,本节关于困境与主要矛盾的讨论也是从另一侧面提出传统产业转型发展的实践路径。

一、生产者群体地方认同感现状

文化产业发展程度因所处的时代背景、基础条件及其他各方面因素存有差异,对"地方感"要素的提炼与使用也应因地制宜。目前福建"海丝"传统产业转型文化产业处在萌芽阶段,在大众化市场上文化产品的结构还比较单一,地方性的整体特征比较狭窄,相关产业文化活动也还未发展成熟。因此,本书根据前期研究成果,结合福建实际,对当地文化产业与"地方感"的形成与互动调查项目进行取舍与适当调整,在第一轮访谈结束后进行验证与修正,最后形成具体的调查问卷,问卷内容包含四大项一级内容指标,涉及14项基础性问题(表4-3)。作者选取大型陶瓷企业家代表2名、陶瓷小工作室或中等规模的工作坊代表5名、知名艺术大师代表2名、文创产业协会会长3名及德化县政府有关陶瓷产业管理负责人代表2人进行深入访谈,完成了由面上到具体问题的正式调查访问工作。调研结果分析如下:

表 4-3　传统产业转型文化产业的地方"认同感"基本框架[①]

一级内容指标	次级内容指标
对当地的情感依附程度调查	分为 27 个小项目,按"同意"程度的五等分法勾选。
对地方性文化产业基础条件的重要性程度的认同度调查	关于文化产业政策的重要性程度的认同态度
	关于文化产业"文化性"条件的重要性程度的认同态度
	关于文化产业"经济性"条件的重要性程度的认同态度
	关于文化产业"地方性"条件的重要性程度的认同态度
对地方性文化产业创新发展因素的基本情况调查	制度创新的基本态度
	资源创新的基本情况
	高科技创新的基本情况
	业态创新的基本情况
	产业融合创新的基本情况
	品牌文化创新的基本情况
如何理解和传播自己的品牌文化和产业文化?(开放式问答题)	如何理解泉州"东亚文化之都"的内涵?
	如何理解"21世纪海上丝绸之路"倡议对地方文化产业的影响与作用?
	您认为您创作的产品诠释了什么文化内涵?
	您如何理解和参与"人人是德化陶瓷讲解员、家家(企业)是德化陶瓷博物馆"这一活动?

---

① 杨敏芝:《地方性文化产业与地域活化互动模式研究》,台北大学博士学位论文 2002年,第82~85 页。

　　一级指标中"对当地的情感依附程度"问题的调查结果显示：产业生产者群体对所在地方的认同感最高,感情十分深厚,而且对地方的未来发展充满期盼,愿意倾力支持;对当前地方文化产业的发展现状认同度中等;但对地方当前正在推进的发展目标、发展事项或号召的了解程度还很不够。

　　根据"地方感"的三向度指标:认知度、参与度、认同度,对调查结果进行综合分析可以发现:有60%左右的产业生产者群体对当地的生活居住条件、家乡人情、家乡文化、个人致力于家乡发展的感情(包括影响下一代人对家长感情的态度)、对家乡特色产业的认同和推广以及对家乡未来的发展方向持有比较高的认知度和认同感(指的是选择最高级态度"非常同意"选项的比例)。有20%～40%左右的产业生产者群体对目前当地文化产业的产品创意能力(含产品在国内市场和国际市场的竞争力)、文化产业团体活动的认知度和接受度(如:文化产业活动增加社区居民凝聚力的能力)、文化产业发展的经济效益(含发展速度、带动旅游产业效益及增加居民收入的效益)、文化产业带动地方知名度的效果、文化产业对环境建设的进步作用等方面的认同度持有比较高的认同感(指的是选择最高级态度"非常同意"选项的比例)。按系数标准,受调查群体对这些选项内容的认同度属于中等水平。仅有35%以下的受调研人群对当地的"海丝"文化产业的远景和规划以及"东亚之都"文化的内涵和发展有比较高的认知度和参与度(指的是选择最高级态度"非常同意"选项的比例)。虽然有60%以上的受调查人群"非常愿意"参加当地的产业协会或任何形式的团队组织,但实际情况是只有30%左右的受调查群体参与了行业组合。受调查群体对当地的情感依附程度很高,实际参与程度却相对比较低。以"居住年限"为主要自变量进行交叉分析后发现,居住年限的长短与"对当地情感依附程度"三项指标的认同感并不是完全呈现正比例,从总体来看,居住年限10～20年间的样本人群对家乡地方认同感最高,居住20年以上的人群对家乡的居住环境和人情氛围认同感很高,但对地方的文化产业发展效益的认同感和对地方性文化产业的参与程度反而相对落后(表4-4)。

表 4-4　"对当地情感依附程度"的总体性交叉分析

居住年限 对当地情 感依附程度指标	5 年以下	6～10 年	11～20 年	20 年以上
家乡环境与居住感情	中	中	最高	比较高
文化产业的基本效益	比较高	中	最高	中
地方性文化产业的参与程度	比较高	最高	比较高	中

　　一级指标中"对地方性文化产业发展基础条件的重要性程度的认同度"的调查结果显示:90％以上的受调查人群认为地方性文化产业发展的四大基础条件:地方性政策、地方性条件、文化性条件和经济性条件等十分重要,对各项内容认为"非常重要"的平均值约为54％。其中,受调查人群对其中的三个基本条件"地方的文化历史记忆""地方文化特色""地方人民生活的共同记忆"的选择比例最高,80％以上的人认为"非常重要"。交叉分析显示:各年龄段对地方性文化产业发展的基础条件重要性的认知比例比较均衡,没有反差性的表现。

　　一级指标中"对地方性文化产业创新发展因素的基本情况"的调查目的是获得产业生产者群体对文化产业创新发展的认同态度及自身的实际情况。调查结果显示:受调查群体中的95％以上都认为产业转型文化创意产业所需的"制度创新""市场创新""业态创新""产业融合创新""品牌文化创新"等5个创新发展要素"非常重要",目前特别亟需的是"市场营销"的创新手段和扶植力度。但访问调查也显示,这些被认为"非常重要"的创新因素都是当前产业发展中极其缺乏的要素。此外,90％以上的受调查群体对如何理解和阐述自己的品牌文化和产业文化都不能有具体的表述,语焉不详,或者是没有明确的思考与定位,反映出当前文化产业中如何发展文化品牌和品牌文化的意识与能力都很薄弱。

二、激励机制的制约性

　　文化产业应具备的创意能力、创新热情是非常重要的生产要素,而在这些能力中,文化意识是重要的文化生产力,有没有文化意识决定了创业者是否有潜在的创新创意能力,也决定了文化产业的内在活力是否充分。例如在德化,从事陶瓷产业的人群大部分是土生土长的当地人,而且文化水平都不高,很多连小学都没毕业,自小玩着泥巴长大,或者很小就出来当学徒,跟着上一辈人学做拉胚、泥塑、烧制等手艺,一般都是手把手沿袭老一辈人的传统做法。但是,占据绝大多数比例的生产者群体并非内心毫无冲劲,没有创新的想法与欲望。他们都不停地在实践中去理解和创造陶瓷文化,坚持不懈地摸索产品和品牌创新的方法和渠道。如:

> 我自己很有想法,比如我会跟认识的一些书法家合作,进行文化包装,我不识字,但我自叙内容,让书法家帮我写,装裱起来,店门也专门用陶瓷设计制作,产品的名字都是我自己想的。我有很多想法,但不能提前泄露,因为我没有文化,想了一时做不出来,提前说了,就被别人抄袭走了。以前就发生过这样的事。
>
> (引自一位柴烧创业者,有自有工作室,小学文化水平)

持有以上类似想法的人在访问人群中占大多数。但目前政府在激励创新创业的扶持力度上却存在很多障碍。

一是,资金补助对象的选择过于教条化。虽然政府在政策上对陶瓷产业的文化创意者们有一定的补助标准,但补助条件"唯学历、唯规模、唯名气",把那些创造地方文化产业内涵的最大群体的创新需求排斥在外。

> 中小型企业很难拿到政府补贴,都是大企业拿走,我们这样的小工作室顶多拿个1万到2万,还要限制学历(大专以上才有资格),像我只得去参加培训,读夜校,拿大专文凭。
>
> (引自一位柴烧创业者,有自有工作室,小学文化水平)

二是,业务培训流于形式,不重视实效性。

> 一些培训也没有什么用处,技术我们已经很好了,培训教的那些我们都会,我们缺少的是品牌与营销的培训。
>
> (引自一位陶瓷创意个人工作室业主)

现实环境下存有大量类似以上的诉求和困惑,特别是有数量可观的小工厂业主或个人工作室创业者,他们的文化程度都不高,但对陶瓷文化创意充满热情。他们对陶瓷文化的理解和阐述让人惊讶,且能融入个人生活经验,其话语让人感动。但他们苦于不被看到,不被重视,不被理解,也苦于没有技术条件,没有机会去了解最新的行业资讯或营销模式。但从整个产业发展的现状看,这部分群体才是地方创意产业文化资本的重要生产者,只有这部分群体真正走进文化创意应有的环境和规律中,整个地方的文化产业才能获得扎根的生命力。

三、品牌联动失效

福建"海丝"传统产业纷纷意识到地域品牌的重要性,极力打造地方品牌,如德化陶瓷产业正在全力打造"德化—陶瓷之都"这一地域品牌形象,使得德化地方品牌塑造初步获得效益,其核心载体和主要代表分别是传统白瓷艺术及海外代加工的瓷器工厂。目前,德化负有盛名的瓷雕艺术家和几家大型出口工厂代表了德化陶瓷的地域品牌符号。但德化的地域品牌效益尚未有效地辐射和影响整个地方的陶瓷个体品牌的发展。虽然德化陶瓷产业的创业群体都普遍意识到要转型为文化创意产业,但大多数工厂或个人工作室都还停留在代工生产模式,或者是作为批发商的批零批售生产模式。有些大型海外代工厂正在进行的文化创意产业转型方式,也主要根据西方节庆日需要生产卡通人物或故事人物造型,抑或把中国民间造型生产出来贩售出去。这虽然也称得上文化创意,但仍然缺乏自主品牌的经营与品牌文化的培育。小型工厂或个人工作室的品牌化模式则主要是建立批零批售业务的辨认标识,但直接面向市场、面向大众消费者的品牌结构尚未建立。

即使是一些艺术品品牌,也存在品牌结构混乱,产品辨识度低下的问题,如:

> 古代何朝宗大师的作品,在拍卖市场上价钱很混乱。我们很早就想把何朝宗大师的艺术品拍卖这件事做起来,但我们没有经纪团队。我们现在产业的发展还没到那个层次,还需要创新机制。要思考怎么统一管理才有可能?比如,一个作品,我要卖 3 000 块,别人一做出来100 多块就卖了。

> 因此,总体来说,德化还是缺乏完整的品牌结构,将近十年了,说要建立一个陶瓷的营销品牌,到现在还是没建立起来。现在,我们德化缺乏的就是营销品牌,但现在这件很重要的事还没有做起来。德化片区

还没有一个好的产业链，没有文化产业区，也没有文化产业园，也没有文化产业营销平台。

（引自 CT 先生：非物质文化遗产传人瓷雕大师，个人收藏师）

希望政府把地域知名度打开，现在的会展效果并不太好，没有形成品牌效应，也很少有交易单产生。组织的参展服务有缺陷，参展的人怨气很大，既不利于品牌形象，也有损地方形象，使得参展人积极性受到很大影响。

（引自一位柴烧工作室业主）

总体来说，个人化、个性化的单个品牌群不能融入地方大品牌的结构中，地域品牌的影响力也还未能有效地为个人品牌带来更好的文化整合功能。

四、对生活文化的挖掘缺失

德化县陶瓷产业悠久的贸易史留存下许多陶瓷生活文化，如民俗活动、民间传说、祭窑仪式、烧窑歌谣等宝贵的陶瓷文化资源。同时，古"海丝"路上也留有诸多陶瓷文化的遗迹和更为生活化的文化景观和形态，但目前这些民间文化、传说、口述史鲜有人去发掘、整理和研究，更没有被很好地整合应用。当作者问及制瓷生产中是否有相关的民俗文化或口头传诵的口诀被开发利用时，当地许多土生土长的制陶人听闻后，都很惊喜，为之前没有想到这个思路而遗憾。虽然也有不少行业协会管理者和制陶工作室人员有这个意识，但苦于缺乏专业技术而不得之。随着时代的变迁，德化制陶业的产业文化生态也逐步发生改变，许多民间习俗随着日常生活的变迁得到更加多元化的发展，但这些文化形态并未被有效记录和保存，也没有被充分利用，这是陶瓷文化产业发展的一大缺失。

五、创新扩散机制缺失

行业创新能力和平台的培育是传统产业转型文化创意产业当前最急迫的问题，但同时也是最大的短板。在"创新发展因素"一项的调查中，"资源创新""产品创新""生产方式创新""市场创新""科技创新""业态创新""产业融合创新""品牌文化创新"等事关文化产业发展的几大创新因素，其成效都极其微小,大部分创新要素几乎处于空白状态,如技术合作、生产联盟、营销联盟、业态融合等方面的创新都还未有真正意义上的实践与探索。

虽然现状如此,但德化的各类行业协会组织在创新机制上也在不断地进行尝试和探索,例如积极与政府沟通协同,获得更多资源的补充;努力探索营销联盟模式;形成特定的合作小团队等等,如:

> 其实我们会不定期地做一些交流。应该说这种方式差不多是你说的技术联盟的一个雏形吧。我们会把所有的东西聚集在一起,一起烧,一起探讨。一起开开会,这个烧得怎样?从陶土到器形设计,我们都有一个交流。
>
> (引自 CH,柴烧协会秘书长,个人工作室业主)

目前这些创新机制的探求还是处于初步阶段,未及时进行更好的经验总结和提炼,也缺乏必要的反思和改进。在这个过程中,即使已经获得的可见成效的宝贵经验,也还很难有好的渠道和方式在当地的陶瓷产业中进行更好地推广扩散。由于创新成效得不到及时地总结和扩散,就无法在更大范围内激发更多的从业者共创共新,也难以产生更多的创新思路和方法,致使很多创新因素像一盘散沙,其生命力很快枯萎。

六、电商产品与品牌结构脱节

从整个"海丝"传统产业转型现状来看,品牌结构和品牌文化还存在很大问题。一是个人化品牌结构十分不完善,品牌构成的基本要素还很不完整;二是,缺乏品牌文化,不会讲品牌故事,如:

> 目前我们还很缺文化内涵,客人来了都是询价。我们目前还没能力讲好故事。
>
> 品牌故事我没有想到,想不出来。我读的书不多,也讲不好。但我跟别人介绍自己的品牌都是说,很多人没办法跟我比,从我这个壶烧出来的水质是清甜的,别人没有办法做到。我的壶的透气性和保温性是很特别的。
>
> 我们德化的陶瓷历史,日本、中国台湾肯定不能跟我们相提并论。但是德化这个地方比较朴实,只做,不会讲,不善于总结,埋头苦干,现

在这几年多多少少也有吸收这个领域的经验,但我们还没有实现现代化转型,不会讲故事,不会文创,把我们的根丢掉了。现在我们搞了一个基地,年轻人的创业基地,逐步在推动变化,每一家按个性来创作,这几年在提升。但还没做得像中国台湾那么精细。

(以上引自多位个人工作室业主的访谈资料)

　　德化陶瓷文化产业的品牌生成和结构主要体现在电商渠道,从事淘宝业务的电商人员90%以上是90后年轻人,但文化水平不高,他们直接面向经销商和零售商,他们从生产商直接订货后,通过淘宝网赋予各类产品文化内涵,如礼品文化、传统文化符号、老字号等等。但在访谈中,这批年轻人对如何讲好品牌故事没有深入的了解,对品牌的认识也比较肤浅,很多从业人员受困于"文化水平不高",不会进行内容生产,因此,很大一部分人就根据市场效应随性"瞎掰",再加上生产产品的上游端对品牌文化的认识也很粗浅,甚至匮乏,这样就使得品牌文化的培育既无土壤,也无方法。这种现象其实已经发出很危险的信号,将会对未来德化陶瓷文化产业的发展造成一定隐患。

　　首先,将可能破坏德化陶瓷产业的文化品牌结构,使得产品特色和品牌结构相脱离,出现"产品是产品,品牌是品牌"的现象,由此最终又陷入"大打价格战"的恶性竞争。事实上,目前一些电商的反应已经出现了这种端倪,如:

　　　　其实我们做品牌主要是让淘宝店看起来更好看,更完整一些,增加一些可读内容,增加点击率,吸引大家在我们的淘宝店里多停留一下,看一下。事实上,这样的品牌形象对购买力还没有什么太大作用。最后大家还是看价格,你的价格比别人高,那人家就去买别家了,因为大多数消费者也不懂陶瓷。

(引自一位90后电商的访问资料)

　　其次,将可能对德化地域品牌形象和品牌文化资产带来贬损。目前当地陶瓷产业生产者群体亟待政府大力打造和传播地域品牌形象的影响力,以提供更为宽广的平台推进其销售活动。这些个性化、集散型的德化陶瓷品牌类型和结构,不能从整体上有效增益"德化陶瓷"品牌。从整体上看,陶瓷产业的品牌系统和品牌文化形态还只停留在挪用"德化陶瓷"的"招牌"阶段,未真正把"德化——世界瓷都"的产业文化内涵展现出来,这不仅对"德化世界瓷都"的文化品牌没有增益,还可能贬低和损伤地域品牌的发展。最后可能改变陶瓷产业生产群体"内在创作能力"和"自我表达"的文化生态。如果品牌故事随意被建构,随意被扭转,最终导致创业者群体为了迎合模糊的目标市场而失去自我的创意方法和坚持创作风格和文化表达的可能,必将给整个陶瓷文化产业的品牌文化生态带来更大的困扰和障碍。正如目前德化陶瓷产业生产者群体的主要困惑还是在"市场导向":

> 需要政府能够多补贴一些经费来开拓市场,也需要能够有更多的渠道了解市场需求在哪里? 如果与这些市场建立关系,希望有市场调研机构提供市场观察、分析和引导帮助。

> (引自 XC 女士,工作室业主)

归结起来,当前"海丝"传统产业转型与"地方感"建构的突出矛盾主要体现在三个方面:

生产者群体深厚的地方认同感与文化产业配套体制存在落差。产业生产者主体人群对地方陶瓷产业怀有深厚的感情,仍然持有高度的地方认同感,并致力促进该地传统产业转型为文化创意产业。但是,目前仍然是传统生产方式占据主要地位,其中存在的一些弊端在一定程度上阻碍了产业的转型发展,同时也缺乏相应的发展配套机制,其间症结重重,人与机制之间矛盾重重。

新兴商贸模式的快速发展与生产者群体的创新能力存在落差。电子商务的快速发展是实现传统产业转型地方性文化产业的快捷道路,电商时代的到来可以使地方借助产业转型实现城市经济和城市品牌的迅速发展。但目前产业生产者主体的整体性自主创新能力还远远不够,无论是专业知识结构,还是能力上的自我提升都尚不能适应快速发展的外部市场变化,这将在很长一段时期内是一对主要矛盾。

与上述两方面矛盾相对应的是困境是:传统"海丝"文化的发展诉求与当前"海丝"文化的生产机制存在落差。"海丝"文化生产蕴藏在"海丝"文化产业、商贸形态及与之相关的文化交流与传播过程中,更是沉浸于由这些产业形态、商贸活动所建构的日常生活中,经过岁月洗礼之后,"海丝"文化宝藏以其扎根的生活根基和经典的文化表现形式流传下来,成为地方性文化产业发展所需的宝贵文化资本。在新兴媒体科技建构起来的新的商贸通路和商业模式下,传统"海丝"文化内涵要获得更为广泛的生命力,需要进一步地创新发展,既要保存住其一脉相承的文化精神和品格,也需要在新的生活语境下对其进行创新发展和广泛传播。当前,在新兴媒体的推动下,"海丝"文化生产机制必然发生根本性变革,将由产业主导的"独创"走向与生产者、传播者、消费者"共创"的时代,产业文化内涵不仅有更多元和丰富的发展方向,而且表现手法和传播之道,也需要有更高的创新手段,这使得产业文化每时每刻都处在"开创"的状态,不仅要求生产者、创业者的创作理念、创作方法要始终保持激情和创造能力,也要求产业所在的地方居民和生产者主体的日常生活对"海丝"文化的理解、传承和创新始终保持清醒和科学的认识,在这个前提下,理性与感性的创作结合才能形成新时期良性发展的"海丝"文化生产机制。但目前传统产业的生产方式和商贸活动方式尚处在转型过程中,粗放型生产仍然是主流的生产方式,打价格战、产品利益和品牌结构含混不清仍是营销策略的短板,产业文化的内容生产缺乏自主性,无法带动消费文化热潮仍是文化创意的掣肘。总体来说,产业生产和商贸活动大多还停留在固有的模式,还未跟上新兴媒体的发展浪潮。

以上这些困境与缺陷随之带来的也是文化产业所建构的"地方感"的某种缺失,同时也可以看作传统产业转型的路径创新的问题导向和主要着眼点。

第四节　研究启示

福建"海丝"传统产业转型的发展阶段已经具备了较好的基础,地方人群的产业创新和文化创新意识非常坚实,富有比较开放和前沿性的认识,目前面临的主要问题是在产业转型过程中,还未妥善解决文化功能转化、创新学习能力、社区性协同合作等关键环节的问题,这也将导致当地文化产业发展的整体性、均衡性、以及内在创造力等得不到全面地协调与推动。因此,福建"海丝"传统产业转型的路径创新可以从三大方面着眼。

一、强化地方品牌与个体品牌的联动

当前传统产业因古"海上丝绸之路"的文化积淀,部分成为中国意象的代表性符号之一,具备优势文化资本。同时,"海丝"传统产业已进入文化创意产业新一轮产业生命周期,但还处于生长期阶段,许多新兴的个体创业品牌应通过更加合理的引导机制形成有效的产业品牌集群,产生"群体品牌"效应,与地方大品牌形成有效的联动,保护中小生产者群体的创新能力。

二、推行行业联盟与政府管理的两级制度

"地方感"在小城镇产业再生发展的进程中起到潜在的十分重要的作用。"地方感"的情感混元体是由一种对地方的特殊的价值感和期待感所构成的,这种无形的不可触摸的地方情感可以通过地方特殊机构被带进有形的地方改造的项目中,从而实现它推动地方产业发展的作用。目前德化行业联盟协会组织的核心话语是"我们要靠自己,但我们现在也还很需要政府"。目前当地政府需要把地方性文化政策的创新路径作为突破口,更好地发挥地方行业组织的自主性、自治性,把"管"和"放"进行有效的联结,获得更具有执行力的文化政策框架,使得地方行业组织作为枢纽结构,连接起地方社区及地方居民与政府政策之间的互动,促使地方性文化产业发展,从而建构更为完善和优质的"地方感"。

三、开创线上线下"海丝文化"协同创新的发展模式

新业态的推进是文化产业推动传统产业获得新生命力的重要引擎,也是产业文化资本获得再生能力的发展道路,科技与文化的结合是当今文化产业发展的主要趋势,也是文化创新的重要特征。"海丝"传统文化的保护、继承与创新发展离不开当今科学技术的应用与推进,"海丝"文化产业在高科技的推动下,势必形成新的文化产业形态。未来,电商产业将会是新时代"海丝"文化生产与传播的主流通道,传统产业转型因先天条件充分,应及早进行线上线下新"海上丝绸之路"的整合与协同创新模式的实践,使得新的文化产品或文化体验进入人们的日常生活,并通过媒介科技的广泛共享,打造新时代的文化资本,这是未来"地方感"建构的重要内涵。

传统手工制造业转型文化创意产业,生产者的角色是最重要的一道力量,手工技艺者的创作需要有充分的自我表达欲望及自我表达能力,才能形

成有生机和活力的文化创意生产力,他们造出来的东西,不仅是器具,还是思想和感情,他们通过器具去表达自我,与社会和生活进行对话。因此,生产者能否被理解、被认同、被接受、被激励,主要通过品牌在市场上的表现达成。

总而言之,福建"海丝"传统产业可以说既是一个很古老的行业,也是一个很新的行业,但它中间还有很大的断层,表现在文化政策的赋权效应上、生产和销售的创新技术上以及独立品牌与地域品牌的联动上都需要一个创新机制进行突围或提升,都需要提升更优质的"地方感"来推动和发展产业生产者群体的"开创"精神和"创业"实践。

第五章 福建"海丝"历史街区文化产业之"地方感"建构

当前,历史文化遗迹不断被开发成文化创意园区,以此拉动城市经济增速和打造城市文化空间。城市文化旅游产业因"历史文化"的嵌入,得以重建城市新形象、新地标,从而形成新的文化资本和文化话语权,这是当前城市文化旅游产业的共同面貌。但这一过程中传统文化的保真与创新不断让渡给经济效益,历史街区变得"千人一面"。当前有诸多闻名的历史街区,通过保护街区的文化遗迹,展示特定的符号系统凸显地方文化特色,但这些文化符号多作为点缀铺展在商业氛围中,其"地方感"仍然欠缺生活性的文化空间。福建"海丝"历史街区"五店市"近几年快速发展,打破传统历史街区文化产业的发展逻辑与模式,开创出新的文化产业价值建构模式。"五店市"所在地晋江市政府不仅仅致力保护"海丝"文化古迹和自然遗产,还通过文化休闲产业为历史街区的生活注入现代内涵,激活古"海丝"文化资源,不断创造新的文化资本。"五店市"文化产业是福建"海丝"历史街区文化产业发展的类型化代表,也是新型历史街区文化产业发展的重要代表,在诸多历史街区的文创评价中,"五店市"获得好评甚多,好评率达到100%。

第一节 历史街区文化产业的新价值模式

"五店市"文化产业已是地方城市的文化品牌,成为集"传统文化展示、传统风貌与民俗体验、企业文化展示、特色商业、休闲"等多元功能于一体的传统街区博物馆与城市会客厅。"五店市"不断追寻和探问地方性文化产业建构"地方感"的核心命题,形成自有的文化发展新模型。"五店市"的样本经验凝结了历史街区文化产业发展的内在逻辑及价值建构。

一、历史街区文化产业发展的新逻辑起点

对历史街区文化产业发展的认识曾较长时间地停留在静态保护和修缮固有的历史遗迹,如老建筑、街区地标及庙宇亭阁,而忽视了其文化产业内涵。固然,这些物质文化遗产是远去的社会文化印迹,它们可以清楚地昭示生活其中的人"曾经是谁",但鲜有人认为这些物质文化遗产也有如非物质文化遗产的流动性和延展性,它们也能够创造新的文化生产机制,通过向现代性生活的转向,实现文化生产的"场景延伸",使固态的历史街区也具有文化传流功能,"使人们能够对'易逝的世界'赋予一种相对稳定的、可流传的、可再次接收的简明形态和意义的表达"①。这种功能的转向可以使得今天生活其中的人参与制造新的历史性"集体记忆",完成"我们要成为谁"的这一历史主体性的"地方感"和价值建构,这是当前历史街区文化产业发展的新逻辑起点。

二、文化产业功能协同的政策导向

"五店市"所在地方晋江市是传统制造业发达的地区,拥有底蕴丰富的"海丝"文化遗迹遗产,该市的文化产业发展空间比较广阔。当前晋江市主要打造三个领域:以传统文化为基础的文化旅游产业(如五店市历史文化创意街区)、以现代文化为特征的工业设计产业(如洪山文创园)、以未来科技发展为核心的创意产业(如三创园),其基本的文化产业发展思路是:让实体产业走进文化创意领域,创造更大的品牌价值和社会效益,集聚地方品牌影响力,以雄厚的财力和文化资本来保护、传承和发展传统文化。因此,该地区以传统文化为资源的文化产业发展模式,往往先摆脱追求经济效益的压力,致力于传统文化保护的完整性、传统文化传播的深入性、社会影响力的广泛性以及城市品牌形象的带动力;其次,对各类形式的文化创意产品的创作成果或有重要价值的文化产业效益给予相应的资金补助或奖励,以扶持文化产业稳步有序发展,如:

---

① 王媛:《文化认同:非物质文化遗产存续发展的核心问题》,《福建论坛》(人文社会科学版)2014年第10期。

"对利用我市丰富的文化资源特别是文化文物单位馆藏文化资源，开发文化创意衍生品，按其成交金额的 20% 的额度给予补贴，每个项目最高限额 5 万元，每个机构每年最高限额 15 万元"；"以本地为题材或主要拍摄地且能增加本地知名度、美誉度的按 200% 的标准执行；对以本地为题材或主要拍摄地且能增加晋江知名度、美誉度的原创电影在中央电视台播出的，给予一次性奖励 50 万元；对以本地为题材或主要拍摄地且能增加晋江知名度、美誉度的电视纪录片在中央、省级电视台、境外电视台播出的，分别按每集 20 万元、5 万元、5 万元，最高限额 100 万元、25 万元、25 万元的标准给予一次性奖励"等。

（引自晋江市政府关于文化产业政策的报告）

再次，当地大力培养文创人才，鼓励个体性的创意人才发展，政府不仅出台各类奖励和竞赛活动，还出资定期选拔相关人才免费赴海内外参观学习，以此推动整个地区的人才创意发展，培养了一大批带动晋江文化产业发展的人才队伍。

三、权力、资本、地方共营模式

"五店市"文化产业是晋江市"海丝"地方性文化产业的主要代表，是以"海丝"历史文化街区为核心资源的文化旅游产业。"五店市"历史街区的产业运营过程中也出现过争议，是完全交给运营公司进行商业运作，还是以政府管理为主导模式进行文化保护？汇集多方面的意见，包括采纳"五店市"传统街区的原住民意见后，晋江市政府确定了"五店市"历史街区的文化创意产业发展首先要承担起传承责任，兼顾两方面：一方面，甄别可以通过文化产业进行再创造的文化资源；另一方面，真正做好文化挖掘，真正尊重文化内容，要求做文创产业的人至少要尊重和认同文化。现实经验中，有些文化产业不断寻找文化资源进行再创造，但只创造，忽略传承，在市场经济效益的诱导下，即便最初有文化保护和传承的初衷，也因缺乏自主和专业的引导而失去对文化的尊重和传承保护。但在五店市的运营模式中，内外部各个层面尽量去除"过度商业化"的产业运营，力求在文化保真与市场效益之间取得平衡。

五店市片区涉及旧城改造，是老城区的发源地，政府认为先要保护文化片区，在城建规划中，借拆迁的契机，政府征用所有老房子，保持老房子原貌，投入大量财力进行修复和复原，做成文化保护街区，这得到原住民和当地居民的一致拥护,使得该项目的改建获得特殊的纪念意义,得到认同。为了保护"五店市"这个项目,当地政府整合两家公司,一家是著名品牌投资有限公司,一家是政府控股的投资公司,实行政府与地方企业共建"五店市"文化产业模式。政府不参与分配经济效益,而是作为老街区租赁管理、维修维护以及文化保护的管理者。运营中心则负责市场运营和文化活动等的运作,但运营管理的实际效应先要符合政府和当地居民对文化保护和传承的诉求。因此,政府秉承着保护"老街区"文物的理念,即使尚未盈利,也坚持投入资金进行维护。通过权力+资本+地方三者共商的文创产业运营模式,"五店市"文创产业以文化创意事业的形态保持着高度的认同感和运行秩序,这种内在的认同机制使得内部的文创商家也都自觉地进行着文化保护和优质文化的再创精神。

四、空间价值重建

在文创产业与文化传播的实践中,"五店市"实现历史街区的空间价值重建,由此创造出文化空间,建构了新的历史文化形态。

1.将生活记忆完整地保留于文创符号之中

五店市从整体功能上来说:

"它已经完全作为一个对外的凝固的历史文化展示空间,而非内向的承载居民日常生活的流动空间。属于原住民的日常生活功能让位于其作为文化符号的功能。"但它仍然被认为是"一次现代化改造过程中的'非预期后果'",它意外的成功透露着过去"去地方化"的单一的城市化方式是值得反思的,曾经"千城一面"的城市化建设抹杀的恰恰是今天五店市保留下来的人们的情结,那就是:人们内心深处都渴望与生活的土地之间内在的情感联结。

(引自当地口述史记录材料)

2.传统街区与现代商业无缝对接

晋江在进行城市更新的时候,在"五店市"项目对面引入知名商场,将知名的商业品牌嵌入传统街区的项目招商引资过程,两个项目相得益彰,实现优势互补——去现代商场购物和去五店市休闲的人群聚集在共同的空间,"五店市"成为现代商业品牌的文化标签,商业品牌则成为"五店市"历史街区文化产业的重要背书。这样,文化产业中常常饱受诟病的"历史文化保护"与"市场经济效益"应当谁向谁妥协的矛盾平衡得较好。五店市传统街区的文化创意才能卸下追求"产业经济效益"的沉重包袱,认真做好文化,避免陷入"千城一面"的困境。建成后的"五店市"传统街区先后成为中国电影家拍摄基地、4A 景区、福建历史文化名街,接待了部级以上官员 100 余位,日接待游客在 15 000 人左右,外地游客比重占 40%。

2014 年 7 月,《光明日报》用整个头版报道晋江城市,《人民日报》用头版头条加编者按,新华社通稿、中央人民广播电台新闻摘要时间,中央电视台的新闻联播、焦点访谈,都对晋江市城市更新和"五店市"历史街区的建设进行了报道。对一个县级市而言,获得这么高层次的新闻曝光率和影响力还很少见。

3.有效孵化多级文化产业项目

"五店市"历史街区的文化产业发展模式为现代传统文化资源转向文化产业资本提供了范本及长远思路,实现文化产业间的粘合与联动。"五店市"历史街区文化项目的核心利益是:

> 保护固态海洋文化资源(原有原住民家族及其华侨亲属的建筑风貌和聚落格局),这是政府和地方居民对我们运营效益的利益诉求,再以此去拉动业态提升。
>
> (引自五店市文化产业运营中心总经理)

因此,在"五店市"历史街区内,文化创意氛围浓厚,充满文艺气息,规划整齐,这里不大量做餐饮,尤其不做低端餐饮。入店的餐饮商家和文化创意商户必须跟五店市文化产业运营中心签署配合和保护传统街区历史文化管理规则的协议并定期监管,商家一旦破规,将立即接受整改、更换,甚至退市。

更重要的是,"五店市"历史街区带动非物质文化遗产的产业化发展。一方面,传统街区的保护旨在"原汁原味",绝不进行"复古仿旧",对残垣断壁也要进行原生态保护和加固,甚至用超过重建资金的数倍财力把相关的整栋建筑移植进五店市(图 5-1、图 5-2)。由此培养了一批熟练的闽南传统技艺工匠——这批工匠中不乏非物质文化遗产传承人——他们成为传统闽南建筑修复和创新的核心人物,带动团队传承传统工艺,成立城建企业,服务其他行业的古建筑修复或商业复古建筑的建设。这个过程中,带动了专门建窑烧制胭脂砖的企业,也催生一批专门收集、研究和制造传统建筑构件的小企业或工作坊。同时,把历史流传下来的"戏台"作为现代剧场,展示非物质文化的艺术形态,如南音、闽南民歌等,相关社团在这里创作、排演,让地方居民及游客反复感受晋江农业文化的肌理,进一步展示和传播晋江的海洋文化以及海洋工业文化。

　　总体来说,五店市的文化产业形成利益结构清晰、产业价值链条相对比较完善的产业生态。

图 5-1　按原物整体移植进五店市传统街区的古建筑

图 5-2　保护下来的原生态古门户壁垣

第二节　历史街区"地方感"建构的范式

自十六大以后,国家持续提出发展文化产业的重要战略目标,社会各界对文化产业发展的认识不断深入,各地方政府也积极扶持与创新该产业。这个过程一直伴随着诏媚商业,让位商业,文化失真等各种争议,其运营表现也集中暴露这一问题。不少学者质疑:文化产业的发展排斥真正的好的内容;二度包装胜过文化内涵;部分学者被文化经济所牵引,未真正担负起文化保护和传承的重任。"五店市"历史街区文化产业则在秉持"自我身份"的理念下,与当地其他产业进行联盟互动和功能相辅,较为成功地避免了这些问题的发生,建构出新的空间生产范式。

一、现代与传统共生的文化场建构

一般性的文化产业价值链里,包含"内容创意—生产制造—营销推广—传播渠道—消费者"这五个环节及其相应的价值生产。[①] 从文化传播的角度理解,内容创意环节即是文化传播的信息源,一般由商家或利益主体机构对内容生产进行资源配置和创意生产,覆盖传播渠道、营销传播策略,直至终端消费者。"五店市"把历史街区作为完整的传播空间场进行重新定位,重置文化产业价值链的"生产资料",把创意的内容来源交给"五店市"历史街区即时的生活形态和文化传播结果共同完成,而不是完全由商铺或利益机构进行预设。这个模式实现"地方感"建构中极其重要的效益导向:以地方的特殊性作为地方再生的资产。

晋江市是实体产业发达的县级市工业城市,从城市经济发展需求看,"五店市"历史街区文化产业并不是拯救城市经济或地域活化的"救命稻草"。笔者在田野调查中深刻感受到,我们居住的酒店就在城市的地域中心,与"五店市"文化旅游区相距不到 5 公里,商贸中心圈人声鼎沸、歌舞升平,各种商业活动音响交织起伏,半夜仍能听到 K 歌房传出的歌声以及娱乐活动的喧哗,由此可以感受到这个现代气息浓郁的小城市的经济活力。但与此同时,在中心地段安静地贴伏着"五店市"古街区文化旅游景区。古

---

① 吴存东、吴琼:《文化创意产业概论》,中国经济出版社 2010 年版,第 36～40 页。

街区并不偏远,就在市中区,却毫不受干扰,畅游其中的游客惬意地自由走动,慢慢行走和体味文化。当地政府在保护"五店市"历史街区及向文化产业方向运营的过程中,产业规模和效益不是主要目标,保护和传承"传统文化"才是主要目的。因此,直至今日,"五店市"文化产业仍然依靠政府的资金投入保证产业的"文化性"本质特点并维持运转。

因为有强大的扶持后盾,"五店市"历史街区文化产业成为当地现代商业发展的重要文化背书,建构出现代商务与传统文化相互融合、相互支撑的传播舞台。"五店市"历史街区成为企业文化建设或品牌文化推广的重要地标,同时,当地的传统文化也通过商务活动传播得到广泛流传,保持鲜活的生命力。例如,晋江市利用发达的电子商务体系,将国际 APEC 电子商务工商联盟论坛设在"五店市"历史街区,进行传统文化街演,在这个原初质朴的古老街区生动展示"海丝文化""闽南文化""中原文化""宗教文化"等传统文化的互动。

不仅如此,"五店市"还保持原住民的生活习俗和传统节庆活动,为地方生活文化的传承、保护与展演提供了空间。留存的传统日常文化和民间习俗与五店市文化产业功能之间有稠密的互动与哺养,传统民俗活动因在现代商务环境中展演而得到不断更新改良,商务活动也因受传统文化的强大吸引而谨慎地保持现代化进程。五店市传统街区内的商家在建构消费文化时小心翼翼地保护着传统文化的自觉性,其互动共同建构传统文化与现代商业文化融合的舞台。

二、空间媒介场建构

"五店市"承载的海洋文化内涵主要凝结在以"庄式家庙"和"蔡式家庙"为核心建筑的传统闽南建筑群身上,以及闽南特色和东南亚特色相结合的华侨建筑群身上,这些建筑群落既是地方海洋文化的生产空间,也是海外华侨的"精神家园",至今还肩负海内外的文化交流与传播的功能。

> 我们当年要求政府一定要保留下这幢祖厝,也是家庙,不能拆除。因为我们在中国台湾及东南亚的亲戚要常常回来看看,这是当年生活的地标,也是当年的精神家园,只有在原生态的家园里,回忆才能保留。他们还要求一定要回来一起在这里进行共同的祭祖祭祀活动。

> (引自蔡式家庙原住民蔡老)

"五店市"历史街区的传统建筑群落成为海洋文化的展示空间,通过海内外的交流与商业合作成为现代海洋文化的重要生产空间和文化传播的实体媒介。海内外华侨间寻根问祖、宗亲祭祖的活动展示和传播了祖国大陆的现代海洋文化风貌,融合了现代海外文明,创生了新时期"海上丝绸之路"的文化形态;海内外携手打造的游学活动和文化旅游,在海外华侨的下一代青少年群体中传承着中华文明的文化血脉和维系民族认同与传播国家形象。"五店市历史文化街区"入选"海峡两岸交流基地",在维系两岸人民共同的血脉情感和文化交流中起着重要作用,成为推动祖国统一大业的重要媒介。

三、"空间转场"下的内容产业链建构

"五店市"历史街区承担以上两种功能,又以特殊的空间转换和互为建构模式,形成独特的文化产业空间,进行新的产业文化生产活动,集合了以空间转场为主要模式的内容生产的全产业链功能。"内容生产"模式黏合了内容主体和展演空间,以福建优秀传统文化为主要创作来源,在保持原生文化形态的空间中进行展演,也借助媒介再创进行符号生产和新的意义生产,使原生的文化空间透过产业形式进入更加宽阔的"符号世界"。媒介文化生产将各类文创资源带入"五店市"文化时空场,催生"文化体验"与"文化消费"的现代文创景观,在这个过程中,进入一轮又一轮共生的'五店市'原生文化场域"。

以影视产业为例,"五店市"历史街区建构了新的"空间转场"模式(图5-3),主要结构为:"原生文化空间场域"即是影视内容创作的主要内容资源——转场为"文化再创的空间场域"即原生态历史街区直接成为电影拍摄基地——"现代剧场的空间场域"即历史街区成为现代影视剧再演绎的实体空间,亦即人物进入"现场",成为历史与现代文化相遇的空间——"符号传播的空间场域"即媒体进场,建构了五店市的"符号文化"和"符号经济"——"现代文创内容的空间场域"即通过文化旅游带动文创店铺进驻,使得文创产品与"五店市"的文化根脉和"精神家园"的诉求得到自觉统一。最终,"五店市"复归新一轮的由"五店市"日常生活与实践所生成的原生文化的再生产空间场域。

"五店市"历史街区的空间场域,在资本、权力、地方三者互动与推进下,

```
┌─────────────────────┐              ┌─────────────────────┐
│  传统街区的文化空间场域的  │              │  影视文化与在地文       │
│        "转场"         │              │  化资源连接的          │
│                     │              │  产业链条            │
└─────────────────────┘              └─────────────────────┘
```

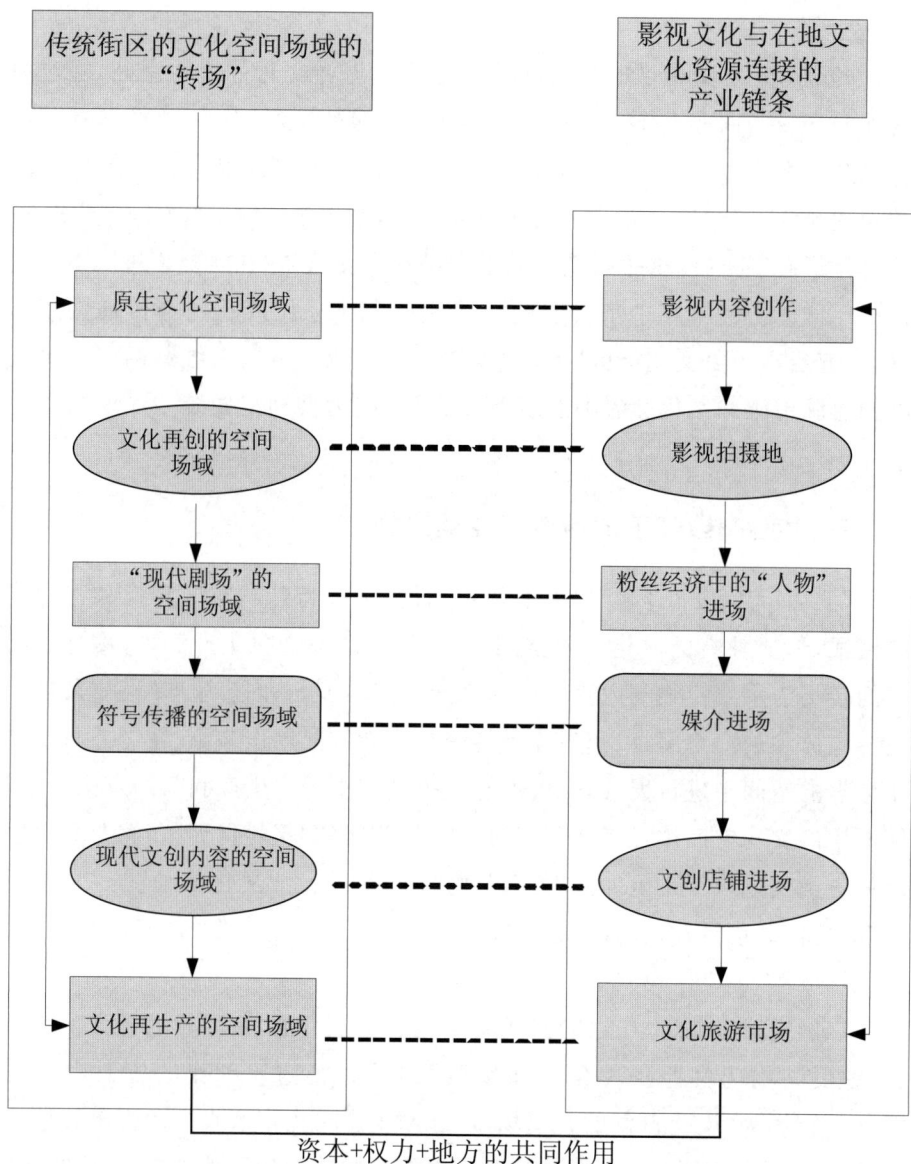

原生文化空间场域	┄ ┄ ┄ ┄	影视内容创作
文化再创的空间场域	┄ ┄ ┄ ┄	影视拍摄地
"现代剧场"的空间场域	┄ ┄ ┄ ┄	粉丝经济中的"人物"进场
符号传播的空间场域	┄ ┄ ┄ ┄	媒介进场
现代文创内容的空间场域	┄ ┄ ┄ ┄	文创店铺进场
文化再生产的空间场域	┄ ┄ ┄ ┄	文化旅游市场

资本+权力+地方的共同作用

图 5-3 影视文化产业链下的"五店市"历史文化街区的"空间转场"

原生文化与现代文创相互扶成,完成文创空间的转场功能,建构较为完整的文创与文化共生的新的文化空间场域。"五店市"依据自有的原生文化资源,保留原汁原味的农耕文化和"海洋文化"相互交织的原生态空间,留驻原住民的精神家园,在高速发展的民营经济中静静地守望这个城市的文化根脉。"五店市"形成的文化旅游的口碑和影响力,聚集了海内外相关文旅产业的关注,由此借助地方衍生的文化活动及现代传媒与影视产业的进入,使传统文化街区转场为展演的"现场影剧院"。这个剧场不是搭建或仿建,也不进行改装,原有的历史空间与现代的文化空间并存,成为影视拍摄的原生基地,使得"五店市"的影视资源即是原生文化的时空场。后续产业链的开发,充分发挥粉丝经济的优势,将影视剧的知名导演、热门人物或名嘴记者等引进街区,进行再演绎或开展相关活动,此时文化空间再次转场为"现代剧场",将影视人物落地为剧场人物,大量的媒介报道及再创作为文化实体构筑起了另一个空间场域——"符号场域",经过内外相合、虚实互称,与历史街区相铰合的各种文创店铺逐步进入该文化空间,与访客和原住民演绎着姿态各异的文创内容,文化街区在日常生活中转场为文创产品的设计、生产、展示及销售的主空间,通过文化旅游产业促进内容产业中衍生话题的再生产与传播,循环往复地建构着常见常新的属于"五店市"日常生活的原生文化生态。

　　总体而言,"五店市"文化产业的发展模式摈弃割裂式、断层式、表演式的文化产业发展模式,其文化产业传播空间场的建制在"非经济性"的运营思维里得以实现。现代商务与传统文化在"五店市"的融合首先使文化产业在内容创意的源头上保持"地方性"的自有基因,文化产业与文化传播形成"同体而生"而非"衍生"的文化特性,这一特性进而改变"五店市"历史街区的"体质",使其作为实体媒介成为内容生产的主体,而非仅仅是"资源",最终以其"活性"重建产业链,完成文化产业传播空间场的建构。据此,"五店市"文化产业在一定程度上具有文化传播事业的发展特性。

第三节　历史街区"地方感"建构的动力机制

　　文化产业带有传播功能,历史街区不仅作为内容的承载体或展览物发挥作用,其本身也蕴含和参与了生活内容的创造,这是现代文化产业发展实践较为欠缺的,也是当前历史街区文化产业发展面临的主要困境。"五店市"的实践包含充分的理论经验,它将权力、资本及地方三者权力有效地统合进"地方感"建构,建立了以文化遗产为核心资源的动力机制。

一、与权力的分离:文史专家主导文化产业性质

　　文化产业的实质是精神生活,体现人与自然、与社会关系的协调和统一,价值系统和内容系统是文化产业的核心。[①] 在"五店市"文化产业运营的论证过程中,当地政府主动突破现实困境和干扰,以"海丝"文化史学专家作为文化产业运营效益的核心力量,吸纳史学专家直接进入决策环节。运行过程中,面临如何正确开发文化资源的深层问题时,也以史学专家的意见为主导。因此,"五店市"文化产业的发展模式赢得当地文化界和史学界专家学者的认可。部分学者多次在其他老街区改造和文化产业发展的论证会上提出:

> 一些传统街区也想做成文化旅游,我总是泼冷水,你们没有办法做到像五店市那样,但五店市现在还在花钱,还没赚钱,老房子的维修费用一直在投入和增加。如果你跟老百姓说做老街区文化产业是为了赚钱的,老百姓首先就会骂你! 我们做老街区的文化创意,首先是要保护自己的"精神家园",你得有这个承诺,文化产业才不会落空,如果是跟老百姓说将来分成,那这个项目不可能完成!

> 五店市比较成功的一点是这些基础设施和保护没有交出去,没有完全交给商业。我们会持续关注这种模式。虽然五店市里的这些原住民搬出去了,住家气息没有了,不过现在有的庙宇、家电、门堂还在,一些民俗活动还在这里举行。五店市的文化产业应该允许民俗生活与文化旅游相容。我们的根本是人,要人住得舒心才好。我们可以办一些展馆来展示,使大家的精神方面有所归属,有所认同。

> (引自五店市文化产业发展顾问、史学专家粘先生)

二、媒介瞭望:文化产业发展方向的监测

当地媒体的对口记者长期保持对"五店市"文化产业的关注和报道,他们对当地文化有高度认同与感情。对口记者承担"五店市"新闻报道任务多年,从"五店市"文化产业诞生之初,直至它取得引人注目的绩效,对口记者一方面通过客观考察、比较和分析,用客观的报道展示"五店市"文化产业的发展路径。作为当地居民,记者对五店市文化和地方文化有深切的认识,她在跟踪报道的过程中充当"参与者"的角色,经常深入当地史学专家和学者群体,进行交流与探讨。通过职业报道,自觉地在政府机构、社会人士、产业

[①] 胡惠林:《文化产业可持续发展的关键》,《中共浙江省委党校学报》2015 年第 1 期。

主体和地方民众之间进行有效的舆论引导,发挥媒介"议程设置"的重要职能。

　　从我们自己做报道看,文化保护首先是传承的责任,产业发展应该有两方面,确实有些文化内容可以通过文化产业的再创造,基本上也是个传承。我们感觉,有的人很喜欢做产业,但不一定注重传承。但我们谈产业的前提是应该怎么真正挖掘文化内涵,真正尊重文化的内容?晋江比较突出的成果就是五店市,它是一个点。五店市文化内涵很丰富,具有丰富的"海丝"文化资源,也是一个比较成熟的文创项目,经过几年来的积累和运营,现在的模式也比较成熟。它整体来说,是一个比较成熟的案例。

　　文化产业可以讲经济效益,但不能用工业的标准来做,不然方向就做歪了。文化是很个性化的,讲究个人的创造,不以个人的文凭等其他外在条件来定论。文化产生的经济效益不是那么快,不是一朝一夕可以做成的。现在很多东西不是在提升文化和增加内涵,而是在破坏它。现在五店市已经成为海外夏令营必来的景点,华侨青少年夏令营的活动基地,它起到了很好的对外文化传播作用以及搭建起海内外文化交融的"海上丝绸之路"。作为媒体人,我觉得我应当有这样的担当来传播它和监测它,我也很欣慰,我能起到一定的作用。

(引自五店市文化产业对口新闻记者)

三、内容创意的本源:原生文化的延续

　　共创是文化产业透过"经验场"建构"地方感"的重要途径,当文化消费群体将自身的感知、行为、记忆、情感等经过特殊经历融合进特定的文化消费场地时,独特的"地方感"经验就能较为稳固地扎根在文化消费者的脑海中,记忆驱动的将不仅是消费者对该地的回忆,而是他们驱步前来的行动。

　　首先,"五店市"有"家庙"和家族祖厝,日常生活依然进行着。当地居民依然按照惯例进行家族祭拜,定期举行民俗活动。平日不使用时,祖厝便供给游客参观。这个过程中,景区与日常生活融为一体,形成独特的景观。这些家庙或番楼(即海外华侨回乡盖的小洋楼)的主人,虽然搬离熟悉的生活地,但他们经常回来给游客或者特殊访客介绍文化街区的历史及家族史。

这个过程中,他们不仅把古建筑群一砖一瓦的内蕴讲解得生动细致,更把童年的生活景象描绘得如临其境。游客与原住居民产生有趣的互动,还能即兴共创出有趣的游乐项目。

其次,驻地商铺协同消费者进行文化维守和共同创造。"五店市"大部分商铺的经营者都是地方居民或原住民后代,他们对"五店市"怀有特殊的感情,自觉地维护五店市的文化根脉,通过内外行为引导和协同消费人群共持和创造五店市文化的感知和体验。

> 我们特别喜欢有空暇的时间就来五店市走一走,这里的每家小店都充满了文化品位,而且服务很温馨柔和,店家会把相关的五店市历史或所租用的古宅历史展现出来,如果你感兴趣,他们也会跟你细细地聊五店市的历史和文化。我觉得他们做文创不是为了赚钱,是为了一份情怀和情感。
>
> (引自一位五店市游客)

原住民或地方居民的直接参与,其口述内容超越一般导游,与文化消费群体一道为"五店市"文化产业共创绕梁其间的"文化表述空间"。

四、权力与资本适度和解:文化产业运营的自觉性

权力+资本+地方三方共治是当前提出的文化产业运营的优化模式,但这三者要进行利益划分和职责归属,常常模糊不清。"五店市"摸索出较为顺利的运营管理经验,犹如被访问者所说"虽然不知道最好是什么?但目前做到了各方都比较满意"。

> 政府要做的很重要的事是投入,以此来拉动旅游,打出名片。政府也想把五店市做成文化旅游,庆幸是政府来做这件事,才能保护得这么好,保存了原来很多原真的东西。如果全部用商业、产业来运作,就保护不了,会有很多东西是通过翻新来做的。五店市的经验也难以复制,这体现了政府对文化保护的重视。政府下设的一个领导小组花了很多心思,思考怎么修旧如旧和保护?商家巴不得广告牌做的很多,这时领导小组就出来行使监管的作用,因为这些都是国有资产。这些入驻商家签的合同协议里有严格的规则,如果商家违规了就得退出。如果这

个街区完全交给企业来运作,后果就不敢想象了。我们认为,文化和产业有时候是要适当分开的,产业首先要承担尊重、传承文化的责任。政府这第一关把控的还是可以的,这也是五店市比较得到认可的原因。

(引自史学专家粘先生)

在"五店市"文化产业发展中,政府主要负责规划"五店市"文化产业的形态,监管产业运营中文化保护和传承的自觉性。

在资本如何介入历史街区文化产业发展问题上,"五店市"文化运营中心也与政府和地方保持较高的认同度。"五店市"文化产业的运营理念中,并未出现"让步"的概念,他们认为如果有"让步"的理念,各方主体就会不自觉地进行利益争取,最终各方主体还是会走向对立面,会被剥离出"五店市"文化传承与创新的核心目标。

首先,在理念上自觉定性——"五店市的文化传承如何展示?如何传播?这些动力在哪里?我们做旅游景区,就要增强它的情怀感,这是它的动力。从我们角度来讲,把这些地方租出去,不是我们的目的。为什么要来五店市?我们首先要解决这个问题,也就是说,我的商业再怎么也比不上现代商场,要打什么牌才能塑造起"五店市"的品牌?最终还是文化的旗帜在起作用,最终还是传承模式在助力。我最终的目的就是增强大家的情怀感,让文化的传承有意义。如果我花5万,请名人来表演一次,这真不叫传承,我要考虑的是每一天,每一月、每一年怎么传承?传统文化街区规划65%商用,35%文化展示,我们应该是做得相对比较灵活,我自己认为是做得比较好的。我们是用新的模式在运作,先布局一些重要文化观赏点,营造氛围,然后再布局商业招商。"

(引自 WZ 先生:五店市运营中心总经理)

其次,勇于创新自我发展模式,用创新的管理和运营方式影响政府及各界人士的认识及决策。在传统的运营模式中,商业利益诉求会迫使运营主管方一味迎合政府的构想,但"五店市"运营管理中心并不这么做。当"五店市"引起外界关注时,相关领导的想法有所改变就出现了思路之争。专家和政府希望把街区建成一片一片的博物馆、美术馆。运营商根据已有案例,逐步与政府和专家学者协商论证,顶住压力,坚持以自我发展模式进行开发。

我认为,文化艺术的推广本身要有一个循序渐进的过程。我想我们讲的创意传承也好,文化也好,就要将通俗文化和高端文化相结合,才能产生裂变,单单讲一端都是有问题的。文化类别也是有度的问题。

文化活动做一次很简单,但做长久怎么做?就要有效地把民俗文化的展示做包装、做延伸让老百姓参与。现在做的还没有达成使消费者和居民必须来"五店市"的市场效果,将来要做成让人必须去"五店市"这样的市场效益。我们要把当时的场景还原,让大家感觉好像回到了原来的时光,让文化嫁接商品的属性,让老百姓接受和喜欢。这就是我们要解决的问题:为什么要来五店市?来了五店市,为什么要来看这些节目?

另外,我们还曾经面临一个问题,晋江原来没有评过4A(旅游景区的定级),因为政府并不是很支持,担心它成为文化建设的阻碍。但是我们坚持做,自己先倒逼自己往前走。当时我们做这个4A景区的申报时,晋江还是经济挂帅,没有旅游的概念,我们首先找出很多以前的案例,自主学习,自主攻破,以此影响和促进泉州市、晋江市旅游局去推动这项工作,因为晋江市政府历来有争先创优的传统,为了荣誉,开始高度重视,市镇的配套很快跟上了。这个4A的申报产生了很大的引导文化和产业集聚的作用,既拉动了政府,也产生了很多影响。晋江从此有了文化的名片。这个行动后来也带动了安海古镇安平桥申报4A景区,也成功了,增强了晋江旅游文化产业的发展。

（引自WZ先生:五店市运营中心总经理）

最后,竭力保护文化遗产,极力整合文化遗产资源,在文化产业的发展中保有一方文化艺术展现的空间。"五店市"文化产业运营中心将目光投向丰富海洋文化、"海丝"文化的相关资源,其中最具代表性的是蕴藏有丰富的"海丝文化"的安海古镇。

安海古镇那些老的古街巷,是很有味道的,是可以开发挖掘的。古镇上很多宝贵的非物质文化产品,都需要市场拉动,但这些老街巷又不在4A景区内,没有足够的游客,也就没有市场。因此,最需要扶持的,就是这些做文创产品的人,但政府的扶持较难渗透到这些人员。我们作为园区经营方,为了推广这些非物质文化遗产,也做了利益上的牺牲。我们如果要推一个项目,就要有个模式来对应它。我们绕开传统模式,自己建馆,先无条件地将大师的产品请进来,如果能产生相应的市场效益,我们再回馈非遗艺术家,这既解决了艺术家很难自行推广非遗文化的难题,又保证非遗文化能真正地得到保护与传播。但这个模式如果要大规模推广,还需要创建新的商业模式。

(引自 WZ 先生:五店市运营中心总经理)

资本运营与政府权力的合作由于决策层的理念自觉一致,又与地方有一致的认同,三者形成和谐均衡的合作关系,探索出可持续发展模式,这种发展模式成为"五店市"文化产业运行发展的重要动力。

第四节　研究启示

"五店市"建构了人们与土地之间以特殊情感联结的"地方感"。这种"地方感"以地方记忆形式呈现:历史街区里的老建筑不仅仅是回忆空间,还承载日常生活情感,是生活记忆的发生地和创造地,历史街区的保护绝不直接指向消费者,而指向人们的"精神家园"。

一、"去产业化"思维:文化产业发展的逻辑起点

"产业化"思维一般指以经济效益为主要考核目标,以取得"经济效益"为产业投入的核心标准。以传统文化为核心资源的文化产业的价值跟其他文化产业类别有根本差异,它不仅具有"文化性"的一般特征,还要将"传统文化如何得以留存、保真并且进入创意生活"作为文化产业发展的核心命题。传统文化并非现代生活的对立面,它可以以文化产业的形式再次进入生活,焕发生命力;传统文化也不能只作为旅游展示窗口,而要能参与新的生活。因此,以传统文化为核心资源的文化产业虽然以"产业"为载体,也要依靠产业维持其长远发展,但其运营要运用"去产业化"思维。"五店市"文化产业运营即以去"产业化"思维进行,其成功并非经济的成功,它的成本与产出甚至还未均衡,但它在保有生活在这一方土地上的人们的精神家园方面获得巨大成功,赢得地方高度的认同,建构了深厚的"地方感","地方感"

的营造深刻地推进了当地的经济发展和社会生活。

二、"虚""实"相合：文化产业发展的保障机制

随着人们对文化产业的认识越来越深入，当前文化旅游效益的单一评价标准显得越来越单薄，人们想要获得"地方认同感"，即文化产业对生活环境的改造、生活质量的提高、文化与精神的滋养等方面都发挥更大的功用。"五店市"历史街区从设计、论证直至运营，全程融合"地方感"营造思维，虽然遇见诸多矛盾，各群体有利益冲突，但最终达成较为一致的认识，打造出有示范作用的文化产业标杆。"五店市"历史街区的文化产业模式凝聚与此项目文化保护、传承、创造和传播相关的各阶层的集体认同，这种地方认同感不仅体现在态度及话语方面，还内化为各相关人都积极参与的行动力。这样的互动是"五店市"历史街区文化产业发展的重要根基，也是"地方感"建构机制的重要一极。

在这种动力结构下，"五店市"在经济效益还未得到保障的情况下，尚可保持发展活力，获得越来越大的社会效益，其存在与运营带动地方其他实体经济和商业经济的发展，使得这些实体经济和商业经济反之依赖"五店市"提供的商业运营空间，吸引外部资金注入"五店市"，形成产业协同发展的良性循环模式，取得文化保护与产业发展的平衡性。

三、文化产业即文化传播实体：文化产业管理的内在机制

以传统文化资源为基础的文化创意产业，是意义生产与文化生产的主要场所，也是保有特定生活方式的主要承载体。因此，文化产业的发展过程即是文化传播的过程，以传播学过程模式看，文化产业作为传播实体的基本逻辑链条为：产业运营理念及模式（传播控制）——文化资源或文化资本（传播内容）——文化产业的形态与表征（传播媒介）——地方认同感效度（受众分析）——产业文化与意义生产（效果分析）。在这个逻辑关系中，关键节点在于"受众分析"与"效果分析"，这两个环节分别以"地方认同感"和"意义生产"的评价效度取代传统文化产业以"消费者"和"经济效益"为效度的评价体系，改变这一文化产业管理机制的核心即要把文化产业作为文化传播实体，从源头上树立全新的运营理念和模式。

以"五店市"为代表的"海丝"历史街区文化产业创建了地方性文化产业发展与"地方感"建构的新机制，对其他历史街区文化产业的发展起示范作

用。但就现状而言,这种机制目处于半规范化、半自觉性的运作形态,依赖参与其中的人的自主意识与个人能力,当遇及冲突的相关矛盾或主要问题时,决策机制则显示出比较松散的特征,未经论证就使得主要利益让步的情况时有发生,这是该文化产业发展模式未来不可忽视的隐疾。因此,应优化管理机制、运行机制,形成比较稳定和有效的制度。

第六章 福建"海丝"古城镇文化产业之"地方感"建构

古城镇文化产业形态一般表现为综合性的文化旅游产业。在文化旅游研究中,普遍将区域性旅游目的地的空间意义生产与跨文化传播联系在一起。旅游目的地的空间建构分为三种:第一空间是物质和物质化的实体空间,资源价值主要由地理位置的特殊性和所拥有的历史遗迹或自然风貌构成;第二空间是文化意义的表征,是想像的空间,是特定观念认知所构成的空间;第三空间是爱德华·索亚所谓的"第三空间"。"第三空间"融合第一空间和第二空间,研究空间中的各种"权力"因素的"交流、互动",参与空间意义的生产。第三空间是不同权力结构在互动与博弈中的全程变化的空间形态,是"开放与实践的状态"。[①]"第三空间"的生产特征和过程通过可表征的文化现象或特征揭示空间建构过程中行为的动态性、流动性及内在的社会关系(如利益、权力、集团等)。本章以"第三空间"为主要视角研究福建"海丝"古城镇文化产业的主要建构机制。本章所讨论的案例"海丝文化"古镇安海镇比较典型地代表了这类型文化产业发展路径上的自觉探索与实践,其物质地理空间的原生性、完整性,文化空间的稳定性、历史传承性以及当地居民所具有的强烈的地方文化再造的使命感,把安海古镇一步一步引领到以"新文化空间再造"和强塑"地方认同感"为目标的文化产业发展路径。因此,安海作为发展"海丝"文化产业的研究对象具有典型意义和特殊价值。

---

① 罗新星:《第三空间的文化意义生产研究——以湘西凤凰的旅游传播为个案》,岳麓书社 2013 年版,第 27～37 页。

第一节 作为"第三空间"的古城镇文化产业

文化形态分为流动的和静止的,静止的文化形态是凝固在物质地理层面的文化特性,流动的文化形态是随人的变动而产生的文化形态。"城镇"被认为是静止的文化空间,它是流动文化得以用固定方式进行可视化表达的特定空间,这个空间是"独特的文化符号空间","这种文化符号空间区别了文化的差异,这种差异性是人的精神世界的丰富性以及文化、文明和审美的多样性的时空表达,验证和阐释了文化的无限丰富性和可成长性、可持续性"[①]。这两种空间文化形态常以"物质文化遗产"与"非物质文化遗产"进行简要区分。但就我国的实际情况而言,大量的物质文化遗产与非物质文化遗产往往缺乏有效的保护、传承与创新而与日常生活割裂,常被奉为一种与生活断层的文化形态加以保护或表演,所谓文化创意产业形式的改造与传播,都还停留在"舞台上的表演"。

当前文化产业或创意产业的内在发展路径,是将"静态的"和"流动的"两种文化形态与热腾腾的生活粘合起来,让静态的文化流动起来,创造遗迹遗址的"文化剧本",使其跨越城镇的地理空间,在旅游人潮、各大城市的旅行服务空间、各种网络空间流动;让流动的文化沉静入更加广阔的生活空间,使非物质文化遗产经过文化创意的再造,在特定阶层或特定领域的生活空间内沉静,如酒店、机场、民宿或特定生活阶层人群的居家内,从而形成新的生活时尚或文化形态。新媒体技术的普及及全球化发展趋势下,文化形态之间会互相交流、转化,其沉淀具有互文性,在全球范围内,在不限定物理属性的文化地理框架内,文化产业再次形塑别样的实体与虚拟相合的文化空间,这个文化空间糅合地理、符号和精神的各种特征,创造了新的文化认同空间,形成新的"地方感"。

"第三空间"具有文化交融的"混乱性"特征,但当前文化旅游产业与所在地方的文化空间生产关系却呈现出原住民及其中心文化被边缘化、边缘内容不断中心化的"混杂性"特征。如凤凰古城旅游胜地,凤凰古城的象征

---

① 胡惠林:《新型城镇化:重构中国文化产业发展的空间秩序》,《福建论坛》(人文社会科学版)2015 年第 8 期。

性空间是"存在于远方的边城、古镇和神秘的少数民族聚居地的意义"及由沈从文的小说《边城》中的"小翠"激发出的想象中的故乡,但在文化旅游产业的激荡下,这些象征性的、想象的"第二空间"特征逐步被外来者改写,空间生产的进程也被扭曲,原住民及其原始生活文化形态本应是对外传播凤凰文化的生产主体,但由于苗族的日常生活日益边缘化,使得"苗家"文化生产与空间建构的能力退化为仅仅存在于景区拍照点的服装摆设或招徕生意的商家们民族文化符号的行头。沿着沱江摆开的声势浩大的酒吧集市逐渐成为凤凰古城"第三空间"生产的中心元素,游客们到凤凰古城,变为坐在被边城少数民族聚居地的原始文化符号点缀着的现代都市生活空间里,进行短暂的情绪逃离或思绪解放。"芙蓉古镇"同样如此,古镇的生活形态所凝聚的原初"空间"不断让渡给现代旅游生活建构的"第三空间"。口碑卓著的文化旅游景区江南水乡古镇"乌镇",其高科技、高效率、高规格的规范管理,带给游客舒心、省心、养心的旅游消费体验,大家一致赞叹的是其管理的现代化和规范化,沿江的一排排民宿被统一标签和排号,夜景的灯光设置也整齐划一,带有强烈的设计感,"乌镇旅游"这种类似"品牌标准化"的运营思路是应对国内其他古镇古城旅游景区乱糟糟的"混乱性"的示范样本。世界互联网大会的永久落址,更使其更具有了不同一般的政治意义,成为乌镇景区重要的文化资本。由此,乌镇旅游"第三空间"文化意义的建构由政府权力、地方权力以及旅游管理现状的痛感导致的诉求进行,其文化空间生产更具有社会性和政治性。从以上普遍类型与典型化发展的古城古镇文化产业发展模式里,仍然看不到人们真正想要体验的"第一空间"的"原生感",因为这种类别化古镇"第三空间"失去"原始的统一"。"第三空间"仍然只能靠遥远的想象来建构,无法实现"开放与实践"。这仍然是古城古镇文化旅游产业发展的遗憾。

文化产业是建构城市或城镇文化空间的重要一极,其文化性和资本性特征激发旅游区域文化空间的生产力。"创意产业与文化产业的联系是由价值链定律而非产业链来决定,在价值链的连接中,创意产业始终处于文化产业的上游"[①],因此,"创意与生活"是古城镇文化产业发展的主题,其文化产业发展进入新的发展时期,将日渐突破单方面考核经济效益的维度,转向以创意生活为根基。古城镇文化产业发展的优劣标准主要为:增强和改善

---

① 段莉:《中国文化产业研究是否进入学术疲劳期》,《东岳论丛》2013年第34期。

当地居民及相关利益人对该地的"地方感",尽可能留住原生的文化传统,使之再焕生机与活力,让它们从生活的边缘化回归"中心化",经过创意传播影响外部空间的权力,使之共同参与和实现"第三空间"的意义生产。这将是文化产业在古城镇传统文化的保护、传承与创新要求下的新的发展路径。

第二节　古城镇的空间表征与"地方感"特征

安海古镇位于福建省晋江市西南部,在围头湾内,在泉州城南二十余公里濒海处,与金门岛隔海相望。安海古镇扼晋江、南安两县的水陆要冲,依山临海,海湾曲折,海面开阔,风浪小,是宋元时代泉州海外交通的重要港口和避风良港。历史上的湾海港凭借港湾深邃,交通发达,物产丰富,商人善贾等优越条件,地区特色鲜明。因此,安海古镇"海丝"文化遗存众多,有"天下无桥长此桥"的世界十大名桥之一安平桥,还有"世间有佛宗斯佛"的国家首批文保单位龙山寺,其独特的唆啰嗹民俗,荡漾着原生态乡风,被列入国家级非物质文化遗产名录。[①] 安海古镇自身具有深厚的"地方感"根基。

一、古城镇地域空间的文化表征

安海古镇古称湾海、安平、石井、鸿江、泉安,属滨海区丘陵地带。境内最高点为灵源山,海拔 305 米,外来人口繁多。古名"湾海",是由于海港弯曲之故。宋开宝年间,唐安金藏之后安连济居于此,易湾为安,称安海古镇。以后,关于安海古镇名称的由来,都沿袭此说,明朝称"安平镇",清朝复称安海古镇。安海古镇上闻名的"安平港"是重要的港口,是"海上丝绸之路"的起点,当地经济因此发达,朱熹的父亲曾任第一任镇长,当地有一定文化积淀。解放后,晋江的市区才从安海古镇转移到青阳,安海古镇遂成为福建省文化古镇,是省级闽南文化生态保护试验区。

1.海丝文化遗址—龙山寺

龙山寺古名普现殿,又名天竺寺,俗称"观音殿"。位于安海古镇龙山之麓,故名龙山寺,是泉南著名的千年古刹,全寺占地面积约 12 亩。1983 年,

---

① 王敏霞:《晋江安海古镇,延续文脉聚合力》,https://www.ncnews.com.cn/xwzx/gdxw/201702/t20170216_659194.html,(2017-02-16)(2017-07-09)。

国务院将晋江安海古镇龙山寺列入全国汉传重点佛教寺院,2013年3月被列为全国重点文物保护单位。唐宋以来,安海古镇龙山寺的香火便随着安平商贾的足迹传播海内外,在东南亚、中国台湾等地尤其突出,系中国台湾五大龙山寺的祖庭,见证海峡两岸密不可分的"五缘"关系。2013年4月28日,晋江市佛教协会接手龙山寺,实现由僧人自主管理寺庙,积极推动闽台佛教文化,促进两岸密切来往。

2.安海古镇安平桥

安平桥坐落于福建省晋江市安海古镇与南安市水头镇交界的海湾上。因桥长五华里,故俗称"五里桥",为世界上最长的跨海梁式石桥,素有"天下无桥长此桥"美誉。1961年,安平桥被列入第一批全国重点文物保护单位。2016年12月23日安平桥景区获评国家4A级旅游景区,是晋江市继五店市之后的又一个国家4A级旅游景区,成为宣传海丝文化、展示安海古镇形象的亮丽名片。在中国桥梁史上,安平桥在工程技术、人文艺术、文物考古等方面均占有重要的地位。安平桥是海峡两岸人文、历史、经济密切联系的纽带,更是"海上丝绸之路"和东亚文化之都的重要载体。

3.石井书院

石井书院坐落在安海古镇西,旧名"鳌头精舍",系宋乾道年间,朱熹的学生因感念朱氏父子兴学的功绩,遂倡建"二朱先生祠",至南宋嘉定四年(1211年)扩建为"石井书院",是泉州所有书院中始建年代最早、规模最大,持办时间最长的学府,也是安海人才辈出的发祥地。2013年,石井书院被列为福建省文物保护单位。

安海古镇也是经济强镇,2016年综合实力排在全国科学发展千强镇第27位,连续两年居全省首位,安海古镇经济支柱主要在商贸和轻工业。

由于安海古镇在文化产业初期并未被及时纳入"开发视野",因此也很幸运地保留住"海丝文化"和古镇古港的原貌。这些地域文化的原貌成为安海古镇发展文化产业的重要资源,使之成为以"海丝文化"为资源发展地方性文化产业的较为典型的代表。安海人具有很强的家乡情结和文化情结,对家乡有很强的认同感,这在它的文化产业发展过程中形成独特的魅力。

二、古城镇文化产业的空间意义生产

安海古镇的文化产业兴起并不迅速,而是实体产业及商贸行业发展到一定程度后才逐渐进行的。当地一批年轻企业家不断思考:如何保护好这些历史瑰宝？如何传承好这些传统文化？由是，这批年轻企业家自发成立安海文化创意产业协会，这是安海古镇企业家们的第一次尝试，他们出于对家乡的热爱开创安海古镇的文化产业。

> 他们认为，这是他们的梦想，挣钱不挣钱并不是很大关系，即使在还没有带来经济效益的时候，他们仍然很热爱地去做这件事。目前，安海文创协会不仅只卖文创产品，主要是要通过协会能多做一些事来传播安海古镇的文化。

（引自晋江经济报对口记者小董）

从现实看，这批年轻的企业家从未经过文化创意产业运营的学习和实践，对文化产业的理解也仅限于有限的经验感知。但他们投入文化产业发展实践，不自觉地把握住文化产业发展的脉搏，形成安海古镇文化产业发展的内在精神脉络：复兴安海古镇传统商贸文化，使安海古镇成为"海丝文化"的会客厅，汇集世界各地的海上贸易文化。其实践路径如下：

其一，确立文化产业实践的理念，复活安海古镇的"海丝"商贸文化，让传统文化有自我造血功能。安海文创协会对"保护、传承、创新"的实践目标主要是使安海古镇不成为静止的文化参观地，要通过现代安海古镇商人的精神，使传统"安平商文化"中的"创新、勇敢、慈善"得到进一步的发展，留住安平商贸文化中的基因，重新建构现代安平"海丝"商贸文化主题。

其二，建立传统民俗和手工技艺的复活机制。安海古镇以文化旅游产业为主体，以端午、中秋、元宵三大传统民俗节庆作为载体，建构"海丝、海峡"地方性文化产业特色，这也是其"地方感"建构的主要内涵。安海文创活动的出发点不仅仅是为了保护其中的非物质文化遗产和传统民间手工技艺，更重要的功能是要让传统文化能够重新进入日常化形态，获得新的生命力，以此发展传统手艺，使安平商贸文化形成新的内涵，再回归跨文化传播交流的主导地位。

其三，开创学习创新型文创发展模式。安海文创协会确立"安海人就是文创人"的发展理念，开创了学习型、创新型的文创模式。海内外安海人都对家乡的历史文化持有很高的认同感，特别对安海古镇所承载的海上商贸文化尤其具有继承发展的自觉意识。安海文创协会的成员以企业家或企业家二代居多。这些协会会员不必人人会做文创，但他们支持安海人人参与文创,为此设置一种机制为:安海文创兴趣开发小组制。协会征集和招募对安海古镇各种文化类型感兴趣的人自发组成文创小组,不限专业或业余人员,鼓励各小组进行研究和自主开发,协会成员将从各自的企业中拨出资金给予相应的扶助,同时组织安海古镇老一辈文史专家或非遗继承人作为相应领域的指导人员,协同市场开发。目前已经形成10个小组,每个小组10人左右,目前安海古镇这个小镇上参与文创的当地人已达100多人。他们或在平常工作之余进行文创开发,或潜心研究某种安海古镇文化,专门进行相应的整理、研究和开发工作。

其四,建构汇集"海丝"传统文化的文创领地。安海古镇龙山寺文化和郑成功文化是古镇与"海上丝绸之路"沿线国家或地区文化之间的联系脐带,日本及中国台湾地区曾多次有民间组织赴安海古镇寻找龙山寺及郑成功的文化根脉,这是其建构与中国台湾、日本、东南亚及远洋古"海上丝绸之路"的沟通与交互平台的重要基础,也是其文化产业发展的远景目标。虽然当前安海古镇已经不是现代港口,失去了海外贸易的区域地理优势,但其所保留下来的物质与非物质文化遗产是宝贵的文化再造基地,也是古"海丝"文化的寻根之地,更为重要的发展条件是,目前安海文创产业并未被作为"地域活化"或"经济驱动"的主要支柱产业,而是安海古镇其他实业的重要文化给养,使得安海文化空间的意义生产得以好好濡养。

综上所述,以空间生产理论观照"地方感"的建构,第一空间表征是形塑"地方感"的文化基础资源,第二空间的意义生产是"地方感"建构的非物质性文化资产,该文化资产是内容创意的重要生产性资源,它的交易性特征主要在于联结古城镇内部的文化传播与交流,以及古城镇重新打开对外传播与文化交往的交流机制。安海文化产业发展模式初始阶段并未将物质性文化资产的累积纳入文化产业的发展模式,而是倒置文化资产与文化资本的关系,通过文化基础资源与文化资本的"合谋"建构古镇的文化产业,使得古镇文化旅游业"第一空间"的表征和"第二空间"的意义生产并未产生根本性的裂变,从而获得较大程度的弥合,建立了"地方感"内质与外延统一的重要基础。

第三节　古城镇"地方感"建构的机制

"第三空间"生产是"地方感"建构的本质特征,也是其核心动力。对古城镇文化产业而言,"开放与实践"是其"第三空间"意义生产的主要机制,也是参与者身份认同的重要方式。在这种开放实践的空间意义生产过程中,各个层面的"权力"因素必然要置于稳定的"冲突"语境下,文化产业的空间意义生产才有流动性,文化的生成才具有生机与活力,也更具挑战性和多样性。

一、开放与冲突:空间意义生产的本质

当前文化旅游产业的"第三空间"多由旅游者主导,空间意义的生产一般被来自不同文化背景的人在旅游目的地进行的文化交互与寻求身份认同所占有。游客的文化背景、出行方式、情感经验或通过媒介信息进行情感经验输出等引发其他"权力"因素介入,如与旅游目的地的文化产业运营者关涉的"权力"因素,譬如政府、管理机构、旅游传播策划者、当地居民,对自身旅游地的认同感基本建立在趋同"他者"身份的基础上,"他们"生产和销售的"精神愉悦和审美愉悦"往往不是来自于自身的"精神愉悦"和"审美愉悦"。由此,文化旅游产业必将以希望那些能够走近自己的"对方"即"他者"的审美趣味为指向,或者直接移植其他文化旅游产业的符号系统,把一拨拨脚印带来带去,如此,失去"冲突性"的空间文化千城一面。诸多的古城镇景区内,这种单一权力因素往往有强大的影响力,能够将当地居民的文化生产主体集体移植为被生产着的文化表征主体,例如凤凰古城的居住空间,政府积极主导出让土地政策,统一规划旅游设施,资本权力高效介入,以"酒吧街"为代表的现代文化空间不断侵占古城本体,本该是生产凤凰古城文化的生活主体,即当地居民的日常生活,渐渐也乐于退居为表征的生活,而非真实的生活。对当地老百姓来说,搬出属于自己文化之根脉的古城,住进代表富裕起来的官府村新城的行为,成为身份的炫耀。[①] 这种模式下文化产业的"第三空间"生产,演变为单向度的、一元化的、缺乏必要冲突的空间意义生产,开放与实践的"第三空间"远未达到。

二、"第三空间"的活化机制

政府、地方、资本是地方性文化产业和空间生产的三大核心权力要素,

---

① 罗新星:《第三空间的文化意义生产研究——以湘西凤凰的旅游传播为个案》,岳麓书社 2013 年版,第 27～37 页。

我国文化产业实践表明,政府和资本的主导力量往往居于中心地位,其二者又往往受外部"权力"的影响,使得当地的空间文化不断向外部世界靠拢,与其他外部空间互联。安海文化产业的发展较为滞后,理应有众多模式可移植或借鉴。但决定安海文化产业发展的三大"权力"因素:政府、地方及资本权力,同时固守自有文化生产的发展理念,即"保有'海丝'文化的自我造血功能,重树安海古镇'海丝'文化精神"。因此,安海文创协会的成立是自发行为,而非政府主导与授权。安海文创协会在政府、安海古镇实业、安海古镇居民之间设立联系和互动的桥梁,使当地文化产业发展体现出在外部权力结构上高度一致性的鲜明特征。

但安海内部的文化产业实践和空间意义生产过程中存在着剧烈的文化生产冲突,由此保有文化生产的多元发展,从而略带偶然性地使安海古镇的文化产业勾连起这个近千年古镇的古老历史与日常生活之间的联系。其冲突性主要体现在三个方面。

其一,文化历史观的冲突。不仅在地的安海人热心于安海文创,离开家乡在外创业的安海人也热衷于此。这些投身文创产业的先行者对安海古镇的商贸历史及相关文化进入文化产业持不同的理念,甚至有较大分歧。但这种分歧使得文化产业的实践者在面对安海的文化资源时有更为丰富的"对话"环境,当文化创意过程置于批评语境下,使得其文创产品发展出更多元的脉络,呈现出更为丰富的意蕴与内涵,譬如在对"安平商文化"这一核心精神的理解,文创人员就历史人物郑芝龙、郑成功、吴炳剑等商人与朱子、弘一法师等文化名师展开了讨论,他们既有冲突也有和解,从而形成不同的文创系统,但各自包容与竞技,文创产业呈现出古镇多元历史文化濡养"海上商贸"的立体状态,成为实现内外部文化沟通与传播的有效媒介。

其二,对政府"意识"的挑战。文化具有社会治理的功能,文化治理不等同于文化管理,文化治理是通过主动寻求创造性文化增生的范式实现包容性发展。这是文化治理与文化管理最突出的差别。[①] 由此,文化治理有其自在性与自有性。文化产业是社会价值观的生产机器,也是实现文化治理的重要途径,因此,政府在引导文化产业发展时,对自身角色与功能的认识尤其重要。虽然政府对发展安海文化产业给予了一定的空间,发展文化产

---

① 胡惠林:《在文化发展的实践中推进文化理论的创造性发展》,《中国编辑》2015年第2期。

业的导向与地方具有一致性,但地方政府并不掌握文化治理理论,具体执行中仍有各种掣肘,具体的管理条例难免暴露传统管理思维的局限性或出现认识的盲区。可贵的是,安海文创协会不自觉挑战着"政府意识",尽力维护自身的文创精神和理念,当政府在文创管理机制上有偏见、"失语"或制约时,他们努力寻求当地老民俗专家或借助外部学术力量深挖安海古镇的人文历史,在推动文创小组进行文化创意时,既鼓励他们使用社区居民充分表达认同的安海古镇元素或安海古镇情结,也协助他们保持正确的政治性和价值理念。他们还努力建构与政府的"对话"机制,在政府管理层面尽可能拓展安海古镇文创发展的空间与资源,募集民间资本持续对传统文化创新进行投入与扶持。安海文创协会的作为并非完全出于践行"文化治理"的自觉意识,更多是出于对家乡的认同与深厚的感情,出自对家乡宝贵的历史文化与精神脉络的自觉维护和争夺"话语权"的朴实情怀。这种情怀恰恰迎合"文化治理"的内在逻辑,初具实践性,成为文化产业实践文化治理的实验范本。

其三,"拒绝"外部权力干扰。在文化旅游产业中,游客对旅游目的地的选择与评价往往影响该地文化旅游产业发展的方向,一味追求游客规模与经济效益,很容易陷入同质化发展的泥潭。安海古镇文创产业的实践者们即使在自身文化生产系统里各持理念,频有"冲突"与"对抗",但面对外部资本与市场等权力因素的干扰时,却又能一致"抵抗",自动拒绝"不合理"的约束与诱引。

　　"你对文化的了解有多深入,就能够提供给你有多活跃的思维,如果你对地方文化的研究不够深,那可以提供给你的线索是有限的,更不用说文创","我对文创的理解是,要当地化,用当地元素做创造性的事情,应该用这样的方式去做产品,而不是只懂一个表面。用元素,而不是借用形态"。

　　　　　　　　　　　　　　　(引自 XZ 先生:安海古镇本地人,回乡创业大学生)

在这种集体意识下,安海文化产业似乎并没有大跃进式的发展,甚至常有外界或观察者认为其陷入困境,但由于安海人自有的对安海古镇传统"海丝"文化的追忆与固守,安海文创的生命力始终保持生生不息的动力。近几年,通过福建文创团队与中国台湾文创的紧密联结,使得安海古镇文化产业逐步积累了一定的品牌效应,其文化产业的文化传播效益日渐显露其本质性的地方文化特色,传统三大节庆活动中秋、元宵、端午民俗节庆活动已经成为联结两岸亲缘及与海外访客互动与文化交流的桥梁。

安海古镇文化产业建构的"第三空间"不自觉保有文化生产的冲突性,才使得安海文化产业的空间意义生产真正拥有"开放性与实践性",这种开放与实践不仅仅来自外部游客的参与和感受,更内生了古城古镇自身的文化生产机制,具备文化产业三个空间意义生产统一和谐的基础条件。

第四节　研究启示

安海文化产业的实践并不完全成熟,其发展模式的独立性与创新性效应仍需假以时日。在拥有历史资源和文化积淀的古城镇文化产业一哄而上的形势下,安海文化产业"踱步发展",不经意间留下崭新的范例,其发展路径留下重要启示。

一、与日常生活的勾连是古城镇文化产业的本质

安海古镇文创从一开始就在对"海丝"文化"自有、自保、自创"等方面具有相对完善的保护机制,各种权力因素的干扰或打断状况相对轻微,再加上内部自有文化生产的"开放性与实践性",获得了内外部权力因素对安海古镇文化产业有更多的正面作用。因此,安海文化产业发展具有很好的"地方感"建构能力,能够和地方的日常生活获得紧密勾连,其空间意义的生产也具有一定的理论自洽性。

二、社区文化治理是古城镇文化产业的主要内涵及重要功能

城市或城镇"地方感"建构的特质在于"空间性"和"文化场域"。现代哲学家爱德华·凯西曾提出"场所"的概念,他认为"场所"是"人类情感和社会属性的附着与实践的空间"[1],这与列斐伏尔的"空间生产"和"日常生活"理论相合应,都指向"文化场域"的建构。"文化场域"是城镇的活力要素,其动

---

[1]　刘合林:《城市文化空间解读与利用:构建文化城市的新路径》,东南大学出版社2018年版,第59~61页。

力元素是文化产业。文化产业之于"文化场域"建构的功能在于文化治理的实现。文化治理对内强调政府并不是孤立的中心,而应当作为与许多机构合作的综合性部门,对外也不是绝对权威和进行社会控制的唯一中心。[①]文化治理的组织结构是由政府、企业和公民形成的多元互动体。对城镇结构而言,社区自治是文化产业实现文化治理最可连接的单位体,它与文化产业协会组织不同,文化产业协会有中介性,社区组织则是与当地居民的直接联系组织,是安海文化产业模式的核心结构分子。安海最大的文化产业形式是民俗节庆文化产业,根据以往经验,"节庆文化活动一旦被官方收编,与大众的距离就会被拉开"[②],将沦为表演式文化活动,失去内在的文化再生力。但安海三大节庆文化产业的形成都是居民自有组织主导下的产业模式,既融合于日常生活,又在文化产业的催生下重置日常生活,使城镇新文化生产拥有巨大爆发力。安海的社区团队有长者负责策划、分配、协调、组织节庆礼俗和规范,在这个过程中,他们既是传承传统生活文化的定调人,也在与外部世界的沟通中重新定义民俗的具体内涵和形式,这些互动都时刻与每一位居民发生关系,也与他们称为"管理者"的文化产业协会和"官方"机构密切相连。可以说,是社区组织完成安海文化产业的内容生产,形构了安海的城市文化空间,使得安海在一定程度上完成文化产业实现文化治理的经验阐释。

三、建构文化传播生态是古城镇文化产业的主要模式

文化产业中"新文化媒介观"认为,艺术家、知识分子、媒体专家和学者是城市经济复苏和文化变迁的重要媒介角色,他们是后现代艺术和文化消费者及生产者。在城市或社区的文化再造过程中,文化生产与美学意义是紧密联系的共同体,社区或城市间的文化产业活动即是生活美学意义的传播与凝固。从这个层面理解,深处城市间的每一份子都是文化传播的媒介,都具有点到点,点到面的文化传导功能,他们的生产与生活过程在各自的社会交往、经济合作和协同发展过程中,自生为相对独立又完整的文化传播生态。在这个生态下,城市内的民俗、信仰、人际关系规则、竞争法则等要素形

---

① 刘俊裕:《全球地方化:都市文化治理与文化策略的形成》,《全球都市文化治理与文化策略》,巨流图书股份有限公司 2013 年版,第 4~8 页。

② 柯惠晴:《节庆收编的可能性》,刘俊裕:《全球都市文化治理与文化策略》,巨流图书股份有限公司 2013 年版,第 225~227 页。

成较为合理的自洽性,在内外冲突中能够较为稳固地达成特定的文化认同。安海古镇以三大民俗节庆为核心内容的文化产业在与外部联结的过程中,仍然保有近千年古镇的内在民俗文化及精神,这与文化产业"新文化媒介观"的实践不无关系。

虽然安海古镇文化产业自觉地发展出当前国际上提出的地方性文化产业新媒介观理论的路径,但毕竟是不自觉的行为,实践经验还很脆弱,要完全实现文化产业新媒介观的理论实践还面临许多不确定因素。不过,安海镇的实践理念和初步效应已经显露出"文化产业新媒介观"的光明前景,正通往游客们向往的有独立特质的优质旅游目的地的发展方向。它给研究者们留下宝贵的理论启示和研究空间,这是它作为独立个案的重要价值。

结论与展望

  "地方感"的形成是当前地方性文化产业研究的焦点问题。地方性文化产业是倚赖地方文化资源,以地方空间为发展范畴,强调以地方社区网络为基础的综合性产业。近二十年关于"文化创业"的研究,关注的重心逐渐从经济转向社会文化,文化创意应成为社会、社群与世界的一部分,不能只从经济面向得到关注,还应从社会、文化、政治或生态面向被关注。其产业发展中的"创业"也不能只从经济学上去认识,更要从文化研究上去认识。①

  当前关于地方性文化产业与"地方感"建构问题的研究主要有两方面的缺陷:一方面,其核心问题指向外部权力因素,这是文化产业"市场化"研究思维的必然结果,结论不过强调文化产业的市场化具有"文化性"特征。因此,当前文化产业的理论研究遭遇较难跨越的藩篱,地方性文化产业的实践也出现"千城一面"的问题。另一方面,对研究对象的关注过多地集中在普遍问题上,如"文化旅游产业""文化创业园区"等面向,又或"一锅煮"地讨论文化产业的普遍现象。但地方性文化产业中有很多典型的和具有特殊意义的文化产业形态,如传统制造业的文化产业转型问题,即使在普遍类型的文化产业中,也存有很多值得挖掘和深入研究的发展模式,例如古城镇文化产业的发展模式。文化创意产业本质上说是全时息、绝对性的存在于人的个性化中的创业过程,每个创业者的每一时刻都可视为处在永无止息的开创过程中,这些特殊性往往不在于产业具体呈现出来的形态,而在于其中生产文化的人如何进行意义生产和文化传播?

---

  ① 施进忠:《文化产业创业的论述实践:以中国台湾交趾陶创业者的叙说为例》,中山大学博士学位论文 2011 年,第 53～63 页。

本书在两个领域进行理论推进，以此回应以上问题：一是在地方性文化产业与"地方感"的建构方面融合新的研究视角，拓延相关理论观照视域；二是首次对福建以"海丝"文化为核心资源的特定地方性文化产业进行比较完整和深入的研究，以此作为理论建构的依据。本书综合福建"海丝"文化产业中"地方感"的形成与互动实践经验，以"地方感"的建构为视角，试提出地方性文化产业发展的主要理论架构暨发展对策。

一、以建构"地方感"为地方性文化产业发展的核心价值

当前，中国文化产业的发展正从起点模式切换入目标模式。早期的文化产业发展以行政计划经济为特征，其发展遵循 2012 年党的十八大提出的文化发展模式，即坚持把社会效益放在首位，社会效益和经济效益相统一。"文化产业发展的目标是构建完整而系统的文化力体系，包括以文化艺术的繁荣为载体的文化原创力、以文化产业的繁荣为载体的文化生产力、以文化经济的范围为载体的文化创新力以及以文化社会的繁荣为载体的文化软实力"[①]。2012 年后相当长一段时期，我国进入文化产业发展的扩展期，应持"大文化发展观"，文化产业将进入国家治理层面产生作用。在这个背景下，文化生产力的深层次问题将成为文化产业关注的焦点，也是文化产业进行核心价值理念重塑与目标导向再立的重要出发点。

地方性文化产业的核心价值是要建构好的"地方感"。"地方感"主要指人在特定的情境中所产生的地方意识，也称情感经验，文化产业能激起强烈的地方意识，使得身处其中的人都能达到情绪高峰，这种情绪高峰能够有效转化为地方的文化生产力。因此，"地方感"的形成不仅仅来自与外部的互动，如消费者、投资者、观察者对该地的认知、认同与接受，更重要的是使浸润其中的文化产业的生产者主体人群，对当地的认同感和依附感能够有效地保有自有文化的独立性与生产力，从而与外部认同保持一致，而不最终让步于外部力量的撕扯，这是文化产业文化生产力的重要基础。他们对地方文化的理解与吸收、参与和创作体现地方传统文化的内在价值，能保护和激

---

① 向勇：《转型期我国文化产业发展模式研究》，《东岳论丛》2016 年第 37 期。

活传统文化生产力。因此,从"大文化发展观"的要求看,当今文化产业的核心价值是建构更加深层次的、更内在性的积极有效的"地方感"。

地方性文化产业发展的目标是文化资本的生产。中国文化产业的发生范式是新文化生产方式,这种新文化生产方式深受中国传统文化的影响,"是具有'明道救世'传统的文化生产者出于对社会政治的关怀而选择了文化生产方式转型,这种转型不可避免地推进了文化生产活动的商业性"①,这与西方文化生产的历史逻辑恰恰相反,也就是说,中国文化产业在快速发展的道路上虽然吸收了西方文化产业对经济资本的追求导向,但其内在的传统文化价值导向始终保持着对政治性的关注——对人和生活、对社会和国家的关注。从我国文化产业发展看,中国文化产业发展的内在价值追求逐步显露,这也恰恰揭示了文化产业发展的本应导向——以生产文化资本为导向。

从地方性文化产业自身的绝对优势和比较优势而言,地方性文化产业的价值意涵主要是地方性、独特性和个性化,凸显地域文化的历史轨迹及其稀缺性,展示地方居民累世流传下来的文化氛围与地域性文化象征符号。这是地方性文化产业重要的文化资本,这些文化资本的构成不仅仅是经济资本,还包含国家、社会、文化与生活其中的人的各种价值联结,包含人的生活的存在感与价值感。这种存在感与价值感是地方性文化产业意义生产所在,也是对浸润其中的产业从业人员的开创性工作的价值追溯与再造,这是地方性文化产业发展的根基与重要的目标导向。

对照文化产业发展的核心价值和目标导向,福建"海丝"文化产业的发展目标应是"战略型"文化产业。福建"海丝"文化产业具备根基牢固的"地方感"的形成与互动机制,内外部权力因素在"海丝"文化产业的"地方感"建构过程中形成较有积极作用的文化生产力。当前福建"海丝"文化产业应持续稳固"地方感"建构的核心价值和目标导向,"以企业经营为主体,以长远眼光和持续价值为评估视角,发挥资源整合、创意孵化、文化传播的综合价值,注重空间上的辐射价值以及时间上的长期效益"②。

---

① 刘素华:《新文化生产方式:近代中国文化产业的发生范式》,《上海交通大学学报》(哲学社会科学版)2013年第21期。

② 向勇:《转型期我国文化产业发展模式研究》,《东岳论丛》2016年第37期。

二、以文化传播观发展地方性文化产业

文化传播观应作为地方性文化产业的主要发展观。文化产业的发展规划的本质是重建人与社会和自然的精神关系和精神秩序,文化产业是人们的精神生产系统和文化表达系统。^① 在文化产业的类别中,有许多产业类型本身就具文化传播性质,例如媒体产业、数字内容产业、广告创意产业、出版业。这类文化产业类型的关注点在于内容生产与产业效益之间的协同与发展,但其产业发展的内在要求以文化传播规律为主线。地方性文化产业恰恰相反,多数为地方文化旅游、传统手工技艺类等产业类型,虽然其亦具有文化传播的特点,但其产业发展的内在要求往往以经济效益为主线。但福建"海丝"文化产业的自发式发展模式表明,以文化传播观发展地方性文化产业模式,能够更有效地推动"地方感"的形成与互动,也更能够实现地方性文化产业在文化生产力方面的系统性与可持续性。根据传播学拉斯维尔的经典传播模式,以文化传播观发展地方性文化产业需把握以下逻辑关系:

1.以文化产业的规划或运营理念及模式作为传播控制源分析

文化产业规划与运营理念决定了产业文化传播的基本内涵和价值导向。政府在制定地方性文化产业规划和基本政策时,就应当充分考虑文化产业要输出什么样的文化内涵?进行什么样的意义生产?要让更多的中间机构(行业协会)和产业从业人员群体充分拥有其对产业发展方向的话语权和资源的分配权力。因为这些机构和人员在参与决策和管理的过程中,就将自身对当地文化产业的价值观和实践观输入产业管理运行的源头,使得地方性文化产业的发展与"地方感"的联系更为紧密,也更具有地方性基础。

2.产业文化资源或文化资本作为传播内容分析

地方性文化产业的文化资源多有物质文化遗产和非物质文化遗产,不仅具有鲜明的地方性特征,诸多文化资源还因地理空间的稀缺性而具有绝对资源优势,形成独特的文化资本。文化产业发展过程中,这些文化资源的价值内涵的开发与利用、被保护、传承与创新等认识与分析应贯穿在文化产业的全产业价值链条中,如产品形态、品牌结构、衍生品价值等环节,使得文

---

① 胡惠林:《文化产业可持续发展的关键》,《中共浙江省委党校学报》2015 年第 1 期。

化产业中的文化传播观能够从底层创意就开始发挥作用。

3.以文化产业的形态与表征作为媒介分析

文化产业呈现出来的形态与具体表征即是产业文化传播的扩散媒介，它们通过文化生产者自身的口述、空间表达、文字著述、行为方式以及终端的文化消费者们进行不断扩散传播，形成特定的文化生态空间。这个空间必须充分满足和保证产业生产者群体的话语权与决策权，能够充分容纳文化产业的各种业态生存发展的权利，以获得健全的文化产业的文化生产与传播机能。

4.以"地方感"的效度测量作为受众分析

经济学观下的文化产业效益，主要以经济效益和市场规模为主体，但这往往带来内部文化生产力的破坏。文化传播观下的文化产业发展效益的衡量，应转向以"地方感"的形成与互动效度为标杆。作为地方政府，应有专业的团队确立当地文化产业与"地方感"形成的核心指标和重要项目，对文化产业如何建构"地方感"的评判标准要突破以消费者为唯一受众的思维定势，要转向分析文化产业主体人员内部的"地方感"形成的文化效果。

5.以文化产业的意义生产作为传播效果分析

文化传播是为了获得文化认同与身份意识，作为逻辑链条的最终环节，地方性文化产业发展的最高和最优文化传播效应与地方品牌、国家品牌以及国家形象传播等根本问题紧密联系在一起。中国大地上的地方性文化产业蕴藏着丰富的人类精神和文化精华，当外界的脚步纷至沓来的时候，能够从当地的文化产业中看到生活在当地人的鲜活的文化精神，形成对该民族的文化身份的高度认同，这是文化产业发展的高级目标。

在以文化传播观作为地方性文化产业发展的逻辑链中，关键性的节点在于"受众分析"与"效果分析"两个环节，如果以"地方感"的形成效度和"文化产业意义生产"的评价效度取代传统文化产业以"消费者"和"经济效益"为效度的评价体系，就在传播控制的源头就把握住文化产业发展的根脉。

三、以文化治理观创新地方性文化产业政策

文化治理是国家治理的重要组成部分，文化治理与文化管理的根本区

别是：文化管理是通过一系列规章制度对国家、社会和人进行行为规范的规定与控制；文化治理则是通过一系列的措施和制度安排，催生文化的功能以解决国家、社会和人中的问题。"文化治理"属性被认为是文化产业发展的自有属性，文化产业作为社会价值观的生产机器深刻影响和建构着人们的精神生活系统和物质生活方式，是意义生产和空间生产的重要载体，也是文化传播的重要领地，它的可持续发展核心驱动力是获得"地方感"的形成与互动。

当前，虽然地方政府的管理理念在不断改变，管理手段也在不断改善，但受制于长期以来的思维惯性，诸多地方政府仍然延续以文化管理观进行文化产业规划和发展，由此带来文化生产力僵化、文化政策成绊脚石、文化创新能力缺失等实际问题，这些问题在不断地冲撞和打击文化产业的创业者群体对地方的认同感和依附感，在一定程度上"管"死了这部分群体的创造性。因此，地方政府应及时转变理念，以文化治理观取代文化管理观进行文化产业的规划与发展。同时，在实际推动文化产业实现文化治理功能的过程中，要根据地方实际情况进行路径创新，激发文化产业发展中的文化生产力。

根据福建"海丝"文化产业发展的经验与问题，文化产业实现文化治理的创新路径需要在两个方面突破：

1.建立以地方性文化产业协会为枢纽的地方文化政策赋权机制

文化产业政策的赋权制度主要是"赋权市民"，权力下放给每个市民，由市民主裁文化产业的发展。但目前我国城镇市民对文化产业发展的认识还不全面，也不准确，仍然存在着"机会主义"的心理，并不具备主裁文化产业发展的基本能力。因此，根据当前地方实际，可赋予地方性文化产业协会更大权力范围的独立性与自治性，适当赋予地方性文化产业协会一定的独立行政权与制定政策细则的权力，通过地方性文化产业协会协同其他团体进行互助联盟，使得地方政府、地方团体和地方居民之间形成相互依赖的"一体感"，共造目标一致的"地方感"，以推动地方品牌的建设。此外，在配给地方性文化产业协会的权力时，可通过配套相关的监管体制进行管控与调整。

2.创新参与式文化生产模式

"参与式"文化生产模式主要指的是文化产业之间或与其他产业类别之间的融合与互动的创新机制。这种参与式文化生产模式主要是增加产业价值链的联系或同盟发展，不仅仅体现在生产线上的合作，更要在文化融合层面上进行产业链的开发。例如,福建传统"海丝"产业德化陶瓷手工制造业,转型后在文化生产层面与其他传统产业融合衍生出多种类型的文化产业,如文化教育产业、线上线下合作的陶瓷与茶文化产业、陶瓷与服装文化产业等。

产业之间"参与式"文化生产模式在文化资源的配置、应用和附加价值生产等方面显露出巨大推动力[1],能带动当地及周边地区投入当地文化产业发展的积极性,推动区域经济的产业融合与文化交流,具备良好的潜在市场前景。产业间资源的配置不仅在于可利用来生产物质性产品的资源系统,社区间、企业间所存在的家庭和文化传统也能促使传统社区轻松地转变为新的社区,这种转变就在于让传统的象征性习惯通过更加放松休闲的参与方式,进入与社会的连接,这十分有利于地方感的强化[2]。因此,这种参与式文化生产模式的创新应成为未来文化产业发展的重要方向。福建"海丝"文化产业发展的经验以及相关问题显示,社区组织的治理功能和社群的学习创新能力在"参与式"文化生产模式中起重要作用,应作为地方政府极力开拓的创新机制。

四、文化生产的内在冲突性是地方性文化产业可持续发展的根本动力

以文化治理观发展地方性文化产业必然会生成比较有利的可持续发展动力,这种可持续发展动力由地方性文化产业的价值内涵及核心特质所体现出的空间意义生产与文化传播功能决定,并不完全来自外部权力结构——政府、社会、资本、文化消费群,这些外部权力结构往往被认为是发展地方性文化产业和空间意义生产的核心驱动力,事实并非完全如此——的牵动与管制,即文化产业的生产者群体保有对地方多元文化的接受、吸收和创造的热情、意愿以及相应的权力,同时,在文化产业各个不同层面的创业

① Bent D. Moyle, Charlee J, etc. Tracking the Concept of Sustainability in Australian Tourism Policy and Planning Documents. *Journal of Sustainal Tourism* ,2014,22,(7):1037 —1051.

② Monika M. Derrien& Patricia A. Stokowski. Sense of Place as a Learning Process, *Leisure Science* ,2014,(36):107—125.

者们拥有批判、对立与竞赛的权力,而不迫使他们一味地迎合外部权力的牵制,这就是文化产业中文化生产的内在冲突性。这种内在冲突性可以保存地方文化资源的整体性,能够对地方文化进行多层面的深入挖掘,在文化创意上进行更为多元的开发与创作,形成富有生机活力的文化生产机制。

要保全这种文化生产的内在冲突性,就要求内外部权力结构,如政府、社会、资本、文化消费群等首先有相对的一致性,形成共通的"地方感",即这些权力因素能够在不同层面对地方性文化产业有大体一致的价值认同、权力赋予能力以及情感接受度等,这些认同感在文化产业发展初期往往通过文创品牌塑造与地方品牌传播来推动和实现,即形成一定的市场效应。但当地方性文化产业进入相对成熟的生长期阶段,更为重要的动力来源则要通过沉浸其中的产业生产者群体保有在日常生活中进行多元意义生产的能力和保障来完成,让他们在自身对地方文化资源的理解与应用的冲突中建构起多元复杂的、不可预知的产业文化景观,以此形成地方特质,产生独特的市场效应,达成内外部"地方感"的一致与和谐。地方性文化产业致力建构的"地方感"应是由许多声音、味道、食物、衣服、家用品、广告、报纸等各种生活式媒介组成的博物馆[1],而不是"千城一面"的"画面场",只有尽可能保存内在文化生产的冲突力,才能摆脱被外部权力结构所牵制的窠臼,形成可持续发展的动力机制。

五、新媒介观是地方性文化产业可持续发展的基础路径

新媒介观概念发源于整合营销传播理论,但在其基础上有所引申。整合营销传播理论是应对多元复杂的媒介环境下的品牌传播策略,其营销传播的核心思想在于利用个性化媒介的特点完成品牌传播的同一性效果,其方法论主要有二:一是将所有的可识传播媒介都涵盖在营销活动范围内;二是企业能够通过这种多元媒介的整合将品牌信息统一传递给消费者。[2] 如

---

① (英)海尔默著,王志宏译:《日常生活与文化理论导论》,商务印书馆2008年版,第125页。

② (美)唐·舒尔茨、海蒂·舒尔茨著,何西军、黄鹂、朱彩虹、王龙译:《整合营销传播:创造企业价值的五大关键步骤》,清华大学出版社2013年版,第28~33页。

上文所述,若以文化传播观来统领文化产业的发展,那么在整个产业链条中的人或条件,必须具备新媒介观,文化产业中的新媒介观除了物理媒介形式外,还应包括一切文化性的传播媒介,即人与物之间的关系;人与产品之间的关系;人与人之间的关系等等一切隐形的文化展示,宏观如文化产业在空间布局上透出的人与自然的关系;在环境设施上显示的人文关怀;在产业管理上体现的社区共同体情怀等等,微观如文创业者们的语言仪表、日常生活、社区参与度、如何对待外来人等等。陈培爱教授在谈及中国元素与文化创意关系时提出一个重要观点:要将传统的要素充分发掘和整合起来,一来弘扬传统文化,二来也有利于促进经济发展,更有利于构造社会与社区的和谐气氛,可谓一举多得①。在新媒介观理念的指引下,地方性文化产业可以通过挖掘地方传统文化元素,用整合传播的方法,浸润到文创群体的日常生活中,再促使这些文化生产者把对中国文化的理解融入文化产业,在文化产业中体现中国传统文化创新的魅力。这整个过程,都是在完成一个文化传播的过程,整个文化产业的生态即是一个媒介生态。总而言之,文化传播观是发展地方性文化产业的统领性理念和理论基础,新媒介观则是地方性文化产业发展的着眼点和介入点,是基础路径,两者的区别在于一个是宏观理念,一个是微观方法论。

当前,我国许多地方传统文化产业的从业人员整体文化水平都不高,对文化创意新兴产业的理解和认识还很粗浅,品牌观念、品牌塑造、品牌管理、品牌传播等方面的基础知识还很薄弱,他们的文化传播观还停留在狭隘的广告、招牌与牵强附会的文化表象上,但是这不代表他们没有文化思想,没有文化传播的情怀,没有"地方感",恰恰相反,这部分群体有迫切塑造品牌文化和进行品牌文化传播的诉求,如果地方政府和文化产业的管理者能够用新媒介观理念打造文化产业的文化生产和文化传播机制,对提升地方性文化产业的整体质量大有裨益。

六、关注小众效应

文化产业从根本上说,是开放性的创业过程,任何个体都可以凭借自身

---

① 陈培爱:《中国元素与广告营销》,厦门大学出版社 2010 年版,第 1~2 页。

的智力资本和创意能力投入该产业。本文提出的"小众"概念不只限于文化产业中的从业者数量,还在于那一批未得品牌运作之道的创业者。当前,地方政府与产业管理者们过多地将注意力与资源分配给艺术大家、大企业、大品牌商等,对沉浸在产业中名微的文创群体的激发与激励机制还不够完善。但文化产业与规模经济型产业不同的是,任何一个创意人都不能够被忽略,一个人的创意可能拉动整个产业的产值。作者对福建"海丝"文化产业从业人员的访问调查显示,那些自小以学徒方式从祖辈接手传统技艺的从业者们,虽然受教育水平不高,但他们的内心对文化的理解与追求却超越了众多接受过高等教育的人,他们的每件作品都凝聚了对生活的深刻理解,虽然他们需要经济效益来改善生活,也需要市场规模来维持文创投入,但他们对家乡和地方的认同感十分牢固,也充满深情,他们坚持对地方文化生活的钻研与体会,把个人的生活精神融入作品,他们是建构"地方感"的核心力量,这样的文创精神具有原生性与爆发性,亟需得到保护和激励。因此,地方政府和文化产业管理者们应关注这部分小众效应,充分保证每个从业者具有等同的参与竞争和创作的权力和平台,才能构成文化产业中文化生产的内在冲突性,才能形成良好的文化产业发展生态,从整体上改善和增强地方品牌形象和文化产业竞争力。

七、未来展望暨研究总结

文化产业研究是学科交叉性很强的研究领域,无论从哪一个角度切入,它所牵涉的问题都十分庞杂,且难以论证完全。虽然论文在理论视角和研究对象上都暂且寻得比较新颖的切入点,丰富了传播学和文化产业研究的视角,但鉴于本人研究水平的限制,论文难免存在不可回避的短板,主要体现为:一,由于经验不足和时间限制,深入产业一线获取研究所需的一手数据和资料采集的设计方案难免有局限性,在一定程度上影响了论文理论分析的充分性和深度。二,对文化产业研究必须涉及的一些问题较难纳入论文结构,文化产业毕竟是社会经济活动,产业的经济性本质如何与其他领域发生作用始终是焦点问题,但由于跨学科研究的先天不足,未能将该问题进行深入讨论,使得论文在实际应用上打了折扣。三,论文所提的"地方感""情感经验"等较难用语言结构准确定义和表述,把这些相对"虚"的概念与

"实"的研究对象的关系讲清楚,实在颇有难度,这也是本书理论阐述力欠缺深度的重要原因,有待进一步深入与提高。

但鉴于论文提出的研究视角及时回应当前国家重大发展战略指引下的文化产业关于文化生产和文化创新的前沿问题,该研究在未来还是有可期待的前景,具体如下:

一、可进一步在理论深度上完善文化产业的文化生产与文化传播问题,该问题的研究应与国家治理和文化治理等相关理论问题紧密结合,从而拓深文化产业研究的理论道路。

二、在研究方法上,应从文化传播的角度,对"海丝"文化产业与区域形象、国家形象建构等重大问题确立各种类型化的研究思路与模型,提供更具体和有针对性的研究对策,以促进和提高国家文化产业的实践成效。

三、文化产业与"地方感"建构的理论研究是永远保持着活力以及充满生活气息的研究视域,它有利于让我们更多地关注活动其中的人的精神世界和文化秉承,应投入更长期性的、更细致的观察与探索,形成比较完善的系统性研究理论和方法,为地方经济的发展提供宝贵的智库价值。

参考文献

一、中文文献

论文：

[1]刘轶：《我国文化创意产业研究范式的分野及反思》，《现代传播》2007年第1期。

[2]胡惠林：《对"创意产业"和"文化产业"作为政策性概念的一些思考》，《学术探索》2009年第5期。

[3]王惠蓉：《以旅游业为标杆的海洋文化创意产业研究——以福建东山岛为例》，《集美大学学报》2013年第16期。

[4]王嘉琪：《"一带一路"战略产业结构模式》，《文化地产》2005年第6期。

[5]才国伟、曹昱葭、吴华强：《中国经济改革与发展视角下的"一带一路"》，《广东社会科学》2015年第5期。

[6]王美雅：《文化创意产业研究的回顾与前瞻》，《艺术设计研究》2010年第3期。

[7]朱华晟：《国外创意产业研究动态及对我国的启示》，《商业研究》2008年第10期。

[8]陈碧琳：《博物馆商品化的迷思?! 台湾文化创意产业政策对博物馆思维的冲击》，《台湾博物季刊III》2011年第30期。

[9]林佩芬：《大伦气球博物馆：观光工厂再造传产新生命》，《工业技术与资讯》2008年第196期。

[10]蔡淑梨：《体验经济下成衣观光工厂创新经营模式之研究》，《辅仁民生学志》2009年第15期。

[11]王俞雅:《台湾传统产业到文化创意观光工厂的转型》,《台湾工艺》2011年第41期。

[12]蔡长清:《观光工厂游客之涉入程度、态度、主观规范、知觉行为控制与旅游意愿之相关研究》,《商业现代化学刊》2011年第6期。

[13]陈长雄:《台湾本土制造产业加值化服务:观光工厂》,《机械工业》2013年第58期。

[14]钟镇伟、曾宗德:《观光工厂游客环境知觉、游客加值游后行为意图关系之研究:兼论品牌认同之中介效果》,《岛屿观光研究》2014年第7期。

[15]辛晚教:《文化产业发展与地方经济再生策略研究》,《文化建设委员会办研究》2000年第3期。

[16]叶智魁:《发展的迷思——文化产业与契机》,《哲学杂志业书》2002年第28期。

[17]黄世辉:《社区自主营造的理念与机制:黄世辉研究论文集》,《建筑情报季刊》2002年第3期。

[18]谈锦钊:《充分运用海上丝绸之路的历史资源》,《城市》2002年第2期。

[19]刘根勤、陈超华:《广州亚运会与海上丝绸之路文化产业的开发策略研究》,《文化遗产》2010年第2期。

[20]曾启鸿、蔡文静:《海上丝绸之路区域旅游合作研究》,《经济研究导刊》2008年第9期。

[21]黄少辉:《海上丝绸之路文化旅游发展研究》,《热带地理》2009年第2期。

[22]段莉、胡惠林:《中国文化产业是否进入学术疲劳期——基于学科概念体系的研究》,《东岳论丛》2013年第34期。

[23]宦震丹、王艳平:《地方感与地方性的异同及其相互转化》,《旅游研究》2015年第7期。

[24]江平宇、丁凯、冷杰武:《社群化制造:驱动力、研究现状与趋势》,《工业工程》2016年第19期。

[25]何方:《新型社群与共享经济的持续发展》,《浙江学刊》2016年第6期。

[26]李春满:《论文化资产的价值属性》,《中国资产评估》2013年第5期。

[27]朱伟钰:《文化资本与人力资本——布尔迪厄文化资本理论的经济学意义》,《天津社会科学》2007年第3期。

[28]徐明生:《我国文化资本与经济发展的协调性研究》,《厦门大学学报》(哲学社会科学版)2011年第1期。

[29]姚俭建、岑文忠:《文化资本的积累机制探微》,《上海师范大学学报》(哲学社会科学版)2004年第33期。

[30]陈青生:《厘清文化资本的内涵》,《探索与争鸣》2007年第1期。

[31]沈昱瑄:《生活美学——生活之美无所不在》,《书香远传》2006年第32期.

[32]江凌:《中外文化产业政策基本特征比较》,《福建论坛(人文社会科学版)》2010年第12期。

[33]叶维莉:《两岸文化创意产业园区发展困境之研究》,《国际文化研究》2016年第12期。

[34]陈采欣:《以联合国"创意城市网络"探讨全球化下的城市文化治理》《全球都市文化治理与文化策略》,2013年。

[35]王媛:《文化认同:非物质文化遗产存续发展的核心问题》,《福建论坛》(人文社会科学版)2014年第10期。

[36]胡惠林:《文化产业可持续发展的关键》,《中共浙江省委党校学报》2015年第1期。

[37]胡惠林:《新型城镇化:重构中国文化产业发展的空间秩序》,《福建论坛.人文社会科学版》2015年第8期。

[38]胡惠林:《在文化发展的实践中推进文化理论的创造性发展》,《中国编辑》2015年第2期。

[39]向勇:《转型期我国文化产业发展模式研究》,《东岳论丛》2016年第37期。

[40]刘素华:《新文化生产方式:近代中国文化产业的发生范式》,《上海交通大学学报》(哲学社会科学版)2013年第21期。

书籍:

[1]陈学明:《班杰明》,生智出版1998年版。

[2]郭曜棻:《全球化与地方性文化产业之垄断逻辑》,台湾师范大学2007年版。

[3]谢淑芬:《观光心理学》,五南图书出版股份有限公司1994年版。

[4]朱道力、薛雅惠:《旅游地理学》,五南图书出版股份有限公司 2006
年版。

[5]吴存东、吴琼:《文化创意产业概论》,中国经济出版社 2010 年版。

[6]黄合水:《品牌建设精要——打造名牌之不二法门》,厦门大学出版
社 2004 年版。

[7]奥美公司:《奥美的观点 III》,中国物价出版社 2003 年版。

[8]李树榕、王敬超等:《文化资源学概论》,东南大学出版社 2014 年版。

[9]刘合林:《城市文化空间解读与利用——构建文化城市的新路径》,
东南大学出版社 2010 年版。

[10]顾江:《文化遗产经济学》,南京大学出版社 2009 年版。

[11]黄合水:《品牌与广告的实证研究》,北京大学出版社 2006 年版。

[12]张意:《文化与符号权力——布尔迪厄文化社会学导论》,中国社会
科学出版社 2005 年版。

[13]皇甫晓涛:《文化资本论》,人民日报出版社 2009 年版。

[14]荣光毅:《空间政治经济学》,人间出版社 1995 年版。

[15]罗新星:《第三空间的文化意义生产研究——以湘西凤凰的旅游传
播为个案》,岳麓书社 2013 年版。

[16]陈培爱:《中国元素与广告营销》,厦门大学出版社 2010 年版。

译著:

[1](美)迈克尔·波特著,陈小悦译:《竞争优势》,华夏出版社 1997
年版。

[2](美)萨缪尔森、诺德豪斯著,萧琛译:《经济学》(第 18 版),人民邮电
出版社 2005 年版。

[3](美)海恩等著,史晨译:《经济学的思维方式》,机械工业出版社
2015 年版。

[4](美)大卫·艾克著,吴进操、常小红译:《管理品牌资产》,机械工业
出版社 2006 年版。

[5](美)汤姆·邓肯、桑德拉·莫里蒂著,廖宜怡译:《品牌至尊》,华夏
出版社 1999 年版。

[6](英)大卫·赫斯蒙德夫著,张菲娜译:《文化产业(第三版)》,中国人
民大学出版社 2016 年版。

[7](美)萨缪尔森、诺德豪斯著,萧琛译:《经济学》,机械工业出版社

1998 年版。

[8]马克思恩格斯列宁斯大林著作编译局:《马克思恩格斯全集第四卷》,人民出版社 1958 年版。

[9](英)海尔默著,王志宏译:《日常生活与文化理论导论》,商务印书馆 2008 年版。

[10](美)唐·舒尔茨、海蒂·舒尔茨著,何西军、黄鹂、朱彩虹、王龙译:《整合营销传播:创造企业价值的五大关键步骤》,清华大学出版社 2013 年版。

二、外文文献

[1]Tuan,Y.Space and place:*The Perspective of Eexperience of Minneapolis*,University of Minnesota Press,1977.

[2]Myerscough.J:*The Economic Importance of the Arts in Great Britain*,London:Policy Studies Institute,1988.

[3]Frank Gaffikin& Mike Morrissey:*City Visions:Imagining Place*,*Enfranchising people*,London:Pluto Press,1999.

[4]McGuigan Jim:*Culture and the Pubic Sphere Routledge:New York Culture Populism*,London:Routledge,1996.

[5]David Harvey:*The Condition of Postmodernity——the Urban Experience*,Oxford:Basil Blackwell,1998.

[6]Corrossis. H. and Nijkamp. P.(eds):*Planning for our Heritage Avebury*,London:Pluto Press,1995.

[7]Kevin Meethan:*Marketing Places － Attaching Investment*,*Industry and Tourist to Cites*,*States*,*and Nations*,NewYork:Routledge,1997.

[8]Berlyne,D.E.:*Aesthetics and Psychobiology*,New York:MEREDITH CORPORATION,1971.

[9]Evans.D:Emotion:*The Science of Sentiment*,Oxford:Oxford University Press,2001.

[10]Norman,D.A.Emotional Design:*Why We Love or Hate Everyday Things*? New York:Basic books,2006.

[11]Cresswell. T:*Place:A short International. Malden*,MA:

Blackwell Pub,2004.

[12]Bassett,K.Parterships:Business Elites and Urban Politics:News of Forms of Governance in an English City? *Urban Studies*,1993,(33).

[13]Williams,D.R.& Steward,S.I:Sense of Place:An Elusive Concept That is Finding a Home in Ecosystem Management, *Journal of Forestry*, 1996,(5).

[14]Stedman,R.C:Toward a Social Psychology of Place:Predicting Behavior from Place—Based Cognitions,Attitude, and Identity, *Environment and Behavior*,1999,34,(5).

[15] Louis TzeNgaiVong:An Investigation of The Influence of Heritage Tourism on Local People's Sense of Place:the Macau youth's Experience, *Journal of Heritage Tourism*, 2013,8,(4).

[16]Desmet,P.& Hekkert.P:Framework of Product Experience, *International Journal of Design*,1998,(1).

[17]Ekman.P:An Argument for Basic Emotions,*Cognition Emotion*, 1992,(6).

[18]Richard C.Stedman:Is it Really just a Social Construction? —— The Constriction of the Physical Environment to Sense of Place,*Society & Natural Resources*,2003,(16).

[19]Nanzer B.: Measuring Sense of Place:A scale for Michigan,*Administrative Theory of Praxis*,2004(3).

[20]Louis Tze—NgaiVong:An Investigation of the Influence of Heritage Tourism on Local People's Sense of Place. *Journal of Heritage Tourism*,2013,8,(4).

[21]Desmet.P & Hekkert.P:Framework of Product Experience,*International Journal of Design*,2007,I,(1).

[22]Aaker.D.A.:Managing Brand Equity,*San Francisco:Fress Press*, 1991,(3).

[23]Demir.E.and Desmet.P.M.A.: The Role of Products in Product Emotions an Explorative Study,*Design Research Society Conference*,2009, (3).

[24]Nanzer B. Measuring sense of place: A scale for Michigan,*Ad-

ministrative Theory of Praxis,2004(3).

[26]Emily Chamlee Wright:Captalist Spirits and Connection to Place,*Rev Austrilia Acon*,2014,(27).

[27]Susanna Heldt Cassel:Trying to be Attractive:Image Building and Identity Formation in Small Industrialization Sweden,*Place Branding and Public Diplomacy*,2008,4,(2).

[28]Brown,Adam,O'Connor,Justin,Cohen,Sara:Local Music Policies within a Global Music Industry:Cultural Quarters in Manchester and Sheffield,*Geoforum*,2000,31,(4).

[29]Potts J.& Cunningham S:Four models of the creative industries,*International Journal of Culture policy*,2008,(3).

[30]Audley,Paul.Cultural Industries Policy:Objectives,Formulationand E-valuation,*Canadian Journal of Communication*,1994,19,(3).

[31]Bent D.Moyle,Charlee J,etc.Tracking the Concept of Sustainability in Australian Tourism Policy and Planning Documents. *Journal of Sustainal Tourism*,2014,22,(7):1037—1051.

[32]Monika M.Derrien& Patricia A.Stokowski.Sense of Place as a Learning Process,*Leisure Science*,2014,(36).

三、学位论文

[1]王思齐:《国家软实力的模式构建》,浙江大学博士学位论文2011年。

[2]郑智伟:《文化产品品牌管理模式应用研究初探——以中国台湾表演艺术产业为例》,政治大学硕士论文2003年。

[3]温雅彬:《基于社会网络视角的中国台湾文化创意产业研究——以十鼓文化村为例》,福建师范大学硕士学位论文2011年。

[4]邓晓辉:《新工艺经济时代的文化创意产业研究——基于技术、组织与消费的三维视角》,复旦大学博士学位论文2006年。

[5]郑洪涛:《基于区域视角的文化创意产业发展研究》,河南大学博士学位论文2008年。

[6]胡毋意:《文化创意产业的原创力研究》,复旦大学博士学位论文2009年。

［7］汝安:《武术创意产业的发展》,上海体育学院博士学位论文2010年。

［8］方忠:《中韩文化创意产业经济效应比较研究》,福建师范大学博士学位论文2010年。

［9］潘维刚:《文化创意产业迎应全球化的创新策略——以中国台湾艺术表演团为例》,吉林大学博士学位论文2010年。

［10］孙洁:《文化创意产业集聚动力机制研究》,上海社会科学院博士学位论文2012年。

［11］彭艳:《文化创意产业中的创新扩散模式研究——以动漫产业为例》,武汉理工大学博士学位论文2010年。

［12］余霖:《闽台文化产业合作研究》,厦门大学博士学位论文2011年。

［13］杨敏芝:《地方性文化产业与地域活化互动模式研究》,台北大学博士学位论文2002年。

［14］傅茹璋:《传统产业转型地方性文化产业创新发展研究》,文化大学博士学位论文2009年。

［15］蔡宜佳:《社区文化情感经验之构成要素及魅力品质研究》,云林科技大学博士学位论文2015年。

［16］陈冶国:《布尔迪厄文化资本理论研究》,首都师范大学博士学位论文2011年。

［17］何振科:《布丢文化资本理论与文化创业实践研究》,山东大学博士学位论文2012年。

［18］施进忠:《文化产业创业的论述实践:以中国台湾交趾陶创业者的叙说为例》,中山大学博士学位论文2011年。

四、论文集

［1］刘焕云:《文化、创意与地方产业结合发展之研究》,《2010文化创意产业永续与前瞻研讨会论文集》,屏东教育大学2010年印行。

［2］陈采欣:《以联合国"创意城市网络"探讨全球化下的城市文化治理》,刘俊裕:《全球都市文化治理与文化策略》,巨流图书股份有限公司2013年版。

［3］刘俊裕:《全球在地化:都市文化治理与文化策略的形成》,刘俊裕:《全球都市文化治理与文化策略》,巨流图书股份有限公司2013年版。

[4]柯惠晴:《节庆收编的可能性》,刘俊裕:《全球都市文化治理与文化策略》,巨流图书股份有限公司2013年版。

五、网络文献

[1]福州晚报:《海上丝绸之路的起点福建,有哪些文化古迹值得逛》,https://m.sohu.com/a/112770324_349398,2016—08—30,2017—05—20.

[2]福建省文化厅:《唱响福建文化品牌实现海丝起点新跨越》,http://fj.people.com.cn/n/2014/0708/c337006—21609822—2.html,2014—07—08,2017—05—21.

[3]刘可耕:《福建出台地方法规保护"海丝"遗产》,http://www.chinanews.com/cul/2017/04—01/8189552.shtml.2017—04—01,2017—05—30.

[4]百度百科:《漳州月港—明代对外贸易港口》http://baike.so.com/doc/2246102—2376478.html,2016—9—23,2017—06—02.

[5]苏禹成:《漳州"海丝"遗存家底摸清 成立领导小组推进申遗》,http://www.fjsen.com/d/2011—07/13/content_5163020_2.htm,2011—07—13,2017—06—02.

[6]中国产业调研网:《2016年福建省文化产业现状及发展趋势分析》,http://www.cir.cn/R_QiTaHangYe/62/FuJianShengWenHuaDeXianZhuang-HeFaZhanQuShi.html,2017—02—15,2017—06—15.

[7]张晶雪:《2015年泉州文化产业发展亮点纷呈重振"海丝"雄风》,http://www.ce.cn/culture/gd/201601/21/t20160121_8437528.shtml,2016—1—21,2017—06—06.

[8]张文齐:《中国文化传媒集团将在闽建多个"海丝"文化项目》,http://www.cssn.cn/jjx/jjx_gdxw/201502/t20150216_1518379.shtml,2015—2—15,2017—06—08.

[9]吴舟、张子剑:《福建文化产业成经济发展新增点,业态创新推动产业变革》,http://fj.people.com.cn/n2/2016/0519/c350391—28359982.html,2016—5—19,2017—06—09.

[10]许雅玲:《中央批准海上丝绸之路国际艺术节永久落户泉州》,http://mn.sina.com.cn/news/b/2015—11—04/detail-ifxkhcfk7610264.shtml,2015—11—06,2017—02—10.

［11］邵希炜:《福建文化产业:创新引领转型》,http://fjnews.fjsen.com/ 2016－05/19/content_17832450_all.htm,2016－5－19,2017－02－11.

［12］郑旭:《深挖海上丝绸之路文化游内涵》,http://www.msweekly. com/news/dujiaxinwen/2015/0912/40294.html,2017－3－25,2017－05 －23.

［13］闫旭、叶秋云:《福州出台地方法规保护"海丝"遗产》,http:// www.chinanews.com/cul/2017/04－01/8189552.shtml,2017－04－01, 2017－05－25.

［14］柯竞:《福州市实施文化建设六大行动计划》,http://news.fznews. com.cn/shehui/20170425/58fe84a483847.shtml,2017－04－25,2017－06－03.

［15］王敏霞:《晋江安海古镇,延续文脉聚合力》, https://www. ncnews.com.cn/xwzx/gdxw/201702/t20170216_659194.html,2017－02－ 16,2017－07－09.

附录一 福建"海丝"文化产业"地方感"形成的基础问卷①

尊敬的女士/先生:您好!本问卷是关"海丝"文化产业发展的调查。本研究以与"海上丝绸之路"历史文化遗产或资源相关的在地性文化产业为范畴,研究"海丝"文化产业与"地方感"形成的互动关系。本问卷是初步的基础性调查,您的意见对研究结果具有重要意义,拜请您给予大力支持!问卷内容纯属学术用途,您的个人信息将绝对保密,请您放心。谢谢您付出宝贵时间!

一、基本资料

1.请问您的年龄:

A 20 岁以下　B 20～29 岁　C 30～39 岁　D 40～49 岁

E 50 岁以上

2.请问您的教育程度:

A 中学以下程度　B 中学程度　C 大专程度　D 大学本科以上程度

3.您目前从事的工作:

A 国家机关、企事业单位

B 专业技术行业(医生、教师、律师、工程师、企业管理等)

C 私营企业、个体工商户及其他服务业

D 农林牧个体业

E 学生

F 文化创意工作者

G 文化旅游业

H 文化产业相关从业人员

二、对"海丝"文化产业基础条件重要程度的认知调查

每项因素依其重要性的强弱程度分为:非常重要、很重要、普通、不重

---

① 本文附录一——三问卷内容部分采用中国台湾学者杨敏芝的研究成果,有所改动。

要、非常不重要。请您勾选符合自己意愿的选项。

(一)"海丝"文化产业政策的基础条件

1."海丝"文化产业发展的地方性政策基础条件,您认为重要性如何?

□非常重要□很重要□普通□不重要□非常不重要

2.地方政府在推动文化产业发展中进行角色转变,您认为重要性如何?

□非常重要□很重要□普通□不重要□非常不重要

3.如果地方政府推行政府部门参与企业经营的文化政策,您认为重要性如何?

□非常重要□很重要□普通□不重要□非常不重要

4.地方文化政策下放实质权力给地方社区和地方居民,您认为重要性如何?

□非常重要□很重要□普通□不重要□非常不重要

(二)"海丝"文化产业发展文化性基础条件的重要程度

5.地方历史记忆的重要程度?

□非常重要□很重要□普通□不重要□非常不重要

6.固有的地方文化特色的重要程度?

□非常重要□很重要□普通□不重要□非常不重要

7.人民生活的共同记忆的重要程度?

□非常重要□很重要□普通□不重要□非常不重要

8.地方居民组织、产业组织和政府组织的连接的重要程度?

□非常重要□很重要□普通□不重要□非常不重要

9.对台合作和交流关系的连接的重要程度?

□非常重要□很重要□普通□不重要□非常不重要

(三)"海丝"文化产业发展经济性基础条件的重要程度

10.产业集群基础的重要程度?

□非常重要□很重要□普通□不重要□非常不重要

11.采用最新的产品生产系统的重要程度?

□非常重要□很重要□普通□不重要□非常不重要

12.消费结构的重要程度?

□非常重要□很重要□普通□不重要□非常不重要

13.文化产业中横向竞争者之间联盟关系的重要程度?

□非常重要□很重要□普通□不重要□非常不重要

14.产品、市场、组织与管理部门之间建立社区关系网络的重要程度?

　　□非常重要□很重要□普通□不重要□非常不重要

(四)"海丝"文化产业发展需具备的"地方性"基础条件的重要程度

15.产业空间的分布和结构形式的重要程度?

　　非常重要□很重要□普通□不重要□非常不重要

16.地方所独有的原料的重要程度?

　　□非常重要□很重要□普通□不重要□非常不重要

17.地方所独有的制作技术的重要程度?

　　□非常重要□很重要□普通□不重要□非常不重要

18.地方所独有的文化意象的重要程度?

　　□非常重要□很重要□普通□不重要□非常不重要

三、"海丝"文化产业创新发展基本因素调查

(一)对城市定位的认识

1.您是否愿意你所在的城市发展成为"都市"形象?

　　A 愿意　B 不愿意

2.您认为目前你所在的城市属于"都市"吗?

　　A 是　B 否

3.您是否愿意你所在的城市形象走向国际化?

　　A 愿意　B 不愿意

4.您是否认同国际化的城市形象等同于"都市形象"?

　　A 是　B 否

5.您是否认为"在地化"特征是未来都市形象很重要的核心要素?

　　A 是　B 否

(二)对行业组织或同盟的认识

6.您有加入当地的行业组织吗?

　　A 有　B 没有

7.您认为当地文化产业有无必要由当地的地方产业组织或地方民间组织介入更多的引导与带动?

　　A 很有必要　B 可有可无　C 没有必要(跳答第 9 题)

8.您愿意加入行业自动发起的民间联盟,并努力参与推动行业创新吗?

A 十分愿意　B 无所谓　C 不参加

9.您认为当地的大学或职业教育机构对当地的文化创意产业是否有实质性推动作用?

A 有　B 有作用,但作用不明显　C 没有作用

10.您认为当地文化创意产业所需的人才资源充裕吗?

A 十分充裕　B 比较充裕　C 能满足基本需求

D 尚不能完全满足基本需要　E 严重不足

四、"海丝"文化产业发展与"地方感"形成的情感经验调查

(一)单选题:

1.您在本地居住的时间:

A 5 年以内　B 6～10 年　C 11～20 年　D 20 年以上

2.您是否是地方性文化产业行业协会或团体组织的成员?

A 是　B 否

【以下问题按"同意"程度五等分法,请您针对问题勾选出您认同的等级选项】

3.我知道本地是一个具有丰富历史文化及艺术气息的地方。

A 非常同意　B 同意　C 无意见　D 不同意　E 非常不同意

4.我非常了解泉州市"东亚文化之都"的内涵与发展过程。

A 非常同意　B 同意　C 无意见　D 不同意　E 非常不同意

5.我很了解本地融入"海上丝绸之路"文化产业的愿景和规划。

A 非常同意　B 同意　C 无意见　D 不同意　E 非常不同意

6.我认为本地的文化创意产业发展很快。

A 非常同意　B 同意　C 无意见　D 不同意　E 非常不同意

7.我觉得本地的文化产品很有特色。

A 非常同意　B 同意　C 无意见　D 不同意　E 非常不同意

8.我认为我们当地的文化产品在国内市场上很有竞争力。

A 非常同意　B 同意　C 无意见　D 不同意　E 非常不同意

9.我对我们的产品走向世界很有信心。

A 非常同意　B 同意　C 无意见　D 不同意　E 非常不同意

10.我对本地常举办文化产业活动的团体组织很了解。

A 非常同意　B 同意　C 无意见　D 不同意　E 非常不同意

11.我非常愿意参与本地举办的文化活动。

A 非常同意　B 同意　C 无意见　D 不同意　E 非常不同意

12.我对本地街坊邻居的事很关心。

A 非常同意　B 同意　C 意见　D 不同意　E 非常不同意

13.我对本地的发展事务非常关心并愿意担任志愿者服务。

A 非常同意　B 同意　C 无意见　D 不同意　E 非常不同意

14.我认为地方推动文化产业发展和举办文化活动可以将地方居民的心结合在一起,带动地方发展。

A 非常同意　B 同意　C 无意见　D 不同意　E 非常不同意

15.我认为近5年来,本地的游客有增加的现象。

A 非常同意　B 同意　C 无意见　D 不同意　E 非常不同意

16.我认为近五年来文化产业发展带动了居民收入的增长。

A 非常同意　B 同意　C 无意见　D 不同意　E 非常不同意

17.我认为近年来本地的文化产业使得环境建设有很大进步。

A 非常同意　B 同意　C 无意见　D 不同意　E 非常不同意

18.我认为近年来我们这个地方的名气大了。

A 非常同意　B 同意　C 无意见　D 不同意　E 非常不同意

19.我觉得我生活的地方很适合居住。

A 非常同意　B 同意　C 无意见　D 不同意　E 非常不同意

20.我觉得家乡人有人情味,我喜欢住在这里。

A 非常同意　B 同意　C 无意见　D 不同意　E 非常不同意

21.我愿意花很多时间去了解家乡的文化,并主动向游客宣传我们的历史文化。

A 非常同意　B 同意　C 无意见　D 不同意　E 非常不同意

22.我觉得家乡人会相互扶持,相互帮助照顾。

A 非常同意　B 同意　C 无意见　D 不同意　E 非常不同意

23.我是家乡的一分子,我对它有浓厚的感情。

A 非常同意　B 同意　C 无意见　D 不同意　E 非常不同意

24.我愿意为促进家乡的进步,贡献自己的心力。

A 非常同意　B 同意　C 无意见　D 不同意　E 非常不同意

25.我愿意留在本地工作,也愿意让我的子孙留在本地发展。

　　A 非常同意　B 同意　C 无意见　D 不同意　E 非常不同意

26.我觉得我们有自己的特色产业,它让我们觉得很自豪。

　　A 非常同意　B 同意　C 无意见　D 不同意　E 非常不同意

27.我常常会推荐我们本地的特色产业给亲朋好友知道。

　　A 非常同意　B 同意　C 无意见　D 不同意　E 非常不同意

28.我希望我们的下一代也能了解家乡的历史文化,并发扬光大家乡的特色产业。

　　A 非常同意　B 同意　C 无意见　D 不同意　E 非常不同意

29.我认为家乡应该朝着文化产业化、产业文化化的方向发展。

　　A 非常同意　B 同意　C 无意见　D 不同意　E 非常不同意

(二)多选题

1.您认为以下哪几种地方性文化政策比较适合当地文化产业的发展?

　　A 推行由下而上的地方文化政策主导的发展形态。

　　B 地方自我依赖的发展形态。

　　C 国家介入与地方介入相结合的发展模式。

　　D 中央、地方及私人部门的分治体制。

　　E 地方政府与私人机构的互信协调机制。

　　F 地方政府体制外的串联机制。

　　G 地方联盟机制:行业间联盟或同业间联盟。

2.请您从以下选项中选出最能提升您的生活品质和提升所在地城市形象的三种文化产业类型?

　　A 古城历史街区类,如:西街休闲文化旅游业;

　　B 文化主题公园类,如:后渚港"海丝"文化主题公园;

　　C 民俗文艺演出类,如:南音、南戏、南建筑、南拳、南派工艺、木偶戏、高甲戏等各式民俗文艺演出活动;

　　D 民俗文化活动类,如:民间跳火堆活动;誉为"狂欢节"的元宵节;世界上唯一的海上泼水节;开元寺万人"勤佛"祈福活动;攻炮城活动以及各类宗教巡游活动;拔拔灯活动;开财库活动等。

　　E 传统手工技艺创意产业,如陶瓷、石雕业等。

　　F 历史遗迹暨宗教文化旅游类:九日山祈风石刻、真武庙、天后宫、磁灶窑系金交椅山窑址;老君岩石造像、开元寺、伊斯兰教圣墓、清净寺、草庵摩尼光佛造像、府文庙、洛阳桥等。

五、开放问答题

1.您如何理解"东亚文化之都"口号的意义和内涵？

2.您认为本地所代表的"21世纪新海上丝绸之路"文化创新的内涵应当体现在哪些方面？

附录二　传统产业转型中"地方感"形成调查问卷

尊敬的女士/先生:您好！本问卷是关于"海丝"陶瓷文化产业发展的问卷调查,问卷内容仅供学术研究使用。本研究以与"海上丝绸之路"历史文化遗产或资源相关的在地性文化产业为范畴,研究"海丝"文化产业与"地方感"形成的互动关系。本问卷是初步的基础性调查,纯属学术研究,资料绝对保密,请您放心。您的意见对本研究至关重要,感谢您付出宝贵时间！

壹、陶瓷文化产业基础条件调查

一、产业基本资料(请勾选符合情况的选项)

1.您的陶瓷企业成立于:

A 2000年前　B 2000年后(含2000年)

2.您的陶瓷企业形态为:

A 陶瓷工厂　B 陶瓷工作室　C 陶瓷经销商　D 其他

3.您的陶瓷产品为:

A　陶瓷艺术品　B 日用陶瓷　C 综合陶瓷　D 其他

4.您的陶瓷企业(工坊)员工人数是:＿＿＿＿＿＿＿＿

A 5人以下　B 10人上下　C 20人上下　D 30人上下

E 40人上下 F 50人上下　G 60~80人左右　　H 100人以上

5.请问您的企业一年产值是多少?

A　50万以下　B 50万~100万　C 100万~500万

D 500万~1 000万以上　E 1 000万以上

二、对文化产业基础条件的重要程度认知情况调查

基础条件:(一)政策推动(二)文化性(三)经济性(四)地方性

每个项目因素依其重要性的强弱程度分为:非常重要、很重要、普通、不重要、非常不重要。请您按个人意愿勾选选项。

(一)关于文化产业政策基础条件的意见

1.文化产业发展的地方性政策基础条件,您认为重要性如何?

□非常重要□很重要□普通□不重要□非常不重要

2.地方政府在文化产业发展的推动中进行角色转变,您认为重要性如何?

□非常重要□很重要□普通□不重要□非常不重要

3.如果地方政府推行政府部门参与企业经营的文化政策,您认为重要性如何?

□非常重要□很重要□普通□不重要□非常不重要

4.地方文化政策下放实质权力给地方社区和地方居民,您认为重要性如何?

□非常重要□很重要□普通□不重要□非常不重要

(二)关于文化产业"文化性"基础的意见

5.地方历史记忆的重要程度?

□非常重要□很重要□普通□不重要□非常不重要

6.固有的地方文化特色的重要程度?

□非常重要□很重要□普通□不重要□非常不重要

7.人民生活的共同记忆的重要程度?

□非常重要□很重要□普通□不重要□非常不重要

8.地方居民组织、产业组织和政府组织连接的重要程度?

□非常重要□很重要□普通□不重要□非常不重要

9.对台合作和交流关系的连接的重要程度?

□非常重要□很重要□普通□不重要□非常不重要

(三)关于文化产业"经济性"基础条件的意见

10.产业集群基础的重要程度?

□非常重要□很重要□普通□不重要□非常不重要

11.采用最新的产品生产系统的重要程度?

　　□非常重要□很重要□普通□不重要□非常不重要

12.消费结构的重要程度?

　　□非常重要□很重要□普通□不重要□非常不重要

13.文化产业中横向竞争者之间的联盟关系的重要程度?

　　□非常重要□很重要□普通□不重要□非常不重要

14.产品、市场、组织与管理部门之间建立社区关系网络的重要程度?

　　□非常重要□很重要□普通□不重要□非常不重要

(四)关于文化产业"地方性"基础条件的意见

15.产业空间的分布和结构形式的重要程度?

　　□非常重要□很重要□普通□不重要□非常不重要

16.地方所独有的原料的重要程度?

　　□非常重要□很重要□普通□不重要□非常不重要

17.地方所独有的制作技术的重要程度?

　　□非常重要□很重要□普通□不重要□非常不重要

18.地方所独有的文化意象的重要程度?

　　□非常重要□很重要□普通□不重要□非常不重要

贰、陶瓷文化产业创新发展情况调查

一、制度创新调查

(一)对城市定位的认识

1.您是否愿意本地发展成为"都市"形象?

　A 愿意　 B 不愿意

2.您认为目前本地是"都市"吗?

　A 是　　 B 否

3.您是否愿意你所在的城市形象走向国际化?

　A 愿意　 B 不愿意

(二)对行业组织或同盟的认识

1.您有加入当地的本行业组织吗?

　A 有　　 B 没有

2.您认为当地文化创意产业有无必要由当地的地方产业组织或地方民

间组织介入更多的引导与带动?

A 很有必要　B 可有可无　C 没有必要(跳答到第 4 题)

3.您愿意加入行业自动发起的民间联盟,并努力参与推动行业创新吗?

A 十分愿意　B 可参加可不参加　C 不参加

4.您认为当地的大学或职业教育机构对当地的文化创意产业是否有实质性推动作用?

A 有　B 有作用,但作用不明显　C 没有作用

5.您认为当地文化创意产业所需的人才资源充裕吗?

A 十分充裕　B 比较充裕　C 能满足基本需求

D 尚不能完全满足基本需要　E 严重不足

6.请您从以下选项中勾选三个您认为最适合本地文化产业发展的文化政策模式。

A 推行由下而上地方文化政策主导的发展形态。

B 地方自我依赖的发展形态。

C 国家介入与地方介入相结合的发展模式。

D 中央、地方及私人部门的分治体制。

E 地方政府与私人机构的互信协调机制。

F 地方政府体制外的串联机制。

G 地方联盟机制:行业间联盟或同业间联盟。

二、资源创新调查(新材料、新工艺等)

1.请在下表勾选在您的企业(工坊)"获得一种原材料或半成品的新的供应来源"情况

年份 / 创新	2000—2005				2005—2010				2010—2015			
原材料创新/半成品的新供给来源	有	当地来源	国内来源	海外来源	有	当地来源	国内来源	海外来源	有	当地来源	国内来源	海外来源
	无				无				无			
新来源是否有政府的补助	有				有				有			
	无				无				无			

问答题:

请就"获取新材料或半成品供应来源"发表您的其他看法或意见。

_____

_____

2.请在下表勾选您的企业(工坊)"引入一种新产品或提供一种产品的新品质"的情况

创新＼年份	2000—2005			2005—2010			2010—2015		
是否引入新产品或提供产品的新品质	有	新产品	对原产品提升品质	有	新产品	对原产品提升品质	有	新产品	对原产品提升品质
	无			无			无		
提升产品新品质是否有政府经费的补助	有	新产品	对原产品提升品质	有	新产品	对原产品提升品质	有	新产品	对原产品提升品质
	无			无			无		

问答题:

请就"引入一种新产品或提供一种产品的新品质"发表您的看法或意见。

_____

_____

3.请在下表勾选您的企业(工坊)"采用新的生产方式"的情况

创新＼年份	2000—2005			2005—2010			2010—2015		
A.有无采用一种新的生产方式? B.新的生产方式的效果是什么?	有	获利增加	成本降低	有	获利增加	成本降低	有	获利增加	成本降低
	无			无			无		

续表

年份 创新	2000—2005		2005—2010		2010—2015	
采用新的生产方式是否有政府经费的补助	有		有		有	
	无		无		无	

4.请在下表勾选您的企业(工坊)"是否开辟新的市场"的情况

年份 创新	2000—2005		2005—2010		2010—2015	
A.有无开辟新的市场? B. 开辟新的市场的效果如何?	有	开辟新市场的数量及市场收益	有	开辟新市场的数量及市场收益	有	开辟新市场的数量及市场收益
		无		无		无
开辟新的市场是否有政府经费补助	有		有		有	
	无		无		无	

问答题:

请就"是否开辟新的市场"这一问题发表您的看法或意见。

_____

_____

三、高科技创新调查

6.请在下表勾选您的企业(工坊)"高科技创新"的情况

年份 创新	2000—2005					2005—2010					2010—2015				
A有无高科技创新？ B具体是哪种高科技创新？	有	产品研发和生产技术采用高科技	销售渠道中采用高科技（如VR技术、人工智能等）	营销传播中采用高科技（如全息光影技术、高难度新媒体技术等）	其他	有	产品研发和生产技术采用高科技	销售渠道中采用高科技（如VR技术、人工智能等）	营销传播中采用高科技（如全息光影技术、高难度新媒体技术等）	其他	有	产品研发和生产技术采用高科技	销售渠道中采用高科技（如VR技术、人工智能等）	营销传播中采用高科技（如全息光影技术、高难度新媒体技术等）	其他
是否有补助	有					有					有				
	无					无					无				

问答题：

请您谈谈您对高科技创新在行业中应用的其他看法（如是否很有必要？优势是什么？问题在哪里？）

____

____

四、业态创新调查

6.请在以下表格勾选您的企业（工坊）参与“实行一种新的产业组织形式”的情况

年份 \\ 创新	2000—2005						2005—2010						2010—2015					
A 有无参与一种新的产业组织式? B 具体是哪类产业组织式?	有	技术组织	生产组织	营销管理组织	产学研联盟	其他	有	技术组织	生产组织	营销管理组织	产学研联盟	其他	有	技术组织	生产组织	营销管理组织	产学研联盟	其他
	无						无						无					
开辟新市场是否有政府经费的补助	有						有						有					
	无						无						无					

问答题:

如果您有参与任何一种产业组织形式,请简要说明这种产业组织形式对您企业(工坊)的影响?

_____

_____

五、产业融合创新调查(与生活美学、与文化旅游、与公演会展的合作情况)

7.请在下表勾选您的企业(工坊)参与"产业融合创新"情况

年份　　创新	2000—2005					2005—2010					2010—2015				
A有无参与产业融合创新？B具体是哪类产业融合形式？	有	与互联网科技的融合	与生活美学（如生活工艺品设计、文化旅游业、游学等行业）的融合	与出版、影视会展公演等行业的融合	跨地域的（如与台湾地区）的产业融合	其他	有	与互联网科技的融合	与生活美学（如生活工艺品设计、文化旅游业、游学等行业）的融合	与出版、影视会展公演等行业的融合	跨地域的（如与台湾地区）的产业融合	其他	有	与互联网科技的融合	与生活美学（如生活工艺品设计、文化旅游业、游学等行业）的融合	与出版、影视会展公演等行业的融合	跨地域的（如与台湾地区）的产业融合	其他
	无						无						无					
补助	有						有						有					

问答题：

如果您有参与任何一种产业融合形式，请简要说明这种产业融合形式对您企业（工坊）的影响？

_____

_____

六、品牌文化创新调查

8.请您在下表勾选您的企业（工坊）在哪一个时期建立自己的品牌？

创新＼年份	2000—2005			2005—2010			2010—2015		
创建自己的品牌	有	创立品牌的类别		有	创立品牌的类别		有	创立品牌的类别	
		申请专利	注册商标		申请专利	注册商标		申请专利	注册商标
	无			无			无		
是否有政府经费的补助	有			有			有		
	无			无			无		

（有建立品牌请续填以下题目）

8—1 请问您的品牌是否有完整的形象设计和传播策略？

　　A 有　B 没有

8—2 请问您是否有自己的品牌公众号？

　　A 有　B 没有

8—3 请问您是否开通自己的品牌微商运营？

　　A 有　B 没有

8—4 请问您是否有开设电子商务渠道？

　　A 有　B 没有

8—5 请问您是否委托广告公司进行专业品牌传播管理？

　　A 有　B 没有

8—6 请问您每年投入品牌形象管理的实际经费在什么区间(人民币单位)？

　　A 零元　B 100 万以下　C 100 万～300 万　D 300 万～500 万

　　E 500 万～1 000 万　F 1 000 万以上

8—7 请问您是否有固定的外销客户来源？

　　A 有　B 无

8—8 请您用一句话描述自己的品牌文化

叁、陶瓷文化产业与地方感形成的情感经验调查

一、基本资料

1.您的性别：
   A 男 B 女
2.您的年龄：
   A 20 岁以下 B 21～30 岁 C 31～40 岁 D 41～50 岁
   E 50 岁以上
3.您的教育程度
   A 未受过教育 B 小学以下 C 中学程度 D 大专、大学程度
   E 研究生以上
4.您在本地居住的时间：
   A 5 年以内 B 6～10 年 C 11～20 年 D 20 年以上

二、情感经验情况

根据"同意"程度的五等分法,请您针对问题勾选出您认同的等级选项。
1.我知道本地是一个具有丰富历史文化及艺术气息的地方。
   A 非常同意 B 同意 C 无意见 D 不同意 E 非常不同意
2.我非常了解泉州市"东亚之都"的内涵与发展过程。
   A 非常同意 B 同意 C 无意见 D 不同意 E 非常不同意
3.我很了解本地融入"海上丝绸之路"文化产业的愿景和规划。
   A 非常同意 B 同意 C 无意见 D 不同意 E 非常不同意
4.我认为本地的文化创意产业发展很快。
   A 非常同意 B 同意 C 无意见 D 不同意 E 非常不同意
5.我觉得本地的文化产品很有特色。
   A 非常同意 B 同意 C 无意见 D 不同意 E 非常不同意
6.我认为我们当地的文化产品在国内市场上很有竞争力。
   A 非常同意 B 同意 C 无意见 D 不同意 E 非常不同意
7.我对我们的产品走向世界很有信心。
   A 非常同意 B 同意 C 无意见 D 不同意 E 非常不同意

8.我对本地常举办文化产业活动的团体组织很了解。

　　A 非常同意　B 同意　C 无意见　D 不同意　E 非常不同意

9.我非常愿意参与本地举办文化活动。

　　A 非常同意　B 同意　C 无意见　D 不同意　E 非常不同意

10.我对本地的发展事务非常关心并愿意担任志愿者服务。

　　A 非常同意　B 同意　C 无意见　D 不同意　E 非常不同意

11.我认为地方推动文化产业发展和举办文化活动可以将地方居民的
　　心结合在一起,带动地方发展。

　　A 非常同意　B 同意　C 无意见　D 不同意　E 非常不同意

12.我认为近 5 年来,本地的游客有增加的现象。

　　A 非常同意　B 同意　C 无意见　D 不同意　E 非常不同意

13.我认为近五年来文化产业发展带动了居民收入的增长。

　　A 非常同意　B 同意　C 无意见　D 不同意　E 非常不同意

14.我认为近年来本地的文化产业使得环境建设有很大进步。

　　A 非常同意　B 同意　C 无意见　D 不同意　E 非常不同意

15.我认为近年来我们这个地方的名气大了。

　　A 非常同意　B 同意　C 无意见　D 不同意　E 非常不同意

16.我觉得我生活的地方很适合居住。

　　A 非常同意　B 同意　C 无意见　D 不同意　E 非常不同意

17.我觉得家乡人有人情味,我喜欢住在这里。

　　A 非常同意　B 同意　C 无意见　D 不同意　E 非常不同意

18.我愿意花很多时间去了解家乡的文化,并主动向游客宣传我们的历
　　史文化。

　　A 非常同意　B 同意　C 无意见　D 不同意　E 非常不同意

19.我愿意为促进家乡的进步,贡献自己的心力。

　　A 非常同意　B 同意　C 无意见　D 不同意　E 非常不同意

20、我愿意留在本地工作,也愿意让我的子孙留在本地发展。

　　A 非常同意　B 同意　C 无意见　D 不同意　E 非常不同意

21.我觉得我们有自己的特色产业,我们觉得很自豪。

　　A 非常同意　B 同意　C 无意见　D 不同意　E 非常不同意

22.我希望我们的下一代也能了解家乡的文化历史,并发扬光大家长特
　　色产业。

A 非常同意　B 同意　C 无意见　D 不同意　E 非常不同意

23.我认为家乡应该朝着文化产业化、产业文化化的方向发展。

A 非常同意　B 同意　C 无意见　D 不同意　E 非常不同意

三、问题访谈：

1.您了解德化正在申报"德化瓷烧制技艺申报世界文化遗产"这一号召吗？请具体谈谈您的体会。

2.请您谈谈国家"21世纪海上丝绸之路"倡议对自己的企业或产品起到什么作用？以下选项仅作为参考思路。

A 提高品牌信誉？

B 加强品牌文化的意涵？

C 提升品牌形象？

D 强化品牌在地化特征,增强品牌的地域保护？

3.您认为您创作的产品诠释了什么文化内涵？您期待您的产品能形成新的文化内涵和现象吗？

4.您如何理解和参与开展"人人是德化陶瓷讲解员、家家（企业）是德化陶瓷博物馆"这一活动？如何跟客户或消费者讲述产品或品牌故事？

附录三　文化产品体验调查问卷

尊敬的女士/先生:您好！本问卷是关于"海丝"文化产业发展的访谈卷,访谈内容仅供学术研究使用。本研究以与"海上丝绸之路"历史文化遗产或资源相关的在地性文化产业为范畴,研究"海丝"文化产业与"地方感"形成的互动关系。本问卷是初步的基础性调查,纯属学术研究,资料绝对保密,请您放心。您的意见对本研究至关重要,感谢您付出宝贵时间！感谢您的合作！

一、基本资料

1.请问您的年龄:

A 20 岁以下　B 20～29 岁 C 30～39 岁 D 40～49 岁 E 50 岁以上

2.请问您的教育程度:

A 中学以下程度　B 中学程度　C 大专程度　D 大学本科以上程度

3.您目前从事的工作：

A 国家机关、企事业单位

B 专业技术人员（医生、教师、律师、工程师、企业管理等）

C 私营企业、个体工商户及其他服务业

D 农林牧个体业

E 学生

F 文化创意工作者

G 文化旅游业

H 文化产业相关从业人员

I 其他

二、访问

（一）请您从以下文化产业类型中选出感觉最具有生活品质感和在地城市特色的三种类型？

A 古城历史街区类，如：西街休闲文化旅游业。

B 文化主题公园类，如：后渚港"海丝"文化主题公园。

C 民俗文艺演出类，如：南音、南戏、南建筑、南拳、南派工艺、木偶戏、高甲戏等各式民俗文艺演出活动。

D 民俗文化活动类，如：民间跳火堆活动；被誉为"狂欢节"的元宵节；世界上唯一的海上泼水节；开元寺万人"勤佛"祈福活动；攻炮城活动以及各类宗教巡游活动；拔拔灯活动；开财库活动等。

E 传统手工技艺创意产业，如：陶瓷、石雕业等。

F 历史遗迹暨宗教文化旅游类产业，如：九日山祈风石刻、真武庙、天后宫、磁灶窑系金交椅山窑址；老君岩石造像、开元寺、伊斯兰教圣墓、清净寺、草庵摩尼光佛造像、府文庙、洛阳桥等。

（二）能否从以上您消费过、参与过或体验过的各种"海丝"文化产品或活动类型中，谈谈您对泉州"海丝"文化的感受？

1.您如何理解"东亚文化之都"口号的意义和内涵？

2.例如以下什么产品品质因素是你最想跟朋友分享或通过社会化媒体

传播的？

造型美观；功能实用；有收藏价值；带着旅行的回忆；值得向外宣传；有台湾感；价格合理；原材料好；是有名工匠或艺术大师的设计；有自己参与DIY设计；能够作为伴手礼送人；富含在地化的故事和文化情感；具有创意感、愉悦感等。

3.请您讲述什么因素使您很愿意或者能够很愉悦地参与当地的"海丝"文化活动或文化旅游？以下什么因素是你最想跟朋友分享或通过社会化媒体传播的？

有新鲜感；交通便利；免费参加；价钱合理；媒体宣传；有很多美食；品尝当地特产；有动手体验的功能；有丰富的地方特色；有故事和文化品位；喜欢当地的民俗；喜欢跟当地人交流；有很多值得购买的东西。

4.您认为本地所代表的"21世纪海上丝绸之路"文化创新的内涵应当体现在哪些方面？

附录四　人物专访记录

附录四—1　德化陶瓷文化产业专访记录

1.SD先生：47岁，本地人，入行25年；个人工作室；从事柴烧业。访问时间：20150810。

问：您的手艺有没有培养接班人？

有啊。像我外甥，他在这里工作，经常周末跑来学，带着他的孩子来这里玩。还有一个在学校当老师，也经常过来学习，再教给学生。有的学的比较简单。前几天来了一个年轻学生，要拜师学艺。我说在这里没有待一年多，学不会。（年轻人）来了待不住，他来给我搞得满地脏，我说了两句，他就走了。现在年轻人不懂，（要）真正学到这个手艺，年龄要30多岁的（比较合适），是真正喜欢，学个一年半年的，出去做这行，遇到困难再回来学，才能学会。

问：现在学这个手艺的年轻人不是很多？

年轻人比较少。暂时喜欢的，学校教一点的，都只是玩一下而已。

问：喜欢这个的多不多？

几十个人。以后月记窑这边规划了一个多亿的投资来（推动这个产业发展）

问：能不能简单介绍一下这个规划的思路？

这个还没出来。

问：有发展什么协会吗？

刚开始只有这边的老窑在烧，政府早就有上报过。现在政府叫那些工人再回来建小窑。现在做的有柴烧的，有几个不是柴烧的。有政府参与，工商联主席的女儿，召集了柴烧协会。但他们都不懂得去跟政府要钱。不懂得去套（用）那些政策，去争取资源。你不讲，政府（怎么会）管你啊？现在的书记重视陶瓷文化，就要搞（推广）文化，第一是搞旅游，第二是搞陶瓷文化。像有一次在厦门的展馆，有个人问我们是哪里？我说"德化，世界瓷都"，（那个人）说，德化怎么敢说是"世界瓷都"，一个小地方哪能说是"世界瓷都"，怎么会是（瓷都）？后来他出去看了一圈，回来说，德化确实是"世界瓷都"。大家都知道景德镇，我去苏州、杭州、上海展览，知道德化的地方很少，因为景德镇到处搞展览，德化是十来年前开始做茶具，以前都是做出口的，比如我刚开始都是做花盆，别人没做，但我花盆一做，后面很多厂改过来（做这个）。德化的"世界瓷都"不是中国自己评的，是几十个国家来评的，公认的。说实在的，景德镇真正的陶瓷最早也是德化过去的，是德化的人过去的，后面也是我偶然知道的。例如，韩国，柴烧协会（跟韩国交流）的时候，有个隆重的仪式，后面韩国记载的，它（韩国）那边的窑和技术都是这边过去的。包括台湾也是，日本也是。那些老人真正来的时候，我们组织协会的时候，邀请日本等地的人来看，他们的窑都一节一节的，（是我们这里传过去的）现在保存得很好。

问：为什么现在景德镇的瓷器会比德化更大呢？对外的影响力更大？

现在不会了，现在德化名气越来越大，德化陶瓷在海上丝绸之路（的地位）也是确实的。德化最早做白瓷，青花瓷也早就有的。（据说）欧洲（有）记载的，刚开始有些国家，如果家里有一套德化的餐具或茶具，很有面子的，后面慢慢有几个国家（都在进口德化陶瓷），现在高阳（音译）这里有个人工挑担走的路线还在，政府要搞成整个旅游，人比较多的要搞成旅游区。我跟陶瓷学院一些教授，跟他们讲，德化现在缺什么？就是"陶瓷文化"，搞起来就不一样。你看,以前,谁一家人自驾开着车来啊?没有,从来没有。只有那些客户,外国来的(客人)。

问:你觉得现在要做旅游,最缺的是什么?

最缺的是陶瓷文化,没有提炼,现在政府开始慢慢宣传了。现在要重新规划老街。搞一个旅游街区。到2020年的时候,动车一通,德化就(发展)起来了。以前我到苏州、杭州,那边卖的陶瓷,都是景德镇的。今年我碰到好几个老板,说现在卖景德镇的不多,特意都进德化的产品,

问:现代外面的人对德化陶瓷的印象是什么?

很好。质量很好、工艺好。因为这些雕塑在中国是最出名的。例如有些手工技艺,快失传了。我觉得德化是世界瓷都,感觉再过两年,整个中国会知道德化这个地方。政府扶持是没有啦,现在搞开发的,搞了很多个,这次县长提了下,要搞一个陶瓷园,3种投资30亿。几个年轻人在上海做得不错。台湾从德化这边拿过去的产品很多,很多台湾人来这里办厂生产。台湾人来这里带了很多过去。

问:在这里,柴烧的作品还都是日用品吗?有没有很多人有意识地去做创意、文化注入?

现在还比较少。如果我们现在按台湾那样去做,会比较好。但现在如果不做生活用品,温饱怎么办?山东、辽宁来的客户很多,景德镇、厦门、福州、上海来这里拿作品的也很多。一年一年生意会越来越大,以前景德镇的人出去参展很多很多,现在很少很少,现在都跑到国外。但德化本来在世界市场上早就有了(德化的国际化比景德镇早)。以前这里建了三四条小窑,台湾人来这里做,后来都跑了,做不下去了,他烧出来的东西确实比不过德化人。台湾人的参展作品,有的只考虑到烧起来漂亮,没考虑到烧出来要让人好用,要健康。在以前的我只看到有一对夫妻烧的作品,还可以。有一个客人,来看我的产品,把握着架子上的产品都听了一遍,然后喝了一杯茶,然后跟我说,整个来厦门参展的,你这个是最好的。你这个保温性、透气性都是最好的。我问她你怎么看出来我的产品是最好的?她说她也做这个行业的,她那边的土质没办法做到这么好,烧不上去。只能烧到1 150度。她跟我探讨土的功能,土要耐高温、透气性等。那个女的(女参展商)作品真的漂亮,但真的烧不上去。我回去测试了下,我的产品负离子达到105、108。

问:你会不会把你的这些技术优势跟客人介绍?怎么介绍?

会。比如,有人问我,这个壶泡茶怎么跟别人不一样,我说我这个壶的

保温性、透气性跟别人不一样,这个材质比较好,对人体(好),比较养生。比如,我去上海回来,看到装在茶壶里面的茶叶放了很久都没有发霉。

问:有没有做一些品牌推广?

要,以后要做。这是我养成的壶,光泽很漂亮。我要用大师的字,雕刻在杯上,后面再配上书法大师的字摆设。收藏我这些东西(作品),以后要比一些大师值钱。我一个杯子被拿去拍卖,一个杯子拍了一万一千多。

有个客户,为了找这个德化,在地图上找。德化的茶具,全世界80%都是德化生产的。这几年,文化产业有设计,如果跟旅游相结合,德化将会不一样。德化的旅游要是搞起来,跟陶瓷结合起来,将来就会不一样。我没有读书,我如果是个读书人,我整个的想法和做法就完全不一样了。

问:现在文化旅游欠缺在什么地方? 如果让你进入文化旅游,你会怎么进入?

我没有读什么书? 就说不来,也难做(遗憾的表情),但我就觉得德化一定要做文化。

问;你的原材料有没有创新?

有啊。我们这个陶,就用自己的乐陶的土,这个陶土没有人知道。它的透气性、保温性都比较好。想到老人几辈几辈都是这样从这里挖的,都是保密的(偷挖的)。老人说,别的地方的效果,粘性没有这个好。乐陶的陶土都是我在用,后来有人知道,也去用。这个陶土有去化验,含铝。别的土就不行。

问:有没有什么机构可以认证? 比较权威的认证的机构是什么?

政府、学校都有。

问:政府会不会管制?

会啊。政府也不知道这个土好啊。政府要拿地来盖房子。我们把这个地挖的一大坑一大坑的,政府不同意。目前只有我和我们这边几个人自己知道,只有我们自己在挖。

问:柴烧的原材料的问题会不会成为一个主要问题?

不会。但德化用的这些原料都是外来的,会变。德化的优势是技术、雕工,白瓷是代表性的作品。我的原材料都是当地来源。这几年都有出新产品,但对原材料没有提升。

问:有没有采用新的生产方式?

有啊,这几年都有。技术上进行滚压,用机器操作。德化生产的要政府补贴,都是大企业拿去,中小企业没办法拿到,拿到就是一两万块。中专毕业的就是拿 2 万。

问:有没有组织培训?

有。像我们就去读中专,培训。但像手拉胚,这样的培训都没用,培训的技术还不如我们。

问:那你们需要什么样的培训?

我们需要培训营销这块,产品的推广、品牌这些都没有培训。技术上的我们大家都比那些老师水平高,主要需要如何把一个产品做成一个品牌,这样才有意义。

问:政府用行业组织的形式来带动发展,比如品牌加盟,你们愿意吗?

这个有啊,但一下要交那么多(钱),我们开始承担不了啊,我们先要赚点生活费,先解决吃饭,如果还没赚钱,一下就要交 2 万块,负担太重。但真正要创新,德化人不是没有,有,但政府要支持,政府要参与今年陶瓷行业的推广,就能推动。现在产品的仿制很厉害。一个产品你研发出来,还没推广,别人看到马上在卖了。

我们也想开辟新的市场,不断在扩大市场,从广州到上海、北京。这几年,上海一直到德化来(拿产品)。我是中专生,没有办法拿到补助,但如果开辟新市场,还要靠政府,政府补贴摊位费用,我们去参展,这样可以多得到一些客人的资源,这样我们做的东西可以再提升。

问:如果有专门的市场调查机构提供意见,你们可以接受吗?

可以啊!政府还是需要提供一些市场结构的分析和服务工作。这几年,政府有在做这些工作,但政府广告要做出去,要打开地方的知名度,把德化的世界瓷都的广告打出去。今年 6 月,我去北京,我就住展厅的边上,边上的人问我,你们是展什么的?旁边的人都不知道你来展什么的?你(政府)应该把德化高档的有代表性的产品做成一个大大的展示,放在大门边,当成一个广告,让大家一下看到。搞展览,没有效益,有什么意义?以后你们再叫我去,我都不去。只有厦门的展会最好。德化要把这些文化、广告做出去才行。本身政府要出去,要先把品牌搞好。这次去香港,让你交押金 2 万,回来再还给你。吃饭、住宿等一些费用政府补偿一些。说实话,企业的这些效益都没搞起来,我们还去参展干什么?

问:有没有用高科技技术?

我这里是没有,但一些厂家那边就会有。我们用高科技是要去发展,但目前都不需要,我们是比较传统的,古老的,暂时不需要。

问:业态创新方式?

我比较少。联盟销售有跟别人合作,去年开始有的。书法家提供文化上的包装。

营销新的方法和产品文化相结合很重要。我这个创意还是受你启发,早就想做,用诗词做广告,但一直没做,以前没店面。现在说的这些请不能发出去,以前一些想法说漏嘴,还没做,别人就已经做了。

问:产业融合情况如何? 跟生活美学融合,跟互联网科技的融合如何?

现在还没有。手拉胚量不大,我们毕竟是手工,不能批量,所以难以跟互联网融合。跟生活美学有一定融合,早两年就有了。<u>在书画展上展示自己的产品</u>。他要做起来,他写十幅,我烧十壶作品,把我们两个人的名字都烧在上面。两个人的共有品牌。把文化和陶瓷文化结合在一起。产品量不多,限量。

问:品牌文化创新呢?

还没申请商标,也没有完整的形象设计和传播策略。微店也被关闭了。因为没有读书,很难跟人沟通,被关掉了。电子商务这次请了一个员工,拍照,现场直播,在网上卖。也没有委托广告公司。

问:有没有固定的外销客户来源?

有。

问:用一句话来描述品牌文化?

这个我没有想到,想不出来。我跟别人介绍自己的品牌都是说,很多人没办法跟我比,从我这个壶烧出来的水质是清甜的,别人没有办法(做到)。我的壶的透气性和保温性是很特别的。

问:您如何理解21世纪"海上丝绸之路"倡议的作用? 如何理解"东亚之都"的含义? 知道德化正在申报瓷烧技艺文化遗产这件事吗?

增强地域保护。我一直了解乐淘老人的手拉坯,我花了一两年来了解他们,还叫人去写出来,我花了很大的心力。德化政府应该规划一块地,开发成柴烧文化区,把这些烧出来的产品进行创作和展示,就可以做好。人来买东西,陶瓷也买,文化也买。现在我们个人去做这个事,很难。政府一定要把自己的品牌做出来,让大家认识到德化。

2.XC女士:32岁,外地人嫁入当地,入行10年;个人工作室;从事柴烧业。访问时间:20150812。

杯子烧制用了更多的时间,附加值是更高的。政府对柴烧这块是有补助的。技术创新是:回归到原生态技法;通过高温形成出来的产品更环保。明年政府对这块支持比较大,但力度可能还不会很大,对白瓷的支持比较大,对陶艺的重视和投资力度不太够。像我们的陶瓷学院有一定作用,但需要政府带动发展。我们目前没有开辟新兴的市场,政府目前主要是推动展览。现在开辟新的市场肯定很难,需要资金投入和能力投入,一个展要投入1万多块,但未必带来销售,未必带来客户,现在很多展销会效果不是很明显。我们没有高科技创新,现在陶艺实际可以应用高科技创新。其实我感受做陶艺这块时,既要做作品,也要做营销、品牌,真是力不从心。在德化,平台不大,进入这个平台,大家都是竞争者,统一做会很难。可以在统一地方销售,这样也比较好。我们这种手工行业,主要是对销售这块急需创新。

产业组织形式创新:主要是我们有柴烧协会。德化最弱的就是营销,还有恶性竞争。大家为了自己的利益和销售,价格竞争。营销管理太弱了,在德化,简直没有这个东西。

产学研组织创新:没有。只是我们去进修而已。

产业组织创新:特别需要营销组织的创新,特别需要产学研。销售跟不上,再好的东西都不会被接受。没有大的陶瓷市场,要想有更好的竞争力,一定要有自己产品的提升,另一个是打造自己的品牌,扩大市场。薄弱的原因是我们做陶艺的本身素质不够高,跟艺术家合作的比较少,但现在都在尝试。我看过台湾的展销和作品,他们受日本的影响大,他们的产品不一定很好,但他们懂得销售,包装,讲故事。其实德化也有好多人才可以挖掘。

产业融合:可以跟生活美学结合,但目前还没有。有参加过会展,后期比较有参加。跟台湾的交流有,我们有台湾客人。2010年之后有跟生活美学结合。政府补助有,从陶瓷学院毕业后回来创业有补助。其他没有。这些融合对自己的销售没有什么变化,我们只是供货商的角色,还做不了品牌。这些东西赋予它特色后,就要赋予它一种思想,一个器皿要让它有思想,我想最后应该要做到这个程度。做这个东西不同阶段对器皿的理解是不一样的,可能一个器皿越做越简,也可以越做越繁复。目前思想的来源主要还是生活,我们主要还是民间手创,不是院校派,没有章法,说是没有章法,其实里面也有一定章法。

现在我们注册了公司,以后也会注册品牌。我现在还在考虑是以人名作为品牌,还是以公司名字作为品牌。

没有开电子商务渠道。我们全国各地都有销售,国外也有,但不多。都是华人来拿货。客源比较不稳定。

品牌文化:主要在手工创作、材质美这几方面,还有宣传自己土质的配方。我愿意一辈子都投入这个行业,我现在都这个年龄了,我愿意投入这个行业,既用来改善自己的生活,也可以有自己喜欢的生活。我希望产品有不断的文化创新,既要自己提升,也需要靠外力来帮助提升。如果政府能够把外面的客商引进来,同时提供比较集中的平台,让大家可以把自己的产品集中展示。政府可以把有价值的厂商引进平台,客商来了可以选择购买哪个工作室的产品。

问:你如何讲述你自己的产品的故事?

目前我们还很缺文化的内涵,客人来了都是询价。我们目前还没能力讲好故事。我们没有历史的传承,经历也平凡,我会更注重作品的灵感,赋予它一种什么样的思想。这个过程就是德化陶瓷祖祖辈辈流传下来的文化。我们主要让客户了解我们的产品,认识我们的产品,喜欢和选择我们的产品。

3.GL 先生:52 岁,陶瓷文化研究员、个人工作室,原德化陶瓷博物馆馆长,现政府工作人员。访问时间:20150814。

我们德化的陶瓷历史,他们(日本等)肯定不能跟我们相提并论。但是德化这个地方比较朴实,只做,不会讲,不善于总结,埋头苦干,现在这几年多多少少也有吸收营销这块的内容,从工作室的外观布局,理念创作,创作经过和规划等,现在年轻人都通过自己创业,改变了以前的传统模式。台湾人这方面的能力特别强。日本对台湾陶艺的影响很深,但日本人是认我们的,特别是龙窑,就是从德化原汁原味地引进过去。我们是他们(日本人)的老祖宗。

这就是后面我们要解决的问题,我们在后面现代化转型的过程中,没有现代化转型,不会讲故事,不会文创,把我们的根丢掉了。我们搞了一个基地,年轻人的创业基地,现在也在变化,每一家每一家不一样,按个性来创作,这几年在提升。但还没做得像台湾那么精细。

4.CH 先生:35 岁,柴烧协会秘书长、个人工作室。访问时间:20150815。

问:我们这个协会成立过程,宗旨,办过什么活动?对这些小经营商有什么帮助?产业联盟或融合有什么做法?

现在的柴烧跟以前的柴烧不一样,现在是追求以前最怕的东西,以前主要是烧白瓷、幼瓷,以前怕落灰什么的,现在就希望落灰,现在是喜欢落灰,现在追求落灰的形式表达成某种东西。以前是纯粹的生活用品,价值不高,现在转为艺术生产。到一定程度时,人的审美观念会产生变化。2015年协会成立,我们行业真正在做的有80个工作室。加入协会的有100多个,但靠这个盈利的不是太多,大家都属于创业初状态。

问:大家做柴烧主要创作的导向是什么? 是希望有自己原创作品,还是为了谋生?

是,大家都有自己的原创。现在我们可以分辨出这个是谁做的? 那个是谁做的? 分辨率很高。个性很强。最重要的是烧,每个人烧的想法和方法不一样,效果都不一样。

问:我们行业组织为他们提供什么样的服务?

刚成立时,我们把这些集中在一起,都往一个方向走,一个思想是"抱团取暖",借鉴其他行业的情况,避免自我竞争。(帮助)市场控制,协会这个平台可以比较好统一一点(市场秩序)。其实,我们协会这个平台,给大家提供一些露面和展示机会。去年搞了个柴烧展,给大家一个展示的机会。县里、市里还是看到了我们做了很多事,比较肯定。县里提供了一个平台,一点点经费,都是我们自己去布置的。展示了我们行业的一个很好的面貌。我们主要跟县宣传部挂钩,他们答应我们的事,每一件都做得很到位。

问:我们在业态环境的创造方面有没有自发的组织一些联盟? 比如技术共享……

其实我们会不定期地做一些交流。应该说这种方式差不多是你说的技术联盟,一个雏形吧。我们会把所有的东西聚集在一起,一起烧,一起探讨。一起开开会,这个烧得怎样? 从陶土到器形设计,我们都有一个交流。

问:有没有技术分工合作?

这个现在我们就要做这个事情。下来把我所有的精力转换成烧窑这块。

问:能不能说,现在柴烧着重还是在技术方面的提高?

应该说德化整个一个薄弱的地方是品牌弱。地域品牌和个人品牌都缺乏。我们的品牌还是需要一定的实力来支撑。这个行业可以说是一个很古老的行业,也是一个很新的行业,它中间有很大的断层,我们追求的艺术表现,它(在技术上)是有断裂的。

问:技术组织与生产组织是联系在一起,那在营销组织方面有什么作为?

今年做得比较多的是搞了一个"柴烧精品展",一个是特展,专门的柴烧的展会。5月份做了个中国非遗"德化陶瓷(柴烧)精品展",花了很大的力气(推动)。我们还经常组织大家一起去参加商业性的展会。上海也有去。我们大家都是一起。

问:订单多不多?

也不一定。我们协会是在比较早,行业比较萌芽的状态就成立了,是2014年。这个行业从2012、2013年开始起来的。后面有人把外面的柴烧理念带过来了。以前柴烧是为了生活而制造,现在是为了提高生活品质而生产东西。台湾柴烧已经30年了。我们经常接触,会员的产品都能辨别出来。

问:我们有没有举办一些文化活动进行交流推广?

有的。比如这个月,我们跟清华大学的一个研究生班合作,举办一个研讨会。现在很多文化活动形式都还没有做起来,接下来我们要做这方面的工作,慢慢把烧窑祭窑的仪式做起来,通过它们进行传统文化展示。我现在就想把这些老祖宗的文化传承起来,用起来,而且要植入我们平时的生产活动中,而不是在平时只做个样子,做个脸面,那样也做不好。我们如果做好了,就会被广泛传播,慢慢就会把这个行业带动起来。现在我们也在附近做了跳蚤市场,因为没有政府的支持,做起来还是很难,有很多现实问题要解决。

问:政府对你们的支持主要在哪些方面?

现在政府要把洞山区域做成文创园。当时我们有很多想法,集体抱团,共同发展,在市场保护和价格方面有一定的约束。当时协会是四个人发动,县里的这些协会,我们算是最小的协会,但我们的活动能力是最强之一。整个县里的领导还是在关注我们。包括我们平时做事的观点是:先把事情做好了,做出来了,然后再去跟政府要支持、扶持。你有做事的能力,这个很重要。其实这对整个行业的发展有好处。原来我们挂在工商联,现在挂在陶瓷发展委员会。我们还有更大的希望是政府给我解决一个地方,让我们自由地发展,做到既与政府统一,又相对独立。我们整体形象做得好,可以让协会自己造血,让它自己盈利。如果我们有个地方做个展厅,然后所有的协会都来,我们统一销售,这样就能把所有比较好的作品集中起来,把每个人的作品都集合起来。

问:我们现在产学研研究方面的情况呢?

我们跟福州商专有建立关系,接下来8月底清华大学的交流也会过来,慢慢会摸索建立长期的校企合作机制。我们是实践相对比较丰富的,毕竟我们积累的东西不少,光积累这些东西不够,我们在理论方面还比较缺陷。我们技术要往外突破比较困难的。很多技术突破是需要理论支撑的。我们有理论支撑就会得出经验,再去寻求新的理论。现在回到整个行业现实,德化缺的是器形的设计理论,我们可以从他们身上吸收这些理论,推进我们的器形。我们则可以把我们的烧制经验传递给他们。现在还在磨合。

问:我看到有些问卷,有些回答显示对这些方式都还没接触,也没参加。会员对这些活动的态度是什么?是敦促还是被动?状态怎样?

每个人的素质不一样。入行的门槛不算高,也不算低。首先你要有技术,这是比较高。有技术后,要进入这个行业,门槛比较低。现在会员的构架有层次差别的,有的是靠自己的技术,有的是解决现实问题(大家都要面临的生存问题)。素质不一样,想法就不一样。但我们的协会不是说把你的想法改变,是要找到一个共同点,有个共同点比较好凝聚。有的人会注重我把东西做出来,还有的人是我要把东西做好。大家都有自己的生活方式和追求。但不管怎么说,必须都要坚持,虽说坚持是一种很痛苦的事,但换个角度说,如果能坚持下来也是很幸福的事。我自己也是盈利不多,也是靠坚持在做这件事。

问:我们整个德化的陶瓷要走向文化创意的转型,在您的理解中,柴烧的文化创意产业应该呈现什么样的文化性,如果要由它来代表德化?要怎么代表?

这个文化,很重要的是体现在行业中的一种实力,就像品牌形象之类。品牌实力就是文化的加强。如果这个行业中出现几个比较有实力的品牌或工作室,它自己就会说话。现在这个东西把它做出亮点,有突破。例如,我们能烧出这种效果,其他地方不能。很多事情不要把它看成是敌人,看成市场更重要。要创造不一样,不要竞争来竞争去,打价格战等等,我不希望这样。比如一开始,规定价格问题,就把市场定死了,这个就不好。协会只能协调,不能规定。这几年有仿柴烧出现,很多人开始担心(市场),我说你有什么好担心的?它(假柴烧)做得越大,对我们越好。买到假的,就会主动来寻求真的是什么样的?从古到今,没有什么真的能被假的打死的。假的越多,就会促进真的做得更好,被逼出来了。其实,有时候,有些东西表面上看对你有伤害,其实对你有促进。这其实是对文化深一点的理解。我觉得龙窑是有很深的文化,应当挖掘。

问:我们有没有关于龙窑的传说、故事、民谣等?有没有收集?

有,有,但是没有收集,现在都散落着。这些是龙窑文化当中最重要的部分。我们还是要让那些老窑工多讲讲。其实这些民间口耳相传的故事、顺口溜我们得把它们保留下来,文化就是从这些开始的,还处于碎片阶段,现在没人把它们收集一下。我觉得虽然我做柴烧的条件比他们差,但我觉得我理解的柴烧行业比他们更深,我会从多个角度看问题。我经常会去听、会去看、去探讨。接下来我会去做一些功课,搜集一下这些柴烧文化的传说、神话故事等融合进入创作,再进入生活。

5.ZZ 先生:陶瓷街自营工厂及产品外销企业负责人,年龄未知,从业 18年。访问时间:20150816。

我们直接跟国外接单,我们没有自己的品牌,只做工厂代工。德化陶瓷出口用自己品牌出口的很少。一部分是代理,一部分是经销商,一些大的客户、超市(沃尔玛),主要是我们都有供货。我们的产品 90% 是自己的 idea,在广交会上与客户洽谈,订单。另一种模式,他们提供他们的设计,我们开发,然后下单。产品的更新很快。开发这块压力很大,竞争厉害。

问:国外市场更看重技术、设计还是其他?

看重设计。这两年很流行的哑光的产品,在这个基础上再加上国外本民族的元素,这样他们需要工厂的生产能力和质量把控能力,包括效率,出货把控能力。所以需要你的资质。

我们工厂成立的时间是 2004 年,产业形态是陶瓷工厂,主要产品是工艺、日用产品。我们走家装这路线。现在工厂员工的人数在 100 人左右,一年产值 2 000 万左右。地方性政策当然很重要啦!政策变化对我们的出口影响很大,比如这次海外展,因为政府的补贴,政府鼓励你工厂走出国门去参展,为地方政府带来品牌效应,当时很好的,政府补贴做的还是很到位。但政策变化对我们影响很大。比如这次出台的一个文件,比如说上一年度要达到出口 20 万美金,才能申报补贴。但是之前是没有要求的,或门槛比较低。现在门槛高了,对我们德化的一些工厂就有影响,对刚起步的工厂影响更大。但是我们每年出口远不止是 20 万美金,才 140 万、150 万的补贴,那太少了。因为我们是委托出口,贸易公司下单给我们生产,凭国税的发票去申请补贴。但希望政策要灵活一点,比如我们发现发票国税要的是三联的,但贸易公司的发票只有做账联,但国税要求要有抵扣联和发票联,这涉及我们要去跟贸易公司沟通,因为有时候贸易公司不能配合,就影响到申报的补贴。其他的,政府有扶持力度,也有鼓励,今年的就包含有对新技术改造、社会环境的改造还有高技术的应用的鼓励。

政府的角色现在已经起到一些引导的作用,我认为政府角色转变很重要。政府除了在制定政策方面的起作用,如果能参与经营,可能会对企业开发的方向产生影响。我觉得政府参与企业经营还是有一定的必要的,政府牵头好办事。

地方性政策下放权力给地方居民或社区,这个基础很重要。我们以协会的名义跟政府商谈,是非常重要。

文化性是非常重要的。德化是中国古代三大瓷都之一,我们出去,竟然有人问我,德化是不是属于景德镇的?这就是我们要推广文化的重要性。陶瓷文化史根深蒂固,但还欠缺挖掘和造势。人民生活的记忆程度也是很重要的。地方居民、产业组织是很重要的。跟台湾的联系对我们的产业会有一定的影响,但不会很大。产业集群基础的重要性一般。消费结构很重要,你看我们消费群体,包括我们消费的方向,产区,都会影响产品的开发和销售。文化产业的横向竞争的联盟很重要。要"抱团",这很重要。产品、市场、管理部门之间和社区网络的连接不是很重要。

产业结构的空间分布很重要。地方独有原料非常重要,地方独有技术很重要,地方独有的文化意象非常重要,这个能提升整个地域品牌。创新发展因素非常非常重要。本地现在算是都市,当然愿意其走向国际化,在地化特征会是未来都市化发展的核心要素。我们要让人家一提起德化,就知道德化是做陶瓷。

我们加入工艺设计协会,是设计版权的会员,还有青年商业协会。但是目前当地的地方协会引导工厂发展可有可无。德化70后这代工厂企业主60%从德化陶瓷学院出来,高校的人才培养的作用很明显,但人才留不住,都往大城市发展,人才资源不够。

2005—2010年我们进行了原材料创新,有个原材料是海外来源,都是我们自己去寻找的。我们每个时期都要开发新产品和对原来的产品进行品质提升。一直都有采用新的生产方式,也带来了成本降低。"一带一路"倡议能够提高德化在整个陶瓷产业,包括国内市场,国外市场的影响力。德化能做到世界陶瓷之都,不是吹的,是有积淀的。我们的产品尽量提升销售,创造外汇,不过我对一些文化没有更多的想法。我们经常会跟国外客人谈,说德化是一个小工艺品出口,我们以自己的陶瓷开发进行讲解和推动,通过产品让客人了解德化产品在不同场合的表现方式,主要还是通过产品品质和开发去推市场。现在流行的香道、瑜伽等,我们会利用这些进行一些文化的吸收,在造型上有吸收,但没有形成稳定的特定的文化内涵。这个需要有文化底蕴的人对做好陶瓷文化的传播与推广。为避免同质化的竞争,我们每年开发产品的投入一直在上升,一直在创新。

6.LM 先生,美国客户。访问时间:20150816。

德化这边的瓷器出口在古"海上丝绸之路"贸易带上一直是比较繁荣,经过了历史变迁后,这次德化的陶瓷产业给我的感觉是欣欣向荣。文化气息和商业气息还是比较有活力的,文化创意的思维、模式还蛮有新意的,中西结合,我看了他们很多产品,还比较倾向于西方的。我看了一些地方性的产品,设计上也有一些独到的地方,比如把三十六计做成茶叶罐,有中国的风格,原材料用的陶金,也是自己开发出来的,创意上是有新意的。在国外市场上,对中国陶瓷的还有没有清晰的文化认识脉络,更多地还想到中国,一个国家。想打造一个地方品牌还需要一个时间,这个地方的文化产业能不能代表一个国家形象,德化代表不了中国。国外市场不会把中国陶瓷产品跟日本和韩国进行比较,中国还是比较有优势的,目前大多数还是日常生活用品为主。

政府推动文化创意对产业的推动力都是很强的,在拓展市场方面肯定会有意想不到的效果。美国市场更需要创意性产品,就是创新,以前没有人做到的,你做到了。总体来说,整个中国市场的都还处在一种同质化的困境中,旅游景区卖的东西都一样的。没有自己的特色和东西。

7.MSZ:德化电子商务协会秘书长。访问时间:20150820。

德化电子商务协会从 2014 年排在全国的第 7 位,整体上发展态势很好,每天有 5 万张的订单发往全国各地,主要的产品还是陶瓷、茶具、茶盘等。德化陶瓷网购市场占比 80% 以上,一年销售 20 几个亿(国内电商),外贸通过阿里巴巴有 60 几个亿。德化年销售额现在上千万的有三四家,上亿的今年有 2 家。

电子商务协会的成员非常年轻化,除了我是 80 后,其他都是 90 后年轻人创业。德化电子商务从业人员 3 万左右,企业大概在 1 000 家左右,个人从业者大概在 7 000 家左右。德化在福建省中部,之前交通比较不便利,2008 年才通高速,这几年得益于世纪网络的普及,然后再加上电子商务配套一下,德化整体的电商氛围还是比较浓厚的,德化县城有 20 几万人口,德化如果没有依托这种电子商务贸易,说实话,国内的陶瓷贸易发展也不会这么迅速。政府的推动主导起到最重要的作用。政府装修了三栋企业厂房给电子商务企业入驻,起到沟通桥梁的作用,效果是非常明显的。做得比较好的时期是 2013 年的时候,有 5 家的年销售额上千万的小电商要逃离德化,因为税务找上门来要求纳税,一纳税就倒闭了。政府及时出来倡导要支持和扶持电子商务创业,出台相关的电子商务扶持政策,协调管理机关,很多电商看到政府的重视,全部收心留在德化发展,没有一家离开德化。之前那几家年产值上千万的比较大的电商企业准备搬到厦门,但发现在厦门卖两三个亿都没人理你,在德化纳税五百万政府就很重视,因此他们都留下来了。所以政府一重视,从事电商的人员和各个配套行业就全面开花,比如摄影摄像机构 2012 年只有一两家,现在至少 100 多家。德化的茶具茶盘企业不断增多,茶具茶盘企业以前只有两三家,现在最少也有 50 家,德化茶具配套的石盘企业,现在也有好几家,电器以前都从广东过来,现在德化大一点的企业一年能发 15 万件的电器销售,现在德化生产电磁炉的厂家有 10 几家。这都是得益于政府扶持陶瓷的电商配套产业发展起来的。德化在外创业的大学生纷纷回德化来创业,从事电商行业占比 30%。德化的纳税,今年第一名的是 1.2 个亿,2014 年纳税只有几万块,2015 年 30 万(纳税),16 年 70 几万,所以现在主要大中型企业的纳税逐年在增加,都在主动纳税,年销售额超过一千万、五千万,从省里、市里、县级政府都有奖励措施,起码可以补贴 10 万~20 万。市级电子商务优秀企业可以奖励 20 万,政府的扶持政策已经转化到电商和网商。电商企业大概有 1 000 家(协会 40 家左右),个人创业者 3 万家。从组建团队到建立公司都请专业人士来做,连赠送产品等都在仓储里包装,每个仓储都有高清录像,如果有客户投诉,马上可以调出录像查看,以杜绝恶意攻击。销售额今年会超过 30 个亿,每天发货量5 万单。拍摄摄影,拍一个产品 8 块至 10 块,如果请设计师帮忙设计和做文案,拍一个 80 块至 100 块。电商协会跟政府对接有很多政策,通过电商协会来传播和作为中介,我们跟信用社和金融机构进行合作,成为会员后,通过协会申请,最高可以贷款 50 万,免抵押免担保。只要你是会员,就可以。实业的收税是通过燃料或使用电量的损耗量来收税。德化摸索了好几年,通过几个数据汇总,做个公式汇总,按公式计算生产量,然后纳税。

8.GY 先生:蕴窑企业郭总,56 岁,从业 23 年,当地大型企业代表之一,访问时间:20170115。

我们有个来自日本的设计师,单独跟他合作,允许他自己设计,设计出来的产品,我们来做。工厂本身也有设计,这个产品我们生产出来也是各种形式,综合各种市场信息,把想法实现。如果做文创,我们就有设计师的概念,设计师的概念应该对生活比较有体验,对市场比较了解。大部分设计师对市场的了解还比较有局限性。很多大赛的获奖作品,真正让市场接受的不多,很多市场接受的产品不一定是设计师的作品。文创有时是超前的,这是个矛盾,不一定是当下市场接受的产品。完全的艺术和真正的产品既有关联性,又不是有很大的关联性,这就是困境。这个东西的重点就是艺术设计跟现实的对接,做接地气的产品。但是如果产品中赋予它比较高的艺术性,又有比较好的实际价值,这是比较需要的。陶瓷大多发源于大陆,但是日本的个人精神形成对产品的理解和对待产品的精神,代表了整个时代发展到这个阶段的一个方向,即追求传统传承和工艺精制。日本的这个大师,在这行做了四十年,其间工艺等方面已经发生了变化,但因为艺术家追求的就是传统手工的效果,就总在思考要怎么用传统的方式来做成现代的效果。台湾受日本影响很大,台湾在发展上占据了很大先机。随着我国的改革开放,90 年代以来,产业做大了,材料、工艺、技巧、历史都可以作为故事来源。我们请日本陶艺家水先生,也算是一个尝试,但对大部分企业来说,他们都做不到,因为这个事是投入很大,产出很小。其实文创每个人都觉得很重要,但谁敢投入?请一个艺术家 100 万人民币/年,大部分企业力所不能及。这个还是要百花齐放,市场有自己的规律,大家在市场的交流中,会提高和学习一些文化性的东西,就是文创了,慢慢地会形成一个实务性的文创。

大的陶瓷发展史有几个节点:一是 90 年代初,我们开始改革开放,以生活用品为主。国外不一样,圣诞节、复活节各种节日需要很多产品。90 年代通过几年的发展,德化成为全国最大的工艺瓷出口基地。到了 2000 年以后,整个国外的市场也在调整,整个市场消费也达到一个顶点,总量到点,有个瓶颈。当初县领导的意识比较超前,出口遇到瓶颈怎么办?就举办展会展览,到全国各地区参展,向国内推广陶瓷产品。以前在国内看到德化瓷不多,自从政府搭台后,德化比较会求变,德化还有个特点,传统的雕塑、白瓷的历史底蕴深厚,知名度高;还有一个很大的特点是茶文化兴起,安溪的茶文化起到了很大的作用。茶文化起来,就推动了茶瓷器的发展。这个时候德化的机会来了,要大工厂做各种个性化,不太可能,小的东西又不好做。德化就催生了很多小企业,价格也比较有弹性。德化的茶器市场占了全中国的80%,甚至90%。茶具各种各样,每个人心中都有自己的茶具,每个人的个性化都表现出来。所以,08、09年后,是德化陶瓷行业的节点,文创产业兴起。当时我们董事长眼光超前,一下就转向和进入这个文创开发。

我们董事长以前接受过日本技术的熏陶,从做模型开始,他追求精致度。他有个基础,他把这个"精致、细致、高端"的概念引入企业,也是出于对这个行业的感情,第二是出于对市场的判断。这个时候,正是德化茶器要爆发的时机,董事长一下转入,很快名气大了起来。这个地方,进入这个文创理念基本从08、09年开始,理念从这个时间开始有比较大的提升。之前外销单的特征是下单生产,比较轻松,根据客户要求做一模一样的东西。做内销的不一样,真正要对接市场,需要自己去判断市场。

我们协会也是去年刚成立,我们成立的时候考虑的是设计的思路也不一定会实现,实现也不一定对应市场。我们根据对陶瓷的感觉和市场的了解,包括生产工艺能不能实现,整个使用功能也会给会员一些建议,又能比较接地气地落地,再通过电商渠道,销售渠道走向市场。参与协会的有几十家,不到10%。但大部分是看好行情的,因为主要是朋友圈协会,我们找到一些志同道合的一起加入,有些资源可以共享的。一般情况下,大家各自有各自的市场点,涉及商业机密的,大家是不会拿出来共享的。但我们还是愿意做一些尝试,共同分享,互相启发。比如我要做一个全球的(茶具)设计赛。其实陶瓷这种材质,不单单是只做茶具,这次我们会跟北京公司合作,做一个博物馆产品的设计赛,我们想做一个跨界。我们针对性很强,设计的产品跟博物馆很有关联性,我们跟厦门鼓浪屿、胡里山炮台合作,实际上就是跟文化旅游融合。祖龙宫的在地祭拜的活动也要把它做大,做成文化活动,让它变成向心力的粘合剂,把故事挖掘出来,变成日常生活。窑炉开始烧时也要有仪式,要把日常的生产活动转换成文化仪式,因为最传统的柴窑代表陶瓷的传统历史文化。

我认为政府应该放开让社会去做,让协会去做,去牵引。其实很多事情的推动,还是需要资金和引导。政府也有它框架性的东西,比如以前参展,政府也承担了各种各样的费用,作为大家长的政府,也要做到公平公正。协会更希望自己去推动,政府能给一些补贴。

问：协会会不会自己做一些尝试和推动，比如生产联盟、产业联盟等。

有啊，这个我们有些在做。比如现在我们有个技术开发公司。现在如果要大家出钱来做这些，大家比较不愿意。那我们就成立比较专业的研发公司，按照市场的运作模式来走。这样你才有办法对下面的专业研发人员有个基础的汇报。我们接进来的大的单子，就会几家公司协作完成。但每个工厂的标准不一样，也还要协调。我们通过我们的开发公司，设定统一标准，去协同生产。现在加入协作的工厂有十几家，以后可能还会加强。慢慢形成一个协作工厂。营销方面，我们协会来做营销，大家发挥各自优势，整合起来。但现在也有个问题，这个（产品）出去后，山寨产品对我们的冲击很大。

怎么打品牌？我们这五个厂家有自己的品牌，但如果是协同生产，就用同一个品牌。很多产品不会有很明显的企业品牌，他们有自己的品牌。我们也跟很多高校合作，主要让学生把设计作品落地的合作。真正生产、市场运作高校还是不行。这次我们聘请了一个台湾人来优化管理。我们会有意识地去发展品牌，但目前还不是很成熟。如果做品牌，产品线的丰富度和产品线的定位很重要。工厂与产品还是有区别的。

产业融合创新？这部分我们没有这个能力去做，目前德化的陶瓷主要还是公司品牌，代工品牌比较多。但还没有实质意义上的品牌，如台湾陶作坊。德化还很缺这种品牌，缺少比较多的大师的作品和品牌符号。

（跟游学产业合作？）那又回到问题，这些基础的费用又是很庞大，成本又很高。现在需要很大的场所和团队，不要认为很简单，对我们来说，也是很困难的事情。搭这个台也需要成本。我们也会跟台湾地区进行交流合作。现在学术研究的声音也比较弱，产生的影响比较有限。企业也无法花太多时间去想和做这些事，所以也需要各方去推动。政府要推动很快，但真正要做又有很多东西去制约它。我举个例子，比如我们这次聘请日本水先生，69岁，签证是两年的，今年政策一变化，下放到泉州，根据新的政策，要办签证要各种各样的资历证明，作为我们企业来说，花这么大的成本引入人才，是很有意义的。但现在政策的变化，带来很大麻烦，水先生得先回去，再回来。真的很耗时间和精力。日本的资历证书跟我们又不一样，拿过来有时又不能用，大大增加了我们的成本。政府也支持引进人才，但实际情况一发生，又让人很头痛。所以，很多事情，都是企业的成本。真的是挺难的。

丝绸之路，德化陶瓷是一个很重要的元素，我觉得是这个样子。主要要提升地域品牌，就是"陶瓷"两个字。我觉得想到德化，应该是想到德化是很美的地方,有很好的生态环境,陶瓷产业很精致。

9.CT 先生:非物质文化遗产传人瓷雕大师,个人收藏师。访问时间:20170116。

德化在古时期(夏商),主要以日用陶瓷为主。陶罐加以彩绘,不算是瓷,这个是前人的智慧。德化在世界上可以说是最早的陶瓷发祥之地。这里是山区,能够做这个产业,而且技术很高超了,让我觉得很惊奇。

问:您如何看德化的文化产业的转型,未来会起到什么样的轨迹? 能否分析一下现状?

这个整体做艺术品销量肯定不会大的,日用陶瓷是必不可少的东西,量才会大。当时国外对我们这个不感兴趣,是因为他们看这个看不懂。现在为什么我们会觉得转型很难,就是没有走出去看看需求是什么? 我提倡政府组织所有的艺术家都要走出去,去看看人家喜欢什么样的? 我们要怎样融合,怎样做? 国外的艺术品,某一件创新也有几十万、几百万,但对我们来说,投入这个还很难。我想还是要结合日常功能。现在出口这几年是走下坡路,量是不少,但是不够成本,出现的问题就是没有创新(产品没有创新)。没有一个团队去创新。政府曾带队去参观考察,去一趟美国回来,有的企业做了产品的改造创新,一下做了起来,成本很少,利润翻了几番,所以肯定要组织出去考察。我们刚好接轨这个中法论坛,是樱兰(音译)集团牵头的。这个时机非常好,国内的这块又是一个非常好的机会。德化还是缺乏一个品牌,将近十年了,说陶瓷要建立一个陶瓷的营销品牌,到现在还是没建立起来。今年要启动,樱兰集团说要让一个美国公司来建立营销平台(按理解应该是地域品牌)。德化缺乏的就是营销品牌,很重要的事没有做起来。德化没有像样的陶瓷器。片区没有一个产业链,说的是"世界陶瓷之都",人家来看,文化的气氛是什么? 也没有文化产业区,没有文化产业园,也没有文化产业营销平台,也没有像样的整条街。我们需要引进世界各地优秀设计家来长期驻地,才能交流、学习和提高。这个功能目前还没有起来。要规划出"世界潮流的创作基地",这个也没有。比如,莆田的仙游,整个乡村,没有几年就形成一个产业链。(问:它们的产业链,是自动形成,还是政府推动的? 哪个力量起决定作用?)比如,进城大道要规划陶瓷大街,好,这条没规划好,那至少另一条要规划好,但还是没有规划好,就做不好。(问:你们有没有形成一个联盟去带动产业发展?)我们没有办法,无能为力。我当时想做陶瓷古玩街,想带动一下,开十几间古玩店。

问：生活陶瓷的创意产业，它的动力机制在哪里？

现在政府比较重视，会引导年轻人去创业。像月记窑，做陶瓷创业基地。但是那边目前刚刚开始在设计，要做一些大广场，做跳蚤市场，那个是适合一些年轻人去开创。这是个起点。德化以后还是以旅游结合陶瓷，这是很好的机会。旅游做起来了，也会是很大的影响，包括动车一来，石榴山一建好，九仙山等做好，乡村旅游如果做起来了，国内这块就会慢慢地好起来。还有这次我们的金砖五国，可以选用我们的产品（目前保密，不能公开）。这样就好打开知名度。德化已经开始接轨国内和国外市场。现在政府对市场的打开是"双管齐下"，只要产品的文化创意能占领市场就可以。

陶瓷是很难形成品牌的，主要是陶瓷目前没有几家。人家台湾做的有两家"珐琅瓷"是国际公认的。现在我们的陶瓷要有世界品牌比较难。珐琅瓷为什么会形成世界品牌？（原来在台湾，后来分厂到景德镇）因为他们有实力，有创新，有设计的团队在里面。它需要一个大的团队。目前，在德化要有一个世界性品牌，很难，也没有这个意识。对古陶瓷文化根本没有意识到，没有几家会懂。现在产业融合的创新都还没有，现在还有点乱，没有秩序。上一任的书记准备成立德化瓷的鉴赏委员会，结果还没做成，书记调到厦门去，新的领导来，我们再次提了这个建议，把这些艺术品通过聘请专家鉴定组进行评定，国家级的送到北京去统一展览，然后拍卖。现在一些大师，包括古代的（何朝宗）大师的作品，在拍卖市场上价钱还很混乱，这不对。其实我们很早就想把这个何朝宗大师的艺术品拍卖做起来，但我们没有经纪团队。我们现在产业的发展还没到那个层次，还需要创新机制。

10.GD先生：五洲集团总经理，德化大型陶瓷出口商之一。受访时间：20170117。

问：文化产业历史发展阶段、转型，现代转型的一些困境、瓶颈、机遇、动力、方向在哪里？

产业从原来的佛教雕塑形成德化的传统工艺。八九十年代是传统时代，08年金融危机后，大家都在不断地创新，适应市场的变化。08年到现在这十年变化很大，老百姓的生活水平提高很多，德化厂子很多，但生活水平也提高很多，成本也不断在增加。所以产业要转型。一个是产能过剩，但质没有过剩，质还是需要提升的。这就逼着企业去创新。做大的瓶颈在哪里呢？第一，是人才。技术人才、创意人才、营销人才都需要转型升级，第二是资金问题。比如，这次金砖会议，我投标做系列专属产品，投1元钱的价格，政府只给我4毛钱。但我为了企业的品牌和扩大影响力,虽然亏本,但还是接下来。

我们有跟厦门大学、景德镇陶瓷大学的教授和专家合作,一些技术也申请了专利。景德镇陶瓷大学是中国第一所比较完整的、水平比较高的大学。有些政府的政策是有的,但是力度还不够。我认为要更多地给企业宽松的政策,不要太大约束。比如说,我现在有一片120亩的地,要搞文化创意,政府就要放开让它做,不要限制,该配套什么就配套什么。比如要配套酒店,就要给它配套酒店。我为了做这片,考察了台湾,实际上做文创很难,赚不了钱,但对企业来说,经常亏本。

问:我们传统的陶瓷产业,是一个很扎实的传统产业,是一个产业文化化的问题,郭总您觉得我们现在这种创意产业可以称得上是比较完善的产业集群吗?

应该算。现在政府报道的是100个亿吧,一半跟文化创意产业有关,经济上的提升占比20%～30%。比如给陶瓷植入一些文化,出口比如圣诞节啊、鬼节啊,这些都是文化植入。现在我们企业的文创非常艰难,比如,我们做的这款"酒桶"陶瓷作品,有个客户15年下单100个柜给我,我12月出货,它(仿造者)2月份就生产,我的价格就被打下20%～30%。就是知识产权不能得到保护,我只有打官司。这样就耗去很多精力。我们法院和公安都不行,都没有专业能力保护知识产权。从这方面看,创新有多艰难,市场的进口商拿我客户的东西到这边来让人生产,就出现很多山寨和模仿货。(问:现在产业集群的结构合理吗?)

肯定不合理啊,同质化很严重。第二,知识产权保护没法真正做到位,政府没有真正发挥作用,有体制问题。这个问题需要解决。

问:您有没有尝试过通过行业协会做一些联合创新的事?

有啊,办名师讲堂,请名师来讲课,进行思维突破,进行资源整合,来寻找突破口。现在协会成员有100多个。在吸引设计人才方面,在德化比较难,但可以人才共用。比如,这次跟德国设计公司配合,这次峰会的餐具用了10个教授、1个博士在做,很多人参与设计,最后看谁结果好,就用谁的。厦门大学、福州大学的教授都有参与各项工艺的设计。还请了一些高校老师进来,还请了了解行业的流行趋势的人进行近期行情发布等工作。这些有定期推行的,提前有做一些规划,相当于教学大纲。(问:有让行业成员共同开发产品、推广吗?)现在还没有,需要有个系统,现在还不成熟。(问:现在有行业之间的同盟,产业链上中下游之间的同盟,或者跨行业的联盟吗?)这个就是我们接下来要去突破,要去做的事。现在泉港的木雕跟我们有一些互动,就是跨行业之间的协同创新,还在探索,在摸索。跟文化旅游的联盟也还没有。跟电商有一些互动。但是如何提升很重要。行业间的联盟都在尝试,但有些涉及秘方,不容易互相合作,中国企业喜欢单打独斗。现在协同创新是时候需要去做,但需要打破传统习惯。像德国的汽车工业,已经达到共享资源,我们还没有达到这个水准。(问:营销缺不缺这方面的?)我还好,如果是内贸确实有问题,国内的情况是:第一,碎片化;第二,国内市场没规矩;第三,国内很多壁垒;第四,付款不信用。我们有个客户,东西卖完了,还不给我钱,信用体系有问题。第五,中国人不喜欢合作,一条线都希望自己做。很难!没有法律约束,仿制现象严重,没办法。

问:很多人提到希望发展地方文化旅游产业,希望通过旅游来带动文化产业。您怎么看?

未来方向是对的,政府引导好、发展好是关键。我觉得政策(顶层设计)要做好,企业项目要精准,要做好。产业能够盈利,让整个生态要能够培育起来,不要搞重复建设。现在企业都有这个项目,怎么落地?是重要问题。企业落到项目上,这个要科学,才能引领。整个生态,整个产业要有序竞争,不要恶性竞争。要有差异性。(问:我们现在进入到这个行业的人员结构怎样?热爱程度、文化水平、对当地历史文化的了解如何?)总体还是比较匮乏,文化水平比较低。但不是所有人都适合去做品牌,像德国只有5个汽车品牌。政府要把一些大品牌整合起来。政府对每个企业要有考量,不能随便由企业随意去生产,有的能力不够,盲目扶持。

11.ZT 先生:淘宝陶瓷经营商,内容生产者。访问时间:20170118。

电商没有多少文化氛围,经济氛围比较浓厚。经济创业,文化只是一个载体。知道柴烧的人很少,基本上给老茶客,懂茶的人。或者不懂的更多,或者以送礼的多。今年就是整个德化陶瓷产业的重大变革。特别今年,淘宝今年在内容生产领域高度重视。这么说吧,当人们消费达到一定层次的时候,对茶器就有一定要求了。淘宝的竞争对手就是微信,淘宝就要让网客进来停留时间越长,怎么越长呢?就是要有可阅读的内容,这家店有没有可看性、可读性、可留性,我才愿意待在你这边。以前淘宝的一个投资领域是在社交,但一直整不起来,它不想想淘宝以前只是卖货的,一进来买了东西就走了。现在要使你停留在淘宝的时间越长,这就是文化的需求,这个是今年淘宝对陶瓷行业的重大改革就在这块,既是淘宝,也是整个茶具的方向,那以前做通货,标准化的工业产品慢慢会被淘汰(高老师:做文创不是制作者,而是在销售者这块),我们也是根据市场的需求,特别是淘宝这次提出的口号是"消费升级",天猫的口号从"品质天猫"改成"理想天猫",进行消费升级。现在不是生活在金钱之下,更多的是在精神文化之下。但现在像我这么年轻,德化做电商的,很多都是没有大学文凭的,所以说,这是现在德化文创产业的薄弱点。也让我们对人生的理解、对事物的理解都有局限。以前没进入社会时,就像买车,买房,实现后,又在想,那又要追求什么呢?这才就是内容文化的诉求,这个才是它真正的价值。文化创意就是让你更深层次地认识你自己想要什么?我觉得文化最大的价值在这里,让你更了解自己。现在这个社会不差钱,文化才是一个国家真正的富强。美国要打垮中国,肯定想从文化上去打垮中国,让你不认可中国文化,不认可政府,在思想上瓦解。但中国的文化是打垮不了的。(问:你们线上的产品,文化都是自己挖掘的吗?)这次我们主要是加强内容输出。像几个大的网络 IP 品牌,他们的品牌创始人,提出一个理念:产品+情感。情感在陶瓷行业就是"文化"。如果纯粹冷冰冰的东西,没有注入人文的话,是很难打动人的。这个就是为什么要给它讲故事。现在我们基本上是现做,就是"讲故事",结合社会热点,消费诉求点来写,消费者想要理解和看到的东西是什么,我们就创作。淘宝从 16 年就开始对文创进行重大扶持,专门进行了结构的调整。对一些产品进行文创类升级,比如淘宝就叫有些手工匠人,专门打造这样的店铺。

问:你们有对当地的工作室匠人进行包装吗?

我现在在做一件事是,我本人想要打造一个匠人这样的平台来销售属于真正匠人内心的世界(价值链的打造)。做茶空间领域的文创从业者,我们现在主要做文案编辑(内容生产),特别在今年,注重对文化的提升。品质生活跟理想生活,你觉得有什么不一样呢?(品质也有价值感,但理性生活更是一种思想,有哲学意味)对,我觉得这次的升级是重大改革,而京东还停留在品质京东。特别今年的天猫整体的财务报表出来,一些国际大品牌进驻天猫,就是要让天猫形成更有价值的 IP,而不是以前的概念:便宜货上淘宝,便宜货上淘宝!现在淘宝这块针对茶具项目,打造了"吉友家",里面分成很多种匠人系列,如手工匠人,就是由有资格认证的匠人去开的网店。让网店有个"微陶",以直播的方式宣传和传播内容。16 年是直播的爆发年,我们这个一直在尝试,我们要跟上他们的脚步,每一步的风口都会成就一批出来,我们就跟着淘宝走,淘宝让我们做什么?我们能满足他们就可以了,钱就到了。就这么简单!现在淘宝要打造的整个文创,或者说陶瓷这块,比较有用的信息,离不开整个电商的环境,没有电商,就没有现在的德化,这带动了周边多少餐饮和附加经济价值,这是年轻人来到德化的原因。

问:您到高老师这儿订货,会不会有意识地把一些创作的理念带给高老师?去理解高老师创作的文化元素或思想?有没有捕捉或去为他讲故事。

这个以前都没有做,现在正要尝试这块。这个茶具行业到16年是整个观念的升级。(今年开始整个电商的氛围转向文创)这个是缘于电商的变化和消费的升级。为什么我要做这块,也是我遇到了景德镇的人,我也邀请他们进行文创的生产,这也是我比较有感触的。如果纯文创类产品,我们拼不过景德镇,但为什么景德镇赚的钱比德化少,是因为整个中国的环境,还没有到达这个层次,消费一个杯子100块和10块的群体,肯定10块的多,现在消费市场有十分之九是消费10块钱的杯子,只有1/10的消费群体在消费100块的杯子,甚至还不到。所以要让整个消费观念要转过去,现在文化大产业的布局是淘宝现在非常重视的,它的文化产业今年Q3季度的报表亏了33个亿,这是它投资的,它觉得这是投资未来,我的一位朋友,也是在洞上做那种手拉胚的一个从业者,像这种个人手工业者,很苦,我们做网店一个月收入5万块,他们要做一年。去年会好一点,一个月营业额做到20万,单单零售,净利润我们算是比较早跟着淘宝在走,走在比较前面的四五家之一,算是吃到螃蟹的群体,最大的失误就是没有在最高点上快速扩充,快速占取制高点,所以我们滞后了,净利润最少可以做到八九万。所以,你在德化这个地方看到一年赚到100万的小年轻,太正常了。而且需要什么文化吗?不需要!需要基调吗?不需要。但是淘宝要你做什么?你就做什么!淘宝要你有基调,要你这家有基调起来,我们也会这么跟着做,这是为什么?我也不懂,但跟着做就行了。这种也是我们在进行文创集市的一个推广。这块将是一个趋势。很多人像我一样在德化也住了很多年,为什么跟我碰撞后,愿意跟我做,大家都知道德化很缺这样的人,缺少能做产品的人,缺懂得为产品讲故事的人,他们不知道消费热点,消费需求是什么?我们这些卖产品的人才知道,市场的需求点在哪里?他们不懂包装,但我卖的是赋予它的价值。每个人都这样做市场的话,整个市场就起来了。互联网真正好的IP是产品+情感,产品要做到100分,情感要做到150分,消费者才会买账。这是三只松鼠提出的品牌意向。讲到一个类别需要什么样的品牌？在消费者心目中树立一个品牌是非常非常难的。为什么茶具类品牌就是这样子？讲不出品牌？这是很失败的，因为这个行业太缺少人了。今天我遇到一个比较有感触，而且很大的一个事情是，朋友要做一件事是抗衡星巴克的商业模式，星巴克的品牌价值是几百亿美元，而他们的目标是要把星巴克改成中国的，这是他们的见解，以茶为载体（"茶兄弟"可能是品牌名），在今年他们最火的一个项目是"共享、无人"，然后再结合茶空间，他们做的是"无人共享茶空间"这种概念，然后来包装我们的茶行业的文化。你觉得年轻消费者会有这种认同感吗？他们会去喝茶吗？年轻人会觉得这是很土、很沉重的事情。如何让他们去接受这块呢？今年另外一个品牌我觉得是非常大胆，叫"小罐茶"。茶具这块是茶的载体，所以很难形成一个品牌，是茶的附属品。它没有办法成为一个居家品牌。所以就是这样子，小罐茶为什么会横空出世，这种都是介入资本运作的，像中央台这种直接打广告的有实力的品牌，还有刚才说的"共享无人空间"的投资的话，最少是3.5亿美元起步，而且是介入风投公司在运作，可能前期的势头很猛，但我们不知道未来的市场会怎样？他们是想改变年轻人的一个消费观念，让年轻人接受茶，使用我们中国人的东西，但年轻人又会觉得茶是那种老人才会消费的东西，所以这个没有让年轻消费者全部进入他们的世界，他们会觉得这个不够时尚，喝点咖啡更好，这就是消费者印象。但文创我觉得最大的价值，就是如何让这些年轻群体来接受属于我们中国的传统，这个我觉得是最大的价值，让中国传统的文化复兴（评：我们要让中国传统文化复兴，是要通过文化创业产业，就要用内容生产＋电商工具现代营销品牌）。对，而且我们要让他们如何快速地复兴，节点就在于如何打入年轻消费者的市场。因为年轻的群体都有这种认同感，未来很快这批年轻人进入市场输出，这部分群体是中国经济的支持，如果他们认同，他们的下一代自然而然有这种认同。现在我也觉得以前没多读点书是很遗憾的事情，做这个行业久了才知道，才知道原来里面的文化程度蛮高的，然后招聘一些本科的员工进来的时候，他们会认为，我们这里的环境不适合他。

问：现在内容生产＋电商营销模式有没有提炼出具体的策略？

有趣、好玩、如何将传统的一些元素跟现代的元素绑在一块，又不失传统的调，然后又存在现在年轻人所需要的东西，这个就是好玩的东西。讲一个案例，会更形象。内容创新，产业融合也要创新，真正古老的东西是不变的，但要有新的表现方式。这个东西要能真正改变消费观念，文化要能真正代入年轻人的观念。你看淘宝现在做了一个造物节,造就是手工、文化、文创,所以,文创的东西,淘宝一直在做,一直在做,淘宝的受众群是整个中国,整个几个亿的用户,所以说,它(淘宝)很厉害。现在淘宝做了个平台叫做"淘宝二楼",二楼经营的时间是早上 6:00—7:00。整个陶瓷产区,整个文创产业有很大的市集。如果没有媒介去传播,传统永远只是传统,没有进入到生活,如何改变一些行为、一些方式,才能改变这个环境。我觉得德化的文创时代是还在萌芽阶段。景德镇那边的人你问他为什么会从事文化创意产业,他可能会说,我喜欢。但可能是以文创的东西去装饰和做生意。真正能让文化进入骨子里的东西是非常少的。(问:你会不会主动去寻找真正把文化思想驻入产品的人?)这就是我现在在找的一群人,真正是喜欢,是实现梦想,坚持梦想的人的产品。

　　匠人不是讲故事的人,要引导他们具有创作思想,再引导消费者来带动。现在这种端头已经出现了。我一直想,要建一个平台来做这件事。真正还是从事内心的事业,要改变是整个淘宝环境,整个中国市场的环境。

附录四—2　"五店市"历史街区文化产业专访记录

1.YX 小姐:泉州美术馆个人工作室,从业 3 年。访问时间:20161120。

　　问:泉州的文创产业类型有那么多,你经常参加的有哪些?

　　我经常参加的是元宵节,还会走开元寺,还有一些可以去玩的地方。我是没有接触过木偶戏,我觉得那个挺厉害的。之前在学校里有学到一些非物质文化遗产,觉得这个很有价值(问:生活中有经常接触到这些吗?有产业化吗?)生活中是没有,没有产业化,我是会把这些应用在美术课上。旅游景区的纪念品比较多的是石狮子。(问:你对陶瓷的印象是什么?)我去看那个窑,看火烧的温度,觉得蛮神奇的,因为温度不同,器皿的器形都会有不同的变化,蛮神奇的。这些陶瓷都有海外订单,我觉得这也是一个优秀的传统。闽南的风俗带动了这个产业。我很多朋友会发一些梨园的戏,他拍摄出来的人物、场景我觉得很漂亮。有一次我去听了,我觉得很震撼。

　　问:你如何看待"海丝"文化的现代创新和传承?

　　我发现泉州开始注重文化,东亚文化之都,有进展就会很骄傲,看到鼓浪屿申遗成功,泉州人就会很自豪很兴奋,表示泉州也要加把劲,申遗成功。泉州文化底蕴很深,一旦很多人来夸赞泉州,泉州人认同感就起来了。现在还缺一些创新的东西,我是觉得厦门是很好的借鉴,像沙坡尾。像很多手艺人,他们都很低调,从小被灌输一种思想,比较务实,不善于宣传。很多青年人可以参与进去,他们的认同感会更多一点,但他们没有把这些传统文化带进生活。我们美术馆就有意识地要把这些传统文化(木偶戏、钟楼等)带进课堂。但发现实施起来有难度,因为没有经验,这些老艺人没有参与进来。我们没有配套的能力去传承或发扬。我们的孩子学员是3～6岁,还比较小,如果请老艺人来,可能跟孩子的沟通会有限制。(问:你们在幼儿的美学教育理念里,如何融合"海丝"文化?)上一次,上海游学的团队,走的是"海丝"这条路,我们是地接的点,全程跟进。石狮、庙宇等文化故事融入游学活动。这场活动也不怎么赚钱,但吴总会想把这条路线深挖下去。上海的一组一组家庭过来,有个手账本,各种旅途见闻变成手绘。(问:泉州类似你们这样做文创的机构多不多?)我觉得,旅游的游客能具体把"海丝"文化的线路走下去,不是很多。这次游学主要去了惠安、清源山、海交馆。这些孩子会很积极地去画。

问:现在有没有感受到泉州如何把现代文创融入"海丝"文化?

嗯,之前我们有做过一个活动,用现代化的工具来展示"海丝"文化。我是店长,我会把它当作自己的店区经营。吴总希望把泉州文化融合入这些课程设计,我们会把美术馆的创作形成生活中的情感,比如把西街、钟楼元素进行泥塑创作。我们美术馆落在这条街,就是想把泉州这条街的氛围带动起来,这条街比泉州繁华的街稍微差一点,但这条街的文化氛围特别浓厚。我们想把它带动起来。政府也支持我们把这边的文化带动起来。所以今年我们先不关注盈利问题,但一定要维持好的生源,增加影响力。我们还会跟其他机构合作,进行展览、设计、活动、培训的整合。

2.N&D先生/女士:五店市文化保护专家及新闻报道记者。访问时间:20161125。

D:从我们自己做报道看,文化保护首先是传承的责任,产业发展应该有两方面,确实有些文化内容可以从文化产业进行再创造,基本上也是个传承。我们感觉,有的人很喜欢做产业,但不一定注重传承。但我们谈产业的前提,应该怎么真正挖掘文化内涵,真正尊重文化的内容?国家确实有这样的倾向,寻找文化资源进行再创造,但是如果只是创造,而没有传承是不行的。客观地讲,做文创产业的人,至少要尊重和认同文化。安海古镇的文创还是在这些地方比较真正在做一些东西的,他们通过这个过程,去挖掘地方文化资源。但他们有个特点,这个协会基本都不会赚钱,但会员每个人都有自己的企业,他们靠自己的热情不断投入,也希望得到政府的认可。

另一方面,谈下五店市。这个片区涉及旧城改造,是老城区的发源地。后来政府觉得要保护这个片区。借着拆迁的契机,把所有的老房子都征用,把这块做成文化保护街区(N:这就有纪念意义了)。居民都支持响应。这个也是政府比较有远见的决策。这个项目的投入还是比较大,政府也考虑这个项目落下后,怎么保护它?后来找了两家公司,一家七匹狼投资公司、一家政府投资公司一起经营这块,也就是跟地方企业合作。政府赚的比较少,政府只是租出这里的街区。专门有个公司来运作维修和运营,政府出资(N:政府出于对文物的保护,到现在还是一直要投入,还不赚钱。一些传统街区也想做成文化旅游,我总是泼冷水,你没有办法做到像五店市那样游客那么多,但五店市现在还在花钱,还没赚钱。如果你跟大家说做老街区文化产业是为了赚钱的,老百姓首先就会骂,我们做老街区的文化创意,首先是要保护自己的"精神家园"。你有这个承诺项目才不会落空,如果是说你(企业)想将来来分成,不可能! 老房子的维修费用一直在投入和增加)。我们这个街区也需要人流、宣传、市场运作,这个交给了五店市运营公司。建设组早期任务比较重,现在好一些。五店市比较成功的一点是这些基础设施和保护没有交出去,没有完全交给商业。(问:N老师对现在这些文创产业的运营满意吗? N:我们会关注这种模式,如果五店市里的这些原住民不迁出去,很多事情没法做,地下管道等基础设施没有弄,有人还养鸡养鸭,没办法管理。但住家的气息就没有了,现在还有的是庙宇、家电、门堂还在,一些民俗活动还在这里举行。应该允许民俗生活与文化旅游相容。我们的根本是人,要人住的舒心才好。我们可以办一些展馆来展示,使大家的精神方面有所归属,有所认同。比如说,现在还懂得保护这些古街区,虽然已经很晚了,但总算是还比较好的。问:我们有没有把一些非物质文化遗产引入到文创街区? N:有的,有的。有一个南音管,弄个戏台,大场活动都会有南音等一些戏曲的演出。)南音馆底下有个晋江南音艺术团队,底下有会员单位,定期不定期地进行演出,也是在片区的老房子。晋江的非遗项目很多,把南音馆放在这里,也是对南音的认可。五店市是晋江的窗口,把南音放在这里,也是对非物质文化遗产的保护和发扬(N:现在也有策划一个讲古的文化活动)。我觉得有个问题,首先,泉州不是一个实际意义上的旅游城市,主要是民营经济发达。具有很丰富的旅游资源,但长期以来,政府不会靠旅游来挣钱。这里产业发达,不需要靠旅游。第二,也卖不了钱。但现在有钱了,更希望有文化支撑,旅游业慢慢发展了,需要文创来提升。但还欠人气,旅游氛围完全达不到旅游城市,很少有过夜游。

问:现在旅游的结构是怎么样的?

N:泉州周边的市民会过来看,慢慢辐射厦门。

D:主要是周边游客。这个受大泉州影响,要跟泉州旅游资源打包来运作,国家也会扶持。政府要做的很重要的事是投入,来拉动旅游,打出名片。政府也想把五店市做成文化旅游,庆幸政府是来做这件事,才能保护得好,保存了原来很多原真的东西。如果全部用商业、产业来运作,就保护不了,会有很多翻新的(N:前天范主任来,他说,在制度下有些事情很难做,比如每个工程都要招投标,但是投标低的,手工技艺就不好,就不能做到最好。制度制约了很多东西)(访问者:这涉及的是品质管理的问题)。五店市的经验也难以复制,这也是财政对文化保护的重视。政府多设一个领导小组,这些都是该投入的,该做的文化保护。领导小组花了很多心思,怎么修旧如旧和保护。商家巴不得广告牌做的很多,领导小组在这里就有个监管的作用,因为这些还是国有资产。入驻商家的合同协议里面有严格规定,如果违规就退出。这个街区如果完全交给企业来运作,就不敢想象了。我们认为,文化和产业有时候是要适当分开的,首先要承担尊重、传承文化的责任。五店市的制度是我们不知道怎么最好,但目前一直在尝试,让它保持传统文化。周边的乡村也在尝试发展,在保持原住民的基础上,如何做好街区。政府也在有倾向地扶持和鼓励,支持乡村旅游,但至少要保护我们的精神家园,发展旅游。政府的第一关把控的还是可以的,这也是五店市比较得到认可的原因。(访问者:现代化进程中,怎么保护工匠的技术和文化? N:有啊,现在这个工程就是在保护和传承了。)五店市可以借鉴的一点是既要保护,也要发展。从事文化产业的人起码要有点文化的素养和积淀,不一定是专家,但一定要有一定的文化情怀,比如那些老工匠,古建筑工程队,至少要有一两个懂这个的,可以带团队的。五店市是海外夏令营必来的景点,华侨青少年夏令营的活动基地。

N:我们现在没办法,老百姓还要靠政府给钱。但政府还可以再放手一些,老百姓的事情,要引导让老百姓自己去做,去创新。

D:晋江比较突出的成果是五店市,它是一个点。文化内涵很丰富,也是一个比较成熟的文创项目。经过几年来的积累和运营,现在的模式也比较成熟。具有丰富的"海丝"文化资源。它整体来说,是一个比较成熟的案例。第二个,晋江当地比较特殊的一个案例还有"安海古镇",安平港是一个重要的港口,是海上丝绸之路的起点。59年解放后,晋江的市区才从安海古镇转移到青阳。安海古镇的港口带来了经济的发达,朱熹的父亲是第一任镇长,有一定文化的积淀,也是福建省的文化古镇。它有很强的家乡情结和文化情结。我认为地方的文创做得比较好的是安海古镇,别的地方不用去看了。安海人有一个很强的认同感,对家乡有很强的认同感,这是它的魅力。它也还保留了很多文化和民族的东西。文创协会认为这是他们的一次尝试,这些人出于对家乡的热爱去做好安海古镇的文创。这是他们的梦想,挣钱不挣钱并不是很大关系。在还没有带来经济效益的时候,他们仍然很热爱这件事。安海文创协会不仅只卖文创产品,也通过这个来传播安海古镇的文化,我认为这个模式很好复制,对其他镇也有很大的借鉴作用。

文化产业可以经济化,也可以产业化,不能拿工业的标准的来做,不然就做歪掉了。文化是很个性化的,讲究个人的创造,不拿个人的文凭来定论。文化产生的经济效益不是那么快,不是一朝一夕可以做成的。现在做的很多东西不是在提升文化和增加内涵,而是在破坏它。

4.WZ 先生:五店市运营中心总经理。访问时间:20161207。

文化传承它是一方面,如何展示? 如何传播? 这些动力在哪里? 就是从我们做旅游景区,增强它的情怀感,是它的动力。从我们角度来讲,把这些地方租出去,不是我们的目的。为什么要来五店市? 要来解决这个问题,也就是说,我的商业怎么也比不上万达,要打什么牌才能塑造起五店市的(品牌)? 打的旗帜最终还是文化的旗帜,最终还是传承模式的助力。我最终的目的就是增强人家的情怀感,让文化的传承有意义。如果我花5万,请名人来表演一次,这真不叫传承,每一天,每一月、每一年怎么传承? 传统文化街区规划65%商用,35%文化展示,我们应该是做得相对比较灵活,我自己认为是做得比较好的。我们用新的模式来运作。先把一些重要文化的点布局,营造氛围,然后再布局商业招商。到了后期,(街区)越来越来受关注的时候,领导的想法就变了,有了思路之争。专家的意见越来越大,领导的意识也比较明显,希望把街区建成一片一片的博物馆、美术馆。但之前的例子说明,这种模式并不成功,前面其他城市已经有这样的案例,最后还是改造成有商业模式。事实是,完全商业化是找死,但没有商业作为支撑,文化就是无根之木。文化本身天生带有贵族性,是休闲的消费。要在物质消费的基础上,才有文化。政府其实也认识到这点,它自己也在各种声音和压力中进行协调。我认为,文化类推广本身要有一个循序渐进的过程。我们丝绸工艺古代就很厉害了。乌镇在北京密云做了一个这样的丝绸印制的文创,很受欢迎。我想我们讲的创意传承也好,文化也好,就要将通俗文化和高端文化相结合,才能产生裂变,单单讲一端都是有问题的。文化类别也是有度的问题。

文化活动做一次很简单,但做长久怎么做?就要有效地把民俗文化(传统文化)的展示做包装、做延伸让老百姓参与。现在做的还没有达成必须的,要做成必须去做的。只有把当时的场景还原,让大家感觉好像回到了原来的时光,把文化嫁接上商品的属性,让老百姓接受和喜欢。我们要解决:为什么要来五店市?来了五店市,为什么要来看这些节目?

晋江原来没有评4A,原来政府并不是很支持,担心成为文化建设的阻碍。我们坚持做,倒逼地走,晋江不太愿意接受真有评委来,被评为很差,怎么办?后来看到我们申请了,评委来了,就开始很重视,市镇的配套很快跟上了。这个4A的申报产生了很大的引导文化和产业集聚的作用,拉动了政府,也产生了很多影响。至少晋江开始有个文化的角色。后来也带动了安海古镇安平桥申报4A景区,也成功了,增强了晋江旅游文化产业的发展。但是我们做这个根本没人理,我们自己找了很多以前的案例,自主学习,去攻破。晋江以前都是经济挂帅,没有旅游的概念,我们自己就偷偷摸摸地做,通过泉州市、晋江市旅游局去推动,在系统上推得很快,提早十天左右,专家组就要下来了,为了荣誉,政府就开始着急和重视了,晋江没什么评不上优秀的。这样一下把各方力量推动起来了。

问:五店市和安海古镇安平桥景区有做关于"海丝"文化旅游的资源整合吗?

有啊,准备要把这些资源串起来,要做整体上的整合,没有4A就没有这些概念。政府开始有意识地推动5A级了。市旅游局也想串成一条线,吸引游客,改变旅游市场的结构。首先有个前置条件,就要有个项目带出来才行。这就需要政府整合,每个景点和景观,也需要政府来推广。今年政府也有这个意识,一起来做活动,共同来推广。我们到外地做旅游推广会,也会拿到政府补助,就有一定的物质基础做这个事业了。安海古镇现在比较困难的是,还没有盈利模式。我一直认为,它们那些老的古街巷,是很有味道的,可以开发挖掘的,但这些老街巷又不在4A景区内。所有文创类产品,没有足够的游客,就没有市场。因此最需要扶持的,就是这些做伴手礼,或文创产品的人。但政府扶持没办法渗透到这么平层的人员。我们作为园区经营方，要推一个项目，我们要有个模式来对应它。我们为了推广这些非物质遗产文化，也做了牺牲，政府没有补贴，我们把大师引进来，他们也没有经营的思路，也没办法维持和推广。我们就绕开这个模式，由我们自己建馆，让大师的产品进来，然后分成。如果要大规模推广，确实要考虑到商业模式。安海古镇的民俗活动比较多，也做了很多，但还没真正商品化。现在还处在一个摸索期，还有困境。另外我们也提供了一个平台，如戏台，给民俗活动提供一个展示的舞台，我们也有一些社团，共同来做这些事情。我们希望以后能跟安海古镇形成联动。

附录四—3　安海古镇文化创意产业相关人士专访记录

1. AHAI 文创协会：安海文创协会秘书长、会长等 3 人，访问时间：20161216。

秘书长："海丝"跟安海古镇的关系，包括跟厦门的关系也很密切。我们文创协会有个理念，是保护、传承、创新，实际上把传统的文化进行保护，并进一步加工，让它更有生命力，进一步传承，然后加一些创新的元素进去，让它有自我造血的本领。文化需要加上创新，才能传承下去。安海古镇的历史非常悠久，公元 1130 年建镇的，安海古镇有五大文化，第一从历史的脉络来讲，最早是龙山寺文化，再下来是安平桥文化，再下来是朱子文化，第四个文化是郑成功文化，最后是安平商文化。商文化把前面的文化因素都串起来了。这个商文化来源于郑成功的父亲郑芝龙，他其实一直在海上，7 岁回到安海古镇，直到 25 岁再去厦门。郑芝龙是商人，所以安海古镇有商人文化的因素。整个晋江文化产业刚刚起步，安海古镇算是走在前面的，跟其他镇的做法都不一样。

会长：我们是这样看的，因为安海古镇这个小镇 800 多年来，还陆陆续续传承着慈善、会拼、敢赢的精神。中国的"海丝"文化，北港是泉州，南港是安海古镇。我们泉州有名气的代表人说出来，安海古镇就有好几个，比如郑芝龙，北到日本，南到新加坡、马六甲，所以这个商人文化，郑芝龙是个代表人物。还有广东十三行，其实安海古镇商人就是广东十三行的鼻祖。

问：泉州政府怎么来认识安海古镇这张名片？认识安海古镇的"海丝"文化资源？

会长：现在泉州的北港是在丰州，慢慢演变到后渚港，但最早是丰州第一,安海古镇第二。现在有很多现象,像泉州常提的洛阳桥,少提安平桥,这是我们尽力想去突破的。安平桥是具有 800 历史的文化古迹,但目前还没被充分重视,在文旅产业上还未被充分利用。"海丝"贸易主要是靠人,人最重要,我们安海古镇要拿什么做文化? 结合这个,我们一样一样研究,最后集中在安平商人。主要推广"安平商文化"。(访问者:你们的文创产业是不是重心放在对他们的文化挖掘方面,把物质文化和精神文化都挖掘出来,再把他们传播出去,你们的文创组织承载的是这个功能,这是你们的核心,对吗?)是的。我们不是要做笔记本、纪念品等这些东西,我们是做文创精神,每个人都不理解。(访问者:你们是要建构安海古镇文化的核心,主体就是安平的商人文化,商人文化其实就是安平的商贸文化,这是现代安平"海上丝绸之路"的文化主题,我可以不可以这么理解?)可以! 我们提炼出来的思路就是"创新,然后就是勇敢,还有慈善"这是我们安平商人的历史文化传承。

问:能否简单介绍一下现在做文创产业的现状,做到什么程度? 有哪几个方面的突破? 包括跟政府的文化政策如何互动等? 跟当地居民如何协同创新? 创意群体怎么样? 怎样搭建一个平台让那些年轻的文创主体理解这个核心? 他们是怎么做的?

会长:八九十年代,安海人开辟了很多商贸市场,很多商业代表都是做全省代理,全国性代理。现在很多新兴企业,要在广东招代理商,一定会去广东省找一个代理,就出现一个现象,很多安平商人纷纷往外跑,使得很多传承人都走出去发展,又反哺安海。安海古镇 17 年的评选结果是全国第 27,福建第一,安海古镇跟 80 年代的行政范围相比已经缩小了一半,但经济实力还是那么强,主要就是依赖这部分群体。他们真的有那股拼劲,商贸文化也是这样传承下来的。所有的安平商人,自然而然地受到这种影响,并且他们坚持不懈地进行慈善事业的发展,办慈善协会,庄严地拟定慈善协会章程。

这几年政府重视安海古镇的文化,对安海的文化发展思路很清晰,很多企业主就主动站出来做,跟台湾对接。年轻人比较多,大家有部分是富二代,有部分是文史爱好者,有部分对古民居很有兴趣和研究,有部分喜欢摄影,就把一些有价值的文化遗产拍下来。当地政府的理念是,虽然现在经济发展放缓,但安海古镇文化底蕴很深,通过文化这块去挖掘,还是可以突破的。如果有些活动是能够投资的,能够做成商业活动的,创二代就主动投资,由这些爱好者去研发。文创协会提供一个平台,让各个兴趣小组根据他们的兴趣去挖掘和设计项目,由我们牵线,跟政府对接。(问:挖掘当地文化是当地人比较多,还是外地人比较多?)也有外地人,百分之五六左右,在20～40岁以内,由我们安海古镇的老一辈人作为文史专家跟艺术指导。目前一个兴趣小组10多人,一共10多组,共100多人。

问:我们有没有把民间、民俗的民歌或神话故事汇集整理出来?

秘书长:还没有。

问:安海古镇文创的宗旨是"保护和传承",在保护方面有没有什么瓶颈或困难?

会长:有些东西就是后继无人。非物质文化遗产碰到传承的问题,能坚守工匠精神的很多人都赚不到钱,只是靠自己的工艺艺术去做,但它只作民间、民俗的东西,不能规模生产,没有办法做产业链,也没有能力和知识去办企业,有能力办企业的人才也都放弃这个传统工艺。(问:放弃是不是说明这个传统工艺没有它的价值)不是,他们要去找能养活家人的行业,如果能有人把它们包装成文化,像我们文创协会,很希望能做这样一些事情,比如现在的天宫灯,这个是民间民俗的东西,整个安海古镇只有一个老人家在做,老人又有白内障,不想做了,儿子又不想接,如果没有这个天宫灯,安海古镇以后的活动怎么办?买塑料的来挂吗?还没有申请非遗,因为他们的子女都不接。现在我们就需要为它提高附加值。(问:这个包装有个问题就是这个产品是日用?还是装饰品?您觉得市场大吗?)起码安海古镇一个多卖20块钱或几十块钱,他的儿子或女儿就愿意接了。(访问者:这就要形成集群规模,不能单靠这么一家。)这种就要靠老人或子女当成一种理念,不要只当成一种用品。(访问者:你们要做的就是开拓它的产业价值链,提升它的附加值,经济生活提高了以后,可以授权给周边的去做成其他类型的商品。)是的,这个有个重大问题就是销路。我们首先要让老人,让他子女去理解这个是大事业,愿意传承。但是要有一个客流量。现在是老人家在做这个,老人是不会创新的,必须由年轻人去投入,说到底根本还是传统产业没有活力,主体有困境,没有传承的人。

2.XZ 先生:安海古镇本地人,回乡创业大学生。访问时间:20161217。

随着我们做文创的案例的深入,我觉得安海还不是真正适合文创产业发展的地方,这也是我们为什么把公司设立在泉州,而不是设立在晋江。我回来安海做文创是在去年。我们去年年头一开始就给安海古镇政府做一些东西。所以,在我们业界来看,安海古镇的文创在我们看来更多的是政治的产物。

　　清华大学团队来跟我们交流的时候,我们也说过,你对文化的了解和研究有多深,你的思维才能够有多丰富。如果你研究地方文史、研究地方文化不够深,那可以提供给你的线索是有限的,更不用说创造出好文创产品了。从 2008 年到现在,我们做了大量的田调,各个方面都有,作了相关主题的梳理,现在倚赖这些资料来文创。我们现在做了一些小文创产品(常见的用品),会通过门店代售。现在我们会跟酒店、景区直接合作。文创产业的回收期是超长的,所有我们做安海古镇的文创是因为这是我的家乡,是一份情怀。我们在这个过程中,我把我想做的插画或文化元素代入商案。如果单纯做文创生存,从我们 09 年开始的那批,慢慢地都不做了,我们算是转化得比较好了。但是因为晋江的背书能力不足以支撑,没有人才。后来我们又把公司搬回泉州。

　　问:以你在安海古镇的经历和视角来看,有没有你个人的体会和点评呢?

　　我们体会是:老人要先放下来,年轻人要潜进去。包括这次他们来做安海古镇社区营造,他们关注文化,但不会去考虑深一层次的东西。如果社区里面没有记忆,年轻人就会认为这就是个房子,所以要把一些记忆植入进去,让年轻人去了解。在我看来,老先生跟年轻人要有个互动,包括整个氛围,也要使得文创产品要思考这些东西能不能用?不是产品打上安海古镇的元素就可以。不然文创两个字会被玩坏掉。我对文创的理解是,要在地化,用在地元素做创造性的事情,应该用这样的方式去做产品,而不是只懂一个表面。用元素,而不是借用形态。有很多因素可以撬动的,例如,安海古镇的导览手册,这是我们为安海古镇做的最后一个作品,除非有政府或企业再邀请我们来做。我们要做一本超级完整的导览手册,你来安海古镇的吃喝玩乐购,和了解文化,全部以绘本的方式去做。这个以后可以延续无限的可能。(问:在你们目前的作品中,您认为您最满意的作品是哪个?)就是这个案子还没那么成熟,但要代表就是"安海古镇有你"这个项目,它也在省里获奖了。这个是比较完整的。这个东西涵盖了四五种产品,图书、公仔、明信片等,但是因为太强的地域性,使得商品的流通性不强。"在地的东西可能要去一点在地化",这个问题是我最近以及今后要着重去思考的。

　　注:关于安海古镇文化产业的调研还存有 3 份专访记录,但应受访者请求,访问内容不予公开。特此说明。

后　记

　　本书的基础是我的博士论文,通过对论题进一步深入思考,我深感这个理论命题有无限生命力,以文化遗产为核心资源的地方性文化产业的研究未来一定呈现多元交叉视角、多维效益成果等面向,持续为国家形象建构、地方品牌发展、社会文化经济的繁荣提供重要理论支持。

　　理论建构方面,本书通过剖析"地方感"理论,融合地方性文化产业的生命周期理论、价值创新理论及地方品牌理论等多元交叉理论,从文化传播角度切入,进一步确立地方性文化产业的价值内涵,建构新的理论视角。这一理论建构确实能达成研究目标,增强推进"地方感"理论建设的信心。地方性文化产业与"地方感"建构的理论研究还有很大的拓展空间,应对以"地方感"和"地方性"为中心的概念群进行充分挖掘与辨析,地方性文化产业中"地方感"建构的主体性与结构性还应进行理论提升,形成严密和圆融的理论架构;进一步融合产业经济学、市场营销学及文化传播学等相关理论,使第一手研究资料能得到更充分的理论挖掘与实现,触及更深层次的问题,并用不同的理论工具进行综合性"治疗"。

　　虽然,以泉州市为中心的"海丝"文化产业生产者群体在国家建构新"一带一路"倡议下对古"海上丝绸之路"文化的精神内涵以及现代中国品牌的"世界性"发展的认识更加成熟理性,显现出了内在的自生力量,形成非常重要的"海丝"文化资本的元形态。这种深厚的文化基因与文化精神脉络,使得他们对文化产业发展的地方性与国际性关系、品牌文化与国家形象关系等的认知,显得更为质朴却又立在时代潮头。但是,通过对福建"海丝"文化产业三大代表性类型的剖析,发现当前福建"海丝"文化产业发展面临三大矛盾,即生产者群体深厚的地方认同感与文化产业体制存在落差;新兴商贸模式的快速发展与生产者群体的创新能力存在落差;传统"海丝"文化的发展诉求与当前"海丝"文化的生产机制存在落差。在这三个基础性矛盾下,要解决的重要问题浮现而出:权力、资本、地方如何共同作用,从而形构以文化遗产为基础的地方性文化产业形态,建构具有优质"地方感"的地方品牌与国家形象? 这些具体问题需要更成熟的现代商贸及文化产业发展模式来解决,但显然古"海丝"起点城市泉州市的文化产业发展阶段还未有能力完全解决。

由此,这也涉及一个尚待深入的重要问题:对现代新"海丝"支点城市厦门市文化产业的类型化研究。本书在选取样本时,厦门市文化产业缺位,这不是因思虑不周而缺漏,而是因为它涉及比较复杂的古"海上丝绸之路"起点城市、支点城市等历史学领域的学说,牵涉准确界分厦门市当前较为复杂的多元动态的"海丝"文化产业类型。如果研究内容延展至厦门市"海丝"文化产业,则"地方性文化产业"的概念内涵与外延也要重新界定,这是该书尚无法完成的任务。但本人根据这个理论基础,为厦门市在申报历史文化名城提供如何做好地方文化遗产资源保护与利用的咨政报告,被政府部门采纳。这充分说明,当前厦门市新型现代文化产业是福建"海丝"文化产业现代化发展的重要观照,该领域的发展未来将集中在"国际性文化定位""城市IP建设与传播""现代创意社区营造"等核心问题上,并将深度融入国家城市文化建设与国家形象建构,这也与当前的历史文化名城保护与开发等研究议题紧密相连,与我国"十四五"规划中提出的"打造一批文化特色鲜明的国家级旅游休闲城市和街区"目标任务高度契合。休闲城市是"旅游城市"向"城市旅游"转型过程中的发展形态,主要满足市民及游客的物质与精神消费活动,未来城市文化旅游的市场概念与实践一定与"地方感""意义生产""文化场景""文化遗产"等热点密不可分,城市发展一定由外部权力"消费市场"带动转化为由内部"文化生产力"带动,这与本书一开篇即提出的基本要旨完全吻合。未来的研究必将有更加广阔的理论视域及研究对象,对各地文化产业实践的咨政智库价值将更大!

因此,从整体上看,接下来的研究任务将是从现代化新型产业形态角度进一步研究地方文化遗产资源的开发与利用问题,深度整合和提升本书的研究成果,完成理论"枝节"的内在统一性,完成更加完善和更具系统性的理论建构。这是令人兴奋与期待的又一重要研究课题,也是本书之后着手要研究的重要问题。

总而言之,简要梳抒本书的研究要旨及未竟问题,可使更清晰地认识"地方感"建构的研究脉络与实践路径的方向与进程,获得更大的理论推进,吸引更多人参与其中。

王惠蓉

二○二○年十一月二十日